Willy Wimmer

Die Akte Moskau

# DIE AKTE MOSKAU

Von WILLY WIMMER

Zum Titelbild:
Im Zeichen deutsch-russischer Versöhnung:
Marschall Sergej Achromejew mit Willy Wimmer

2. Auflage November 2016
© Verlag zeitgeist Print & Online, Höhr-Grenzhausen 2016
© Willy Wimmer 2016

Alle Rechte vorbehalten

Redaktionsschluss: Juni 2016
Satz: Hoos Mediendienstleistung, Landau
Coverdesign: Grafikfee GmbH, Bingen
Druck und Bindearbeiten: CPI books GmbH, Ulm

Printed in Germany
ISBN 978-3-943007-12-1
www.akte-moskau.de
www.zeitgeist-online.de

# Inhaltsverzeichnis

Vorwort: Zurück zu Napoleon und Hitler ............... 9

## Relikte des Kalten Krieges

Interview unter Tage ............... 21
Geheimnisvolle Regierungsbunker ............... 25
»Frenemies« und »Enefriends« - neue Herausforderungen ... 34
Moderner Kolonialismus und die Migrationsfrage ............... 38
Politische Kehrtwende der USA ............... 46
Immer wieder Belgrad ............... 49
Ein muslimischer Staat auf dem Balkan? ............... 56
Erst Belgrad, dann Moskau -
RT lädt zum 10-jährigen Jubiläum ............... 58
Eine besondere Ehre auf dem Petersburger
Journalistenkongress ............... 72

## Nachdenken über Freund und Feind

Wiedervereinigung zwischen nationalem
Überschwang und NATO-Begehr ............... 77
Eine Denkschrift für Kanzler Kohl ............... 78
Die Neuausrichtung der Bundeswehr ............... 84
»Kollektive Sicherheit« versus geltendes Recht ............... 87
Verständigung in turbulenten Zeiten ............... 90
Ende September 1989: Flug in die Sowjetunion ............... 94
Auf dem Weg zur staatlichen Einheit ............... 97
Zu Besuch in Moskau ............... 104
Gespräche mit sowjetischen Vordenkern ............... 107
Taman - eine russische Kaserne öffnet ihre Tore ............... 109

Marschall Achromejew – ein Sowjet kommt ins Grübeln .......... 115
Admiral Crowe – Pendant im Pentagon .......... 117
Ziemlich gute Freunde: Achromejew und Crowe .......... 120
Nationale Interessen – auch innerhalb der NATO? .......... 124
Quo vadis, Germania? .......... 131
Eine Rede sorgt für Aufsehen .......... 134

## Armeen lösen sich auf

Aufhören mit dem Abhören .......... 139
Tunnelblick in Fort Meade .......... 141
Zum Schutze von Müttcherchen Russland .......... 143
»Ein Obervolta mit Nuklearraketen« .......... 146
Peter der Große ist zurück .......... 149
»Bedrohung« oder »Lage«? .......... 149
Wer steuerte die Prozesse am Ende der DDR? .......... 151
Neue Herausforderungen auf dem Weg zur Einheit .......... 154
Unfreiwillige Liebe: Die Sowjetunion braucht die NATO .......... 158
Transatlantische Beziehungen auf Augenhöhe? .......... 161
Mediale Wahrnehmung gestern und heute .......... 162
Stolperstein NATO-Mitgliedschaft .......... 166
CDU in West und Ost: Der steinige Weg der Annäherung .......... 167
Erster gemeinsamer Wahlkampf .......... 173
Berufung in den engeren Zirkel des Bundeskanzlers .......... 176
Nicht zuwarten – gestalten! .......... 178

## Ab morgen Kameraden

Erste Kontakte mit der NVA .......... 183
Deutschland – einig Vaterland? .......... 186
Eine neue DDR oder Wiedervereinigung? .......... 188
Eine Welle der Verweigerung .......... 191
Auf Distanz zur NVA .......... 193

Empfang in Strausberg ..................... 197
Der »wilde Osten« ..................... 200
Perspektiven für NVA-Angehörige ..................... 202
Gemeinsam auf der Parlamentarierkonferenz der NATO ...... 204
NATO oder EG als Friedensbündnis der Zukunft? ..................... 206
Ein »Westfälischer Friede« mit der NVA ..................... 208
Abruptes Ende für die Oststreitkräfte? ..................... 212
Im Wechselschritt zur »Armee der Einheit« ..................... 215
Peenemünde – Wendepunkt der Geschichte ..................... 217
Die deutsch-deutsche Zusammenarbeit trägt Früchte ......... 222
Das Referat Militärpolitik schießt quer ..................... 226
Kompetenzgerangel und mangelnde Souveränität ............... 228
Alte Wunden brechen auf ..................... 231
Mühsame Annäherung ..................... 233
Das Elend von Eggesin ..................... 236

# Das Ende vom Anfang

Begegnung mit Lech Walesa in Danzig ..................... 241
Ein Büro in Berlin-Ost ..................... 244
Konfrontation mit der Realität in den neuen Ländern .......... 249
Der Fall Storkow ..................... 251
Rettung ehemals militärischer Institutionen vor
Massenentlassung und Auflösung ..................... 254
Vom Zivilschutz zum TÜV ..................... 256
Als »Feuerwehr« in den neuen Ländern unterwegs ............... 257
Gefecht zwischen MiG-29 und Jäger 90 ..................... 259
Alte Gewohnheiten im Überwachungsgeschäft ..................... 263
Besuche in Perleberg im September und Oktober 1990 ........ 264
Offener Aufstand gegen die ehemaligen »Freunde« ............. 270
Deutsch-sowjetische Gespräche als Fanal
gegen Hass und Gewalt ..................... 272
Kühle Atmosphäre in Magdeburg und
Freundlichkeit in Dresden ..................... 274

Letzte Monate der sowjetischen Streitkräfte in Deutschland .. 277
50 hohe Offiziere der Roten Armee zu Besuch am Rhein ...... 281
Begegnung mit dem Papst ........................................ 283
Deutsch-polnische Besuche in Danzig und Amberg ............ 285

Persönlichkeiten, die eine wichtige Rolle bei der
deutschen Wiedereinigung spielten ........................................ 289
Der Autor ........................................ 295

# Anhang

Denkschrift vom 20. Dez. 1989 an Bundeskanzler
Dr. Helmut Kohl über die NATO-Mitgliedschaft
des wiedervereinigten Deutschland ........................................ 299
Auszüge aus der Pressekonferenz des russischen
Präsidenten Wladimir Putin vom 18. Dezember 2014 ............ 305

Verzeichnis der Abkürzungen ........................................ 321
Bildquellen ........................................ 323

# Vorwort

## Zurück zu Napoleon und Hitler

Nichts ist dem vergleichbar, was sich in dem Zeitraum zwischen der Grenzöffnung und dem Tag der deutschen Wiedervereinigung am 3. Oktober 1990 abgespielt hat – 1989 war alles anders, und 1990 nahm uns den Atem.

Als Parlamentarischer Staatssekretär und Mitglied im engsten Führungskreis des Bonner Verteidigungsministeriums sowie als Vertreter des Verteidigungsministers im Deutschen Bundestag – dem ich zudem als Abgeordneter angehörte – war ich in jenen spannenden Jahren für die Belange der Bundeswehr zuständig. Sie umfasste damals fast 500 000 Soldaten und etwa 250 000 zivile Mitarbeiter. Aufgrund der Doppelfunktion in Ministerium und Bundestag hatte ich eine Sonderstellung inne. Mein Handlungsspielraum ergab sich aus Vereinbarungen mit den Verteidigungsministern Rupert Scholz und Gerhard Stoltenberg. Die innerdeutsche Zuständigkeit nach dem 9. November 1989 wurde mit Letzterem mündlich abgesprochen.

Der Fall der Mauer, in Deutschland und der Welt frenetisch bejubelt, eröffnete ganz neue Zukunftsperspektiven, denn alles lief schnurgerade auf die staatliche Einheit unseres Landes zu. Damit würden sich auch für uns im Ministerium neue Aufgabenfelder ergeben. Vor allem aber stellte sich eine zentrale Frage: Was geschah mit der Nationalen Volksarmee (NVA) und ihren gut 170 000 Soldatinnen und Soldaten? Sollten sie in die Bundeswehr integriert werden? Würde es in Zukunft also eine einheitliche deutsche Armee geben? Für mich war dies nie wirklich eine Frage – genau so hieß das Ziel!

Unterstützt durch Bundeskanzler Helmut Kohl, den CDU/CSU-Fraktionsvorsitzenden Alfred Dregger und Gerhard Stoltenberg, die mir völlig freie Hand ließen, machte ich mich mit den Kollegen an die Arbeit, denn damit hieß es, die bis dahin in gegnerischen Lagern stehenden Soldaten in einer Truppe zusammenzuführen. Im Osten traf ich auf ein erstaunliches Entgegenkommen, daneben natürlich aber auch sehr viele Befürchtungen, was die berufliche Zukunft anbetraf. Hier musste vor allem viel informiert und gemeinsam besprochen werden, denn die Menschen wollten wissen, wohin die Reise ging. Zeitgleich fanden schließlich in Wien Abrüstungsverhandlungen statt, was aller Wahrscheinlichkeit nach die Reduzierung der Bundeswehr zur Folge hatte. Tiefe Einschnitte im Personalhaushalt waren zu erwarten. Und wir wollten ausgerechnet jetzt den Zufluss neuer Soldaten zulassen? In Westdeutschland waren die Bürgerinnen und Bürger dank der Medien in der Regel gut informiert, dennoch bestanden vielerlei Vorbehalte. So mancher konnte sich einfach nicht vorstellen, dass demnächst Angehörige der »Parteiarmee« NVA in der Bundeswehr mitmarschieren, vielleicht sogar den Ton angeben sollten, was bei Übernahme von hohen Offizieren, Admiralen und Generalen ja der Fall wäre. Konkurrenzgerangel kam zum Argwohn hinzu. Eine Gemengelage aus Euphorie, Hoffnung, Angst und Nervosität begleitete den Prozess in Deutschland.

»Ab morgen Kameraden!« – Als wir uns nach der Sommerpause 2015 zu einem ersten Gespräch über die ab Juli 2016 geplante Ausstellung zur Zusammenführung von NVA und Bundeswehr einfanden und sowohl Hans Walter Hütter, der Präsident des Bonner Hauses der Geschichte, als auch Hanno Sowade, dem Konzept und Umsetzung übertragen worden waren, mich um einen Bericht darüber baten, wie es damals war, glaubte ich mit dem Erzählen nicht mehr aufhören zu können. Die Ereignisse der Jahre 1989 und 1990 haben sich bei mir eingebrannt, nicht nur weil ich an zentraler Stelle in parlamentarischer und staatlicher Verantwortung auf Regierungsebene den Prozess und die sich langsam herausschälenden Ergebnisse mitgestalten konnte, sondern auch weil das damalige Erleben an Intensität fast nicht zu überbieten war. Als wäre man Protagonist eines spannenden Films, dessen Ausgang man damals selbst noch nicht kannte, aber vom Happy End überzeugt war, obgleich mancherlei Überraschung und Actioneinlage das Gegenteil zu verkünden schien.

In der Ausstellung sollte es um nicht mehr und nicht weniger gehen als eine historische Wiedergabe der Abläufe und Entwicklungen, die schließlich die »Armee der Einheit« möglich machten. Hierzu hatte ich Dokumente und Bildmaterial nach Bonn mitgebracht und war dankbar für das Angebot, beides museumsgerecht, d. h. gegen Säure geschützt, im Haus der Geschichte für die Nachwelt erhalten zu wissen. Während ich mit den beiden Herren über die damaligen Geschehnisse sprach, war ich mir allerdings nicht sicher, ob ich ihnen wirklich zu vermitteln vermochte, dass – wie vielleicht in unserem ordentlichen deutschen Staatswesen zu vermuten – keineswegs alles seinen geregelten Gang nahm. Staatliches Handeln war ausgesetzt, vieles hing nun vom Zufall ab, davon, ob man sich in den Gesprächen und Verhandlungen mit dem Gegenüber verstand – ob »die Chemie stimmte« – alles in allem ein grandioses Erlebnis, zumal das Projekt »Armee der Einheit« erfolgreich abgeschlossen werden konnte.

Doch ohne dass dies in der allgemeinen Aufregung sogleich bemerkt wurde, lag im Jahr 1991 von einem Augenblick zum nächsten eine neue Filmrolle im Fach – das Drehbuch dazu war geheim, gleichsam eine »Akte Moskau«. Eben noch gegenseitiges Einvernehmen und Verbrüderung und nun plötzlich deutliche Abkühlung, der Kalte Krieg schien in eine zweite Runde zu gehen. Dabei hatte sich alles so hoffnungsvoll entwickelt ... Im Frühsommer 1988 flog die Arbeitsgruppe Verteidigung der CDU/CSU-Bundestagsfraktion zu einem Arbeitsbesuch nach Washington. Seit meiner Wahl zum Vorsitzenden trafen wir uns dort jährlich mit Vertretern des Kongresses und der amerikanischen Regierung, um über außen- und sicherheitspolitische Fragen zu konferieren. Die Gespräche waren stets intensiv und offen, darin stimmten wir uns in wichtigen Fragen der Bündnispolitik ab. In diesem Jahr aber erwartete uns eine Überraschung. Der Bus, in den wir am Flughafen gestiegen waren, fuhr nicht nach Downtown, sondern bog in Richtung Potomac River nach Westen ab. Die Fahrt ging direkt ins Hauptquartier der CIA nach Langley. Erstaunt hörten wir dort den Ausführungen zu, die eine völlig neue amerikanische Politik gegenüber der Sowjetunion zum Thema hatten: Wir sollten uns lösen – so die Botschaft in der großen Gesprächsrunde – von dem, was wir seit Jahrzehnten über militärische Potenziale und Strategien in der Auseinandersetzung zwischen Ost und West in Europa gehört hatten. Das Ergebnis einer Studie zu diesem Themenfeld sei eindeutig: Die Sowjetunion verfolge rein defensive Absichten. Es gehe einzig und alleine um Verteidigung zum Schutz von »Mütterchen Russland«. Die bisherige Strategie des Warschauer Pakts sei letztlich nur die konsequente Reaktion auf die mörderischen Angriffe von Napoleon und Hitler, mit Aggression habe das also rein gar nichts zu tun. Diese neue Sicht der Dinge wurde mir gegenüber auch vonseiten des Weißen Hauses lange Zeit beibehalten.

Drei Gespräche Ende September und Anfang Oktober 1989 bestärkten mich weiter darin, dass eine neue Zeit anbrach, die nicht mehr von Säbelrasseln, sondern von friedlicheren Tönen bestimmt wäre: zunächst in Washington, mit Admiral William Crowe, Generalstabschef der Streitkräfte der Vereinigten Staaten von Amerika, und anschließend in Moskau, mit Marschall Sergej F. Achromejew, ehemals Generalstabschef der Roten Armee und jetzt sicherheitspolitischer Berater von Michail Gorbatschow, sowie dem Leiter der internationalen Abteilung des Zentralkomitees der KPdSU, Valentin M. Falin. Tenor aller drei Treffen war, dass es gelte, im Buch der Geschichte ein »neues Kapitel« aufzuschlagen. Achromejew berichtete, wie sich die Belagerung Leningrads im Zweiten Weltkrieg auf ihn als einem Sohn der Stadt ausgewirkt habe. Aufgrund des unermesslichen Leides sei er überzeugt gewesen, dass sein Land nie mehr zu einem gutnachbarlichen Verhältnis zu Deutschland finden könne. Heute sei er in Übereinstimmung mit Gorbatschow der Ansicht, es müsse endlich zur Versöhnung kommen, Moskau sei bereit dazu.

Zurück in Deutschland, überschlugen sich die Ereignisse: Den Montagsdemonstrationen folgte die Öffnung der ungarischen und schließlich auch der deutsch-deutschen Grenze und damit Monate voller Zuversicht, dass die Zeit des Kalten Krieges tatsächlich beendet war, zumal politische und militärische Kräfte der noch bestehenden DDR keinerlei Anstalten machten dazwischenzugehen. Selbst die staatlichen Organe waren uns gegenüber höflich und konstruktiv, ja in besonderer Weise offenbar an unserem Erfolg interessiert. Auch NATO und Warschauer Pakt hielten sich zurück, die Entwicklung schien zumindest wohlwollend betrachtet, ja aus dem Hintergrund sogar gelenkt zu werden, wie wir im Rückblick zugeben müssen.

Plötzlich aber vollzogen die Vereinigten Staaten eine Kehrtwende. Dass sich nach der Wiedervereinigung etwas weltpolitisch und vor allem in unseren Beziehungen zu Washington geändert hatte, sollten wir bald genug erfahren. Während der Abrüstungskonferenz in Wien 1991 machte ein hoher amerikanischer Diplomat mir gegenüber deutlich, dass die Zeiten der engen, vertrauensvollen Abstimmung zwischen Washington und Bonn vorbei seien. Die Vereinigten Staaten würden nun ihre eigenen Wege gehen, darauf sollten wir uns einstellen. Was war die Ursache des Sinneswandels? Bereits 1989 hatten die USA angekündigt, in einem großen Studienpaket der amerikanischen Stardiplomaten Paul Nitze und Fred Ikle der Frage nachgehen zu lassen, wie sich die Welt nach Ende des Kalten Krieges entwickeln würde, dies sollte dann die Grundlage für künftige Strategien sein. Man sprach uns gegenüber von zehn und mehr Studienkomplexen. Wir dachten uns unseren Teil, als wir als Geste des Vertrauens ganze zwei Studien nach der deutschen Wiedervereinigung zu Gesicht bekamen.

Im Sommer 2016 wird das Buch mit dem »neuen Kapitel«, welches sich für uns im Frühsommer 1988 in der CIA-Zentrale in Langley geöffnet hatte, durch die NATO unter Führung der Vereinigten Staaten krachend zugeschlagen, in konsequenter Fortführung alter Aggressionspolitik – Napoleon und Hitler sind zurück. Wie anders sollen die nach Würgeschlangen und anderen Marterinstrumenten benannten NATO-Manöver an der russischen Westgrenze bewertet werden? Man weiß doch, wie sehr militärische Bewegungen in einer großen Region den Eindruck eines bevorstehenden Krieges erwecken! Dennoch beschlossen die NATO-Verteidigungsminister in Brüssel am 14. Juni 2016 eine dauerhafte Rotation von Großeinheiten in Grenznähe. Dass sich die Menschen in der Russischen Föderation, insbesondere in

▪ *Washington, Sommer 1988: Treffen mit Paul Nitze, dem Chefstrategen für Rüstung und Rüstungskontrollvereinbarungen der amerikanischen Regierung*

St. Petersburg, nun vor einer neuen Invasion fürchten, ist doch kein Wunder. Sie brauchen die Blickrichtung auch nicht ändern, im Westen stehen sie wieder, unsere Panzer, kaum 150 Kilometer von der Stadtgrenze entfernt, auf estnischem Gebiet wie im gesamten Baltikum, ebenso in Polen und in Rumänien.

Die Erinnerung an das unfassbare Leid der deutschen Hungerblockade zeigt sich eindrucksvoll auf dem gewaltigen Gräberfeld vor den Toren der Stadt, welches ich im Herbst 1987 zusammen mit Bundestagskollegen besuchte. Fast eine Million Menschen sind dort beigesetzt. Würden wir angesichts dieser Last, so fragten wir uns, beim vorsichtigen Herantasten an die Menschen hier in Russland jemals diese Hürden überwinden können? Unfassbar – aber gerade Veteranen aus der Zeit der Belagerung und des hunderttausendfachen Sterbens, mit denen wir während unseres Aufenthaltes in Leningrad zusammentrafen, versuchten uns diese Last von den Schultern zu nehmen! Wo wir eisiges Schweigen erwartet hatten, trafen wir auf Herzlichkeit und Aufgeschlossenheit, selbst beim Besuch einer sowjetischen Division der Roten Armee, die uns ermöglicht wurde – das erste Mal für Verteidigungspolitiker aus dem westlichen Bündnis.

Anfang Mai 2000 nahm ich an einer Konferenz in der slowakischen Hauptstadt Bratislava teil, hier erläuterte die Führungsspitze des amerikanischen Außenministeriums den anwesenden Regierungschefs das neue Konzept. Auf diese Konferenz bin ich bereits im Buch »Wiederkehr der Hasardeure« eingegangen. Ich glaubte meinen Ohren nicht trauen zu können: Die Vertrags- und Bündnisverbindungen zwischen Washington und den Staaten Mittel- und Osteuropas seien künftig so zu gestalten, dass zwischen den baltischen Staaten und dem ukrainischen Odessa eine »rote Linie« gezogen werde! Östlich davon befände sich die Russische Föderation oder ein anderer Staat, das sei unerheblich. Westlich der Linie sei alles amerikanisch bestimmt. Davon sei auch die Rechtsordnung betroffen, die von nun an über das Statut zum Internationalen Kriegsverbrechertribunal in Den Haag mit seinen angelsächsischen Rechtsgrundsätzen aus der jahrhundertelangen Bindung Kontinentaleuropas an die römische Rechtstradition gelöst und umgebaut werden solle.

Die Konzepte, die in Europa zum Ende des Kalten Krieges und der Einheit Deutschlands führten, waren in jahrzehntelangen Verhandlungen zwischen Ost und West entstanden. Nach unserer Ansicht sollte die künftige europäische Sicherheitsarchitektur zwei Dinge verbinden: die historischen Erkenntnisse und Konsequenzen sowie das Versprechen der verantwortlichen Staats- und Regierungschefs der nördlichen Hemisphäre, Krieg auf Dauer aus Europa zu verbannen und Konflikte ausschließlich friedlich beilegen zu wollen. Diese Grundsätze wurden im gemeinsamen europäisch-transatlantischen Vertragswerk der »Charta von Paris« im November 1990 festgehalten und Europa somit zu einer Region des Friedens, der Menschenrechte und der Rechtsstaatlichkeit erklärt.

Bereits am 20. Dezember 1989 hatte ich Bundeskanzler Helmut Kohl noch vor jeder öffentlichen Diskussion meine Vorstellungen darüber, wie die Wiedervereinigung Deutschlands mit einer fortgeführten NATO-Mitgliedschaft in Einklang gebracht werden könnte, in einem Grundsatzpapier zukommen lassen. Zu dieser Zeit gab es in Europa intensive Debatten über die mögliche Auflösung der Militärbündnisse, also von Warschauer Pakt und NATO. Damals wies die NATO einen eindeutigen Verteidigungscharakter auf, was auch nicht anders möglich war, weil die Parlamente – so auch der Deutsche Bundestag – dem Vertrag nur unter dieser Prämisse zugestimmt hatten. Zudem galten enge geographische Grenzen. So schlug ich vor, dass nach der Wiedervereinigung auf dem Gebiet der künftigen »neuen Länder« nur nationale deutsche militärische Verbände stationiert werden sollten. Denn bei den Bürgerinnen und Bürgern in der noch bestehenden DDR sollte nicht der Eindruck entstehen, dass mit der deutschen Einheit eine Osterweiterung der NATO einhergehe. Meine Vorschläge fanden später Eingang in den die deutsche Einheit besiegelnden »Zwei-plus-Vier-Vertrag«. Auch die Sowjetunion musste an stabilen Verhältnissen innerhalb Europas interessiert sein. Deshalb war es vorgesehen, die Instrumente der damaligen Europäischen Gemeinschaft in Anbetracht der ökonomischen Probleme östlich unserer Staatsgrenzen nur mit größter Vorsicht einzusetzen, um auf dem »Minenfeld der Historie« keinen Schaden anzurichten. Das war nicht nur deutsche Regierungspolitik, sondern gemeinsame Haltung Westeuropas und des Westens ganz allgemein.

Wir sollten uns gründlich täuschen. Nach dem Ausscheiden von Bundesaußenminister Hans-Dietrich Genscher aus dem Amt im März 1992 wurde aus der Bundesregierung die Forderung laut, die NATO nach Osten auszudehnen und ihr Vorrang vor einer Zusammenarbeit der Europäischen Gemeinschaft mit den Staaten Mittel- und Osteuropas einzuräumen. Das Vehikel für diese veränderte westliche Politik war schnell gefunden: die historisch bedingten Probleme zahlreicher Völker mit Russland und den Russen ganz allgemein. Sie dienten als Instrument, um erst gar nicht die Fragen nach unseren Interessen in diesem Zusammenhang aufkommen zu lassen. Fortan gab es einen »Rechtsanspruch auf Beitritt zur NATO« bei den Staaten, die in enger Abstimmung mit den Vereinigten Staaten standen. Keiner fragte, ob das überhaupt in unserem Interesse war.

Das Referendum in Großbritannien vom 23. Juni 2016 über den Verbleib des Landes in der Europäischen Union brachte nun ein Ergebnis, mit dem die bei Wahlen üblichen Auguren, zu denen auf der Insel auch die Wettmacher zählen, nicht gerechnet hatten. Das allein macht deutlich, in welchem Maße sich die staatlichen Institutionen und gewählten Repräsentanten in Großbritannien und vermutlich auch der EU von ihren Wählern und Bürgern entfremdet haben. Während man in der Schweiz nah am sogenannten »Volkswillen« ist und durch die »direkte Demokratie« zuverlässig über den Wählerwillen informiert wird, waren die Regierenden in Großbritannien hier offensichtlich ahnungslos. Und da keines der bei Wahlen üblichen Umfragemittel zur Verfügung stand, welche es den Regierungen erlauben, Schlüsse auf die Stimmung im Lande zu ziehen, mussten schweizerische Umfrageinstitute um Hilfe gebeten werden.

Diese Diskrepanz zwischen Wählerwillen und Regierungsentscheidungen, wie sie sich in England zeigte, stellt die größte innere Gefahr für die EU-Staaten dar. Es ist nicht mehr das Volk, das den Regierenden den Weg weist, sondern Gruppen mit vorher festgelegten Sonderinteressen haben den entscheidenden Einfluss. Man kann das Ergebnis des Referendums beklagen, dabei sollte aber festgehalten werden, dass es in erster Linie deshalb zustande kam, weil sich die Regierenden vom Souverän, dem Volk, grundlegend entfernt haben und die Staaten der EU von mächtigen Allianzen für ihre Zwecke instrumentalisiert werden. Die Einwanderung in unsere Staaten wirft für das jeweilige Volk zudem den Verdacht auf, dass sein Charakter als Staatsvolk substanziell zur Disposition gestellt ist. Die Gesetze, die im staatsrechtlichen Sinne dem Schutz des Staatsgebietes und des Staatsvolkes dienen und nicht nur dem Schutze unserer Grenzen, wurden am Wochenende des 4./5. Septembers 2015 durch die Bundeskanzlerin geradezu putschartig außer Kraft gesetzt. Seither überrollt uns eine kaum kontrollierbare Flüchtlingswelle aus Gebieten zwischen Afghanistan und Mali, die wir zuvor mit Krieg überzogen haben. Weite Teile der Welt machen sich auf den Weg nach Europa und dabei vor allem zu uns.

Mit dem nun beschlossenen Ausstieg Großbritanniens aus der EU ist nach dem völkerrechtswidrigen Krieg gegen die Bundesrepublik Jugoslawien, der am 24. März 1999 mit Bomben auf Belgrad begann, der zweite und vielleicht entscheidende Schlag gegen die europäische Friedensordnung gelungen, manifestiert in der hier schon genannten »Charta von Paris«. Mit der britischen Entscheidung wird der gemeinsame europäische Prozess endgültig verlassen, zugunsten eines britischen Sonderstatus. Großbritannien kehrt zu seiner Rolle zurück, die seit dem Wiener Kongress 1814/15 davon bestimmt war, gegen den Friedenswillen kontinentaleuropäischer Staaten seine Interessen auf dem Kontinent unter Einschluss von Kriegen durchzusetzen.

Selbst innerbritische Konsequenzen des Referendums bergen auf dem Gebiet der Sicherheit unkalkulierbare Gefährdungen unterschiedlicher Brisanz für die europäische Entwicklung: Das Abstimmungsergebnis machte – nicht unerwartet – deutlich, dass weder Schottland noch Nordirland die EU zu verlassen bereit sind. In Schottland ist es eine Frage der Selbstachtung, einen Weg in die staatliche Unabhängigkeit zu finden, um die gewachsenen Beziehungen zum politischen Europa aufrecht zu erhalten. In Nordirland steht die britische Kolonialherrschaft zur Disposition, ein baldiges Ende scheint mehr als gewünscht. Die Einbindung Englands und der Republik Nordirland in die EU ermöglichte staatsrechtliche Vereinbarungen innerhalb des Landes sowie zwischen der Republik und Großbritannien. Dieses Scharnier fällt jetzt weg. Aus der Zeit der massiven Auseinandersetzungen zwischen irischen und britischen Kräften in Nordirland in der Zeit des Kalten Krieges ist bekannt, in welchem Maße die Sowjetunion durch das massive Auftauchen nuklear bestückter U-Boot-Rudel vor den Küsten Großbritanniens drohend in den Konflikt Eingriff nahm. Auch andere Mächte könnten auf die Idee kommen, sich an einem zu erwartenden Konflikt beteiligen zu wollen.

Das Referendum in Großbritannien ist die logische Konsequenz der Konferenz von Bratislava mit der Ankündigung, Europa im amerikanischen Interesse erneut teilen zu wollen. Mit dem Ergebnis wird die innereuropäische Tendenz der Loslösung von Brüssel zugunsten engster Zusammenarbeit mit den USA seitens der baltischen Staaten, Polens, Rumäniens und Bulgariens verstärkt und damit das Europa der Europäischen Union de facto gegen die Russische Föderation militärpolitisch in Stellung gebracht. Sollten die bislang neutralen Staaten in die NATO inkorporiert werden, sind die amerikanischen Kriegsvorbereitungen in Europa abgeschlossen. Die NATO-Gipfelkonferenz in Warschau Anfang Juli 2016 wird dazu den Weg weisen.

Das Ende des Kalten Krieges sollte Europa eine friedliche Zukunft garantieren. Heute müssen wir sehen, dass wir einem neuen Weltkrieg und der Zerstörung unserer Länder so nah sind wie seit 1945 nicht mehr. Die NATO, wir und unsere Partner in diesem Bündnis haben unermessliches Leid über Nachbarregionen gebracht, und das Elend drängt nun über unsere Grenzen. Mit dem EU-Austritt verlässt Großbritannien das große europäische Friedensprojekt, es ist nicht mehr an die Friedenspflicht untereinander gebunden. Der britische Imperialismus hat sich in seinem Kerngebiet England wieder manifestiert, und es wird zum Schaden Europas sein, was uns jetzt bevorsteht.

Wir haben es anders versucht. Deshalb widme ich dieses Buch meiner Frau Renate, unserem Sohn Markus und meiner Mutter Hedwig, die ihrem Mann und meinem Vater seit seinem frühen Tod als Soldat der Deutschen Wehrmacht im Oktober 1945 in Liebe verbunden ist. Dabei denke ich auch an die Eltern meiner Frau, Annette und Peter Kelzenberg, welcher als junger Offizier während des Feldzugs gegen die Sowjetunion seinen linken Arm verlor. Mein Respekt gilt zudem Walter Breil, meinem guten Kollegen Dr. Bertram Wieczorek, Alfons Kranz und all denen, auf deren Tatkraft und Loyalität ich in jenen dramatischen Zeiten zählen konnte, vor allem General Viktor Schemetow, Irina Sorokina und Charles Weishar, Captain US Navy, der Henry Kissinger den Weg nach China vorbereitete, wodurch der amerikanische Präsident Richard Nixon es schaffte, ein neues Kapitel in den Beziehungen aufzuschlagen.

# Relikte des Kalten Krieges

## Interview unter Tage

Im Spätsommer 2015 plante das ZDF-Team von *Frontal 21* einen Bericht über die im Raum stehende Modernisierung amerikanischer Atomwaffen für deutsche Kampfflugzeuge, die auf dem Luftwaffenstützpunkt Büchel in Rheinland-Pfalz stationiert sind. So wandte man sich mit der Anfrage nach einem Interview an mich, denn die Autoren Herbert Klar und Ulrich Stoll wünschten sich mit mir über die Rolle von Nuklearwaffen unter den heutigen Bedingungen zu unterhalten. Dafür gab es einen sachlichen Grund: Im Frühjahr 1989, während des letzten großen länderübergreifenden Stabsrahmenmanövers der NATO im Kalten Krieg – Wintex/Cimex[1] genannt –, in dessen Rahmen ich die Rolle des »übenden Verteidigungsministers«[2] einnahm, hatte ich nach zwei Wochen empfohlen, das Ganze abzubrechen, und meine Bitte über den »übenden Bundeskanzler« Waldemar Schreckenberger an Helmut Kohl weitergeleitet. Denn es hatte sich herausgestellt, dass ein möglicher Einsatz nuklearer Waffen gegen Dresden oder Potsdam vonseiten der NATO einkalkuliert war, was meines Erachtens nicht verantwortet werden konnte, auch nicht im Rahmen einer Übung. Der Bundeskanzler entsprach umgehend meiner Bitte, und die Bundesrepublik Deutschland stieg aus diesem wichtigen Manöver aus.

Für mich gab es keinen besseren Ort für das Interview als den inzwischen zu einem Museum umgewandelten ehemaligen Regierungsbunker bei Marienthal an der Ahr. Und es hätte kein schönerer Tag für eine Fahrt von meinem Wohnort Jüchen aus sein können. Sie

---

[1] Wintex: Abk. für Winter Exercise. Cimex: Civil Military Exercise.
[2] Während der großen NATO-Manöver werden die staatlichen Leitungspositionen von Stellvertretern aus dem diplomatischen und militärischen Bereich übernommen, der jeweiligen Funktion wird ein (Üb) angehangen.

ging über die A 61, über die ich damals, während des Manövers, bei jeder Tages- und Nachtzeit mit gepanzerten Fahrzeugen gefahren wurde. Im September 2015 herrschte wunderbares Wetter: Die Sonne strahlte von einem knallblauen Himmel, und die spätsommerlichen Farben der Natur zogen kraftvoll den Blick hinüber zu den sanften Hügeln der Eifel. Das Navigationssystem ließ mich aufgrund der Routenempfehlung an seiner Funktionsfähigkeit zweifeln. Ich sollte die Autobahn nicht wie gewohnt bei Meckenheim verlassen, sondern die in Fahrtrichtung Koblenz liegende Abfahrt Grafschaft nehmen, wodurch mir dann aber der Blick auf ein liebliches Stück unseres Rheinlandes geschenkt wurde, kurz vor der herbstlichen Weinlese. Die Landschaft würde schon in wenigen Wochen andere Farben aufweisen.

Das Navi führte mich, wie sich dann herausstellte, zu einem Nebeneingang des Bunkers, wo wir – inzwischen war auch das ZDF-Team eingetroffen – von der Leiterin der Erinnerungsstätte, der Museums-

■ Eingang zum Regierungsbunker nahe Ahrweiler, heute ehrenamtlich betriebene Dokumentationsstätte

*Drucktor im Bunker*

pädagogin Heike Hollunder, begrüßt wurden, die mit ihren engelblonden Haaren schon durch ihr Erscheinungsbild vergessen machte, dass wir es hier mit einem Relikt aus dem Kalten Krieg zu tun hatten.

In diesen Tagen dämmert so manchem, mit welcher Wucht die Vergangenheit zurückzukehren droht: Wegen der derzeitigen politischen Differenzen, allem voran dem umstrittenen Verhalten gegenüber Russland, lebt der Kalte Krieg wieder auf, unter maßgeblichem Einfluss der Vereinigten Staaten, welche die Beziehungen zwischen den europäischen Mächten zu bestimmen suchen. Das Interview über ein für mich sehr wichtiges Ereignis der Vergangenheit war aber nicht nur vom erneuten Schatten des Krieges über Europa geprägt. In einer Zeit, in der die deutschen Fernsehanstalten fast nur Substanzloses im Angebot haben und die Zuschauer in der Regel zwischen »Glotzenkochen« und Tatort-Abenden wählen dürfen, war es mir ein Vergnügen, auf das Team von *Frontal 21* zu stoßen. Hier musste man niemandem erklären, was es mit dem Kalten Krieg so auf sich hatte, und die aktuelle Sicherheitslage war allen voll präsent,

■ *Dreharbeiten im Ahrtal-Bunker zum Frontal-21-Sendebeitrag »Stationierung neuer US-Atomwaffen in Deutschland«*

wie sich dann auch in dem am 22. September 2015 ausgestrahlten Sendebeitrag zeigte.[3]

In dem fast liebevoll restaurierten Teilstück des Regierungsbunkers stellte sich bei mir auf der Stelle wieder Beklemmung ein, welche uns alle in der Hochzeit des Kalten Krieges täglich begleitet hatte. Das lag nicht nur an dem rumpelnden Geräusch, als sich auf Knopfdruck von Frau Hollunder die gewaltigen Stahltore hinter uns schlossen. Genau wie damals hatte ich das Gefühl, der Willkürlichkeit und Vergeblichkeit menschlichen Tuns ausgeliefert zu sein. Ich hörte förmlich, wie sich der Schlüssel in der Türe, durch die man gerade eingetreten war, endgültig hinter einem umdrehte, sodass der Weg zurück vielleicht nicht mehr möglich war. Schon zu der Zeit, als die Bunkeranlage durch die Regierung Adenauer konzipiert wor-

---

[3] In der ZDF-Mediathek archiviert unter www.zdf.de/frontal-21/stationierung-neuer-us-atomwaffen-in-deutschland-russland-beklagt-verletzung-des-atomwaffensperrvertrages-40197860.html

den war, bestand die Gewissheit, dass sie angesichts des militärischen Potenzials des Warschauer Paktes einem Angriff nicht hätte standhalten können. War also deshalb das Übungsgeschehen der NATO-Manöver im Grunde wertlos? Bestimmt nicht, denn allein die im Deutschen Bundestag stattfindenden Beratungen des sogenannten »Gemeinsamen Ausschusses«, welcher im Ernstfall eine Art Notfallparlament bildet und bei dem Regierung, Parlament und Bundesländer zusammenarbeiten, ergeben ein einzigartiges Bild kollektiven staatlichen Handelns.

## Geheimnisvolle Regierungsbunker

Vermutlich bin ich der einzige Parlamentarier oder Besucher überhaupt, der noch vor der offiziellen Wiedervereinigung Deutschlands und Beendigung des Kalten Krieges gleich vier Regierungsbunker zu Gesicht bekommen hat: den bundesdeutschen im Ahrtal, die beiden US-amerikanischen sowie den Bunker der noch bestehenden DDR in Biesenthal-Prenden, in den mich mein Kollege aus dem Berliner Ministerium für Verteidigung und Abrüstung Bertram Wieczorek 1990 einlud. Über diese Anlage in der Schorfheide nördlich von Berlin ist in den letzten beiden Jahrzehnten ausführlich in der Presse berichtet worden, auch über den Umstand, dass er für einige Wochen für die interessierte Öffentlichkeit zugänglich war. Bemerkenswert fand ich hier vor allem den deutlich erkennbaren Versuch, so etwas wie Wohnlichkeit für die Führungsspitze der DDR herzustellen. So ganz anders als die nackten Bunkerwände im Ahrtal! Und noch etwas überraschte mich in hohem Maße: Als wir im Verlies des Staatsratsvorsitzenden standen, wurde mir angeboten, mein Bonner Büro über das auf dem Tisch stehende Telefon anzurufen. Ich wählte, und siehe da: Meine Mitarbeiterinnen im Bundesministerium der Verteidigung, Frau Diercks und Frau Schneider, waren sogleich am Apparat. Der Bunker war also ans westdeutsche Telefonnetz angeschlossen! Unglaublich, wen Erich Honecker so alles hätte anrufen können – direkt natürlich.

Den US-amerikanischen NORAD-Bunker bei Colorado Springs besuchte ich zwischen 1985 und 1988 mehrfach. Natürlich waren auch diese Besuche etwas ganz Besonderes. NORAD steht für »North American Aerospace Defense Command« (zu Deutsch: Nordamerikanisches Luft- und Weltraumverteidigungskommando), von hier aus wird der Weltraum überwacht, um rechtzeitig vor Angriffen mit Interkontinentalraketen warnen zu können – so die offizielle Funktion. Denn man hat darüber hinaus einen wachsamen Blick auf die gesamte Welt, von hier und nach hier laufen den Globus umspannende militärische Befehls- und Kommandostränge; Bestimmungen durch den US-Präsidenten und die nachgeordneten Entscheidungsorgane der amerikanischen Regierung – einschließlich des Pentagons –, welche für den Ernstfall getroffen worden sind, werden hier umgesetzt.

Auch Regionen, die nicht von unterschiedlichen »Alarmstufen« bestimmt sind, werden von NORAD aus wie unter einer riesigen Lupe tagein, tagaus genau beobachtet. Nichts soll den Spähern und ihren Systemen entgehen. Die Kommandostelle muss man sich zusammen mit der Einsatzzentrale des strategischen Bomberkommandos der Vereinigten Staaten nahe Omaha im Bundesstaat Nebraska denken. In beiden Einrichtungen wurde ich im Rahmen meiner Besuche als Mitglied des Bundestags offen informiert, ja nachdrücklich ins Vertrauen gezogen. Riesige Bildschirme waren zu sehen, auf denen alle Daten und Statusmeldungen zusammenliefen – genau so, wie hinlänglich aus dem Kino oder Fernsehberichten bekannt: Viele Menschen kennen etwa die überdimensionierte Weltkarte aus *War Games – Kriegsspiele* (1983), die eine riesige Wandfläche im NORAD-Bunker bedeckt. Doch wenn man einmal die Gelegenheit hat, diesen Ort selbst aufzusuchen, entfaltet der amerikanische Spielfilm eine noch bedrückendere Wirkung, als dies ohnehin schon möglich war. Er zeigt eindrücklich die dramatische Wirkung von Computerspielen auf hochkomplexe militärische Systeme und was ablaufen kann, wenn dem Menschen Entscheidungen aus der Hand genommen werden.

Die Möglichkeit zu erhalten, als einer von ganz wenigen westlichen Politikern, ja Zivilisten überhaupt die beiden streng geheimen Orte, die Kommandostelle NORAD sowie die Einsatzzentrale Offutt Air Force Base bei Omaha, besuchen und die Erlebnisse mit Kinofilmen vergleichen zu können, das hatte schon etwas. Vor allem beeindruckte mich, mit welch unglaublicher Offenheit man mir Einblick gewährte in das globalstrategische Denken der US-Streitkräfte und wie freimütig man mit mir darüber diskutierte. Es zeugte vom Wunsch der Verantwortlichen vor Ort wie auch seitens der US-Regierung, einen Nachweis über eigene Anstrengungen und Fähigkeiten zu geben und auch die Verbündeten daran teilhaben zu lassen. Der Austausch sensibler Informationen ließ kaum etwas zu wünschen übrig. Zwar war es überhaupt nicht nach dem Geschmack der deutschen Bundesregierung, wenn wir, Abgeordnete der CDU/CSU-Bundestagsfraktion, zu viel wussten, und so manche der Informationen wollte man als allein der Regierung zugängliches Wissen behandelt haben. Doch die vorzügliche Zusammenarbeit, die ich mit der amerikanischen Seite in jenen Jahren pflegte, sorgte für einen exklusiven Zugang zum weltumspannenden Wissen der US-Regierung, begründet in ihrem damaligen Einflussgebiet, welches von Washington über das amerikanische Oberkommando in Stuttgart, Somalia an der afrikanischen Ostküste und Honolulu auf Hawaii reichte. Damit ergab sich für uns in der Regel ein beachtlicher Wissensvorsprung dem eigenen Verteidigungsministerium gegenüber.

Die Gegend um den NORAD-Bunker verfügt über einen eigenen Charme, er liegt in einer spektakulären Gebirgslandschaft, den westlichen Ausläufern der Rocky Mountains, in denen in früheren Zeiten intensiv nach Gold geschürft wurde. Am Eingang hatte ich den Eindruck, meinen Blick fast bis nach New York schweifen lassen zu können, denn bis zu den Appalachian Mountains im Osten der Vereinigten Staaten gab es keine nennenswerte Erhebung mehr. Da war es nicht weit bis zu einer anderen Überlegung: Unser Schicksal wird bestimmt von den Auseinandersetzungen zwischen den Rocky Mountains und dem Ural, jenem Gebirgsmassiv, das sich quer über das sowjetische Gebiet erstreckt. Das war die eine Seite. Wandte man den Blick in die Gegenrichtung, gen Westen, zeigt er uns eine Welt zwischen den Rockys und dem Tienschan-Gebirge im westlichen China, inklusive der Himalaya-Abgrenzung zum indischen Subkontinent. Nun wanderten meine Gedanken zu Mitteilungen und Debatten über den globalen Rauschgifthandel. Verantwortliche Militärs ließen nie einen Zweifel daran, dass einer der wichtigsten Anbauorte die schöne Insel Hawaii mit ihren langen und unzugänglichen Tälern ist. Dies sorge für gewaltige Produktionsmengen an Drogen, die unkontrolliert von den Häfen der Inselgruppe auf das amerikanische Festland verschifft würden.

Der Weg in den Bunker war weniger spektakulär. Mit einem Militärbus und einem PKW ging es ein gutes Stück in den Berg hinein, bevor ein Abschnitt erreicht wurde, in dem sich die Aufzüge für die Mannschaften und Besucher befanden. Die Zutrittskontrollen waren im Vergleich zu heutigen Sicherheitschecks am Flughafen nicht

■ Blick in den NORAD-Bunker im »Cheyenne Mountain Complex« nahe Colorado Springs, in dem heute wieder 350 Militärangehörige arbeiten

▪ Bunkerbeschäftigte des 721st Communications Squadron Systems Center vor Monitoren, die weltweit vor Raketenangriffen warnen

der Rede wert – mehr »zivil« ging kaum. Das hing bestimmt auch mit der Gewissheit zusammen, dass jeder, der sich dem Eingangsbereich auch nur näherte, vorher bereits umfassend »durchleuchtet« worden war. Ich konnte mich abermals des Gedankens nicht erwehren, den ich auch beim Betreten des Regierungsbunkers im Ahrtal hatte: dass die sowjetische Nuklearrüstung sicher gerade diese zentralen Kommandoeinrichtungen im Visier hatte und Interkontinentalraketen mit präzisen Sprengköpfen zielgenau auf sie ausgerichtet waren, ungeachtet dessen, dass sich mehrere hundert Meter Gestein und ein massiver Berg darüber wölbten.

Was also hätten die Bunker im Ernstfall genutzt? Darüber wurde in der Zeit meiner Besuche bei NORAD diskutiert. An dem Bunker hat diese Diskussion nichts geändert, auch nicht die Möglichkeiten, die man an seine Überlebenschance bei dem von Nuklearexplosionen ausgelösten »EMP«, dem elektromagnetischen Puls, hätte knüpfen müssen. Fragen dazu stellte man im Bunker besser nicht, weil jeder davon ausgehen konnte, dass es darauf genau *nicht* angekommen wäre. Vielleicht war zumindest der Bunkerbereich vor dem Ausfall aller elektrischen Geräte im Falle eines Angriffs mit Nuklearwaffen geschützt, der Bevölkerung draußen aber wäre das keine Hilfe gewesen. Dabei war hier alles sehr sehenswert und die ursprüngliche Landschaft im Umfeld der Bunkeranlage genau das, was man mit dem Westen der Staaten verbindet. Wenn man von Colorado Springs aus etliche Meilen in das Bergmassiv der Rocky Mountains hineinfuhr, eröffnete sich dem Besucher der Zugang zu ehemaligen Goldgräbergemeinden, die sich über die Jahrzehnte gerettet hatten. Windschief vielfach, aber man konnte seinen Gedanken nachhängen, bevor man in der Halle des weltberühmten »Broadmore Hotel« verschwand.

Nachdem die gigantische amerikanische Bunkeranlage im Juli 2006 vorerst stillgelegt, genauer: in den Status »warm standby« versetzt wurde, durfte sie wegen der überschaubaren weltpolitischen Lage fast zehn Jahre lang ein »Dornröschenschlossdasein« genießen. Den mindestens fünfzehn Gebäuden – jeweils mindestens drei Stockwerke hoch und auf Stahlspiralen zur Abfederung stehend – schien keine Zukunft vergönnt zu sein. Nun aber wurde sie mit einem Aufwand von fast einer Milliarde Dollar auf eine neue Aufgabe vorbereitet, die scharfe Beobachtung des »neuen, alten Feindes«. Die Entscheidung der US-Regierung, »Cheyenne Mountain« zu modernisieren, basiert auf einer fatalen Gesinnungsänderung, denn die Russische Föderation liefert nach allgemeinem Urteil keinen hinreichenden Grund dafür. Da auch am Ausbau nuklearer Arsenale mit Hochdruck gearbeitet wird, macht sich Nervosität breit.

Meinem Empfinden nach war das zur Zeit meiner Besuche, alleine oder mit Verteidigungspolitikern der CDU/CSU-Bundestagsfraktion, anders. Damals schien man durchaus bereit, sich auf den sich abzeichnenden Friedensprozess einzulassen, und betrachtete die europäische Entwicklung mitsamt der Annäherung von Ost und West, speziell im Brennpunkt Deutschland, mit Wohlwollen. Demgegenüberzeichnen die Äußerungen des inzwischen ehemaligen STRATFOR-Chefs George Friedman aus dem Frühjahr 2015 ein anderes Bild. In der aufgeheizten Stimmung des Ukraine-Konfliktes ließ er sich vor dem »Council on Foreign Relations« in Chicago dergestalt vernehmen, dass es seit der Gründung des Deutschen Reiches im Jahre 1871 Ziel amerikanischer Politik gewesen sei, eine gedeihliche und gutnachbarschaftliche Zusammenarbeit zwischen Russland und Deutschland nachhaltig zu hintertreiben. In einer engen und friedlichen Zusammenarbeit dieser beiden kontinentaleuropäischen Staaten sehen offenbar heute bestimmte amerikanische Kräfte eine der größten Bedrohungen für eine ausgreifende amerikanische Globalpolitik.

Beim Strategischen Bomberkommando der USA auf der Offutt Air Force Base in Omaha war der beunruhigende Gedanke an eine allzeit mögliche globale nukleare Vernichtung erschreckend präsent. Daneben stand für mich die Erinnerung an westfälisches Bier. Ein guter Freund hatte mich bei einem meiner dortigen Besuche mit zu den riesigen Arealen mitgenommen, wo aus dem Süden des Landes herangeschaffte Rinder zusammengetrieben wurden. Gatter, so weit das Auge blickte! In der Mitte des von Horizont zu Horizont reichenden Geländes ein einsames Gebäude, vermutlich eine Gaststätte zur Versorgung jener Menschen, welche die Rinder auf dem Weg zu den Schlachthöfen begleiteten. Nicht zu übersehen, stand in der Nähe eine übergroß dimensionierte Werbetafel: »Warsteiner Bier«. Näher konnte mir die Heimat kaum sein.

Als der Aufzug uns mit großer Geschwindigkeit in Richtung Erdinneres transportierte, war nicht abzuschätzen, welche Distanz er dabei zurücklegte. Angaben über die Tiefe des Bunkers bei Colorado Springs aber wären höchst zweifelhaft gewesen, weil sie aus Geheimhaltungsgründen gar nicht gemacht werden durften. Es war jedenfalls tief genug, sodass der Bunker diesen Begriff auch verdiente, denn an diesem Ort taten sich Abgründe auf: Von hier aus wäre im Ernstfall der Untergang der Welt umgesetzt worden. Die Damen und Herren Offiziere gaben bereitwillig Auskunft, doch man wurde den Eindruck nicht los, dass sich in dem großen Saal ein anderes Bild zeigen würde, sobald wir den Raum wieder verlassen haben würden. Einige Zeit später ist es auf einem amerikanischen Manövergelände nur mit Mühe gelungen, die übergroßen Landkarten zu verhängen. Doch mein Büroleiter Walter Breil und ich hatten bereits darauf gesehen, wo die NATO in Europa, tief auf sowjetischem Gelände, die Verteidigung gegen den Warschauer Pakt übte. Die amerikanischen Bunker zeigten jedenfalls eine ganz andere Dimension als etwa der erweiterte Weinkeller im Ahrtal, um den man bei uns ein solches Aufheben macht.

Während der Besucher bei NORAD den Eindruck hatte, in einen der langgestreckten Tunnel der New Yorker U-Bahn einzufahren, wunderte man sich beim Betreten der ebenso hochgeheimen DDR-Anlage, welche von Wandlitz aus praktisch fußläufig erreichbar war, dass es sich um einen Regierungsbunker handeln sollte. Die Tarnung war so perfekt, dass niemand daran denken konnte. Da vermittelte der Zugang zur Bunkeranlage in Marienthal schon eher den Eindruck, es mit einer militärischen Anlage zu tun zu haben:

Kontroll- und Steuerraum im »Honecker-Bunker« bei Prenden, von wo aus die Anlage 36 Stunden autark hätte betrieben werden können

Aus der sanft hügeligen Umgebung aus Richtung Bonn kommend, ging es doch auf eine im Großen und Ganzen »feldgraue Anlage« zu, die nicht so recht in die so friedlich wirkende Landschaft zu passen schien. Auch machte niemand einen Hehl daraus, dass es sich um eine kriegerischen Zwecken dienende Bunkeranlage handelte, obwohl ansonsten eine Menge Geheimniskrämerei darum getrieben worden war. Schon bei der Einfahrt vermittelte sich das beklemmende Gefühl, dass man hier im Ernstfall nicht mehr rauskäme. Während ich mich in den großen Auditorien im NORAD-Bunker stets fragte, ob die Anlage nicht ein völlig normaler oberirdischer Zweckbau sein könnte, und im DDR-Regierungsbunker eine gewisse »Büroheimeligkeit« hergestellt worden war, sollte das für die Zeit meiner Unterbringung im Bunker Marienthal völlig anders sein. Hier wurde nichts übertüncht. Für zwei Wochen zog ich während des Wintex/Cimex-Manövers in eine Zelle von wenigen Quadratmetern Größe: Betonwände und eine extrem spartanische Möblierung, Bett, Stuhl, Schreibtisch, das sollte es sein. An Frischluft durfte man hier besser erst gar nicht denken. Alles war rein darauf abgestellt, unter Ernstfallbedingungen seinen Aufgaben nachzukommen.

Das war nicht immer leicht zu bewältigen. Vor allem als ich an einem Sonntagabend gegen 22 Uhr nach einem überaus langen Arbeitstag unmittelbar nach der Ankunft zu Hause wieder zurück in den Bunker gerufen wurde, weil mich der im Pentagon amtierende US-Kollege wegen der unterschiedlichen Auffassungen zum Einsatz nuklearer Waffen über die sichere Telefonleitung zu sprechen wünschte. Dabei war ich gerade noch so froh gewesen, die Nacht in den eigenen vier Wänden verbringen zu können! Für meine Rückfahrt nach Marienthal mussten die Dienstfahrzeuge, die schon auf dem Weg nach Bonn waren, zurückbeordert werden. Eigentlich war es über die Autobahn kein weiter Weg zum Bunker, doch hatten wir die Rechnung ohne die holländischen LKWs gemacht. Das Sonntagsfahrverbot war abgelaufen, und jetzt strebten die Pulks in Richtung Basel.

Nach der Ankunft blieb nur wenig Zeit, mich auf das Gespräch vorzubereiten. Dazu kamen wir in einer Art Kriegsrat zusammen, der bestand aus den Personen, welche wie ich während der Übung eine Leitungsposition besetzt hatten. Große Absprachen waren jedoch kaum erforderlich, wir kannten uns alle aus der ministeriellen Arbeit, und die geläufigen Themen über NATO-Strategien waren uns aus den relevanten Ressorts der Bundesregierung und des Verteidigungsministeriums mehr als vertraut. Bei dem Gespräch mit dem amerikanischen Amtskollegen kam es nun vor allem darauf an, die deutschen Interessen deutlich zu machen. Denn die Amerikaner hatten eigentlich nie ein Problem damit, wenn man ihnen gegenüber seine eigenen Belange vertrat. Schwierig wurde es lediglich, wenn sie nur mutmaßen konnten, was der andere vorhatte. In dieser Nacht sollte es nicht anders sein. Eine klare Ansage der deutschen Interessen, die damit begründet werden konnten, was aus den Erklärungen der NATO für alle verbindlich war, und die Sache war vom Tisch. Manchmal lagen eben die tatsächlichen Risiken an anderer Stelle, wie in Zeiten der großen Wintex/Cimex-Übungen hinter vorgehaltener Hand geraunt wurde: Nächtens werde unter der Belegschaft von bis zu dreitausend Leuten kräftig gefeiert. Bunkerkoller eben.

## »Frenemies« und »Enefriends« – neue Herausforderungen

Im November 2015 lud mich der russische Auslandssender *Russia Today* nach Moskau ein, zu einem Symposium, das sich der Frage widmete, wie aus ehemaligen Freunden im internationalen Miteinander Feinde werden konnten. Mein langjähriger Freund, der ehemalige pakistanische Botschafter in Deutschland, Generalleutnant a. D. Asad Durrani, erläuterte mir einst, dass sich dafür der Begriff »Frenemies« eingebürgert habe, zunächst in Bezug auf die sich rapide abkühlenden Beziehungen zwischen Pakistan und den Vereinigten Staaten.

Den Flug mit Aeroflot traten mein Sohn Markus und ich gemeinsam an. In der russischen Hauptstadt würden wir uns mit langjährigen guten Bekannten treffen, die Freundschaften hatten sich unter weltpolitischen Aspekten ergeben, so etwa mit Viktor Schemetow, dem sowjetischen General, der früher unmittelbar an der innerdeutschen Grenze eine Division befehligt hatte. Was uns anbetraf, lag der umgekehrte Fall vor: Während der Wintex/Cimex-Übung, die kurz bevor wir uns kennenlernten stattfand, waren wir noch potenzielle Feinde, wenig später wurden wir zu persönlichen Freunden. Im Ernstfall wäre unsere Zeit vielleicht gerade mal in Stunden bemessen gewesen, ich wäre vermutlich im Regierungsbunker im Ahrtal gewesen, ohne Kontakt zur Familie, eingeschlossen in einem Massengrab. Mein Besuch in Perleberg aber brachte für Viktor Schemetow und mich sowie auch für unsere Familien die menschliche Wende. Die Zeiten hatten es ermöglicht, dass wir uns nicht mehr auf Distanz, als Gegner, sondern als Menschen begegneten, die eine gemeinsame Aufgabe zu bewältigen hatten. Und es gab einiges zu bewältigen. Zwar lag keine genaue Agenda vor, aber die Aufgabe war eigentlich klar, und sie erforderte unsere ganze Kraft und eine Menge Einfallsreichtum, wie sich in den kommenden Monaten noch herausstellen sollte.

Am 27. September 1990 hatten wir uns im Rathaus zu Perleberg gegenüber gesessen, zusammen mit Oberst Hillgruber von der Nationalen Volksarmee und Major i. G. Gerhard Bahr, Mitarbeiter meines Büro auf der berühmten Bonner Hardthöhe. Auf ostdeutschen Straßen rollten damals lange LKW-Kolonnen, die den Soldatinnen und Soldaten der NVA neue Uniformen brachten, denn mit der Wiedervereinigung am 3. Oktober nahm sie die Bundeswehr in ihre Reihen auf. Damit entfielen für die sowjetischen Streitkräfte in Deutschland die jahrzehntelang bekannten Ansprechpartner und natürlich die »Waffenbrüder«. Gewünscht von uns allen war eine vernünftige Nachbarschaft zwischen der nun gesamtdeutschen Bundeswehr mitsamt ihren zivilen wie militärischen Einrichtungen und dem sowjetischen Militär. Es gab auch keinen Grund, anders zu denken. An diesem Tisch im Perleberger Rathaus fiel das Denken in alten Mustern während des Gespräches von uns ab. Da saß mir kein sowjetischer Divisionskommandeur gegenüber, sondern ein sympathischer, umgänglicher und patenter Mensch und gestandener Familienvater. Er sollte nicht der Einzige aus den Reihen des ehemaligen Feindes bleiben, über den ich so zu denken lernte. Für mich wurde Oberst Schemetow der Schlüssel zur gesamten Führungsspitze bei der Westgruppe der sowjetischen Truppen in Deutschland. Und wir beide haben gesehen, dass wir miteinander konnten.

Viktor Schemetow und ich trafen uns in den Jahren danach immer dann, wenn mich dienstliche Reisen, etwa als Vizepräsident der Parlamentarischen Versammlung der OSZE, nach Russland führten, so auch im Frühjahr 2000, weit im fernen Osten des Riesenreiches, in Chabarowsk am Amur, von wo ich dann in die chinesische Hauptstadt Peking weiterreiste. Auch damals war mein Sohn Markus mit von der Partie, um für die OSZE Wahlen zu beobachten. Sche-

»Enefriends« - von Feinden zu guten Freunden: Viktor Schemetow (Mitte) mit Übersetzerin und Familie zu Besuch bei Willy Wimmer (im Hintergrund: Schloss Dyck)

metow war inzwischen für den Militärbezirk Fernost als Stabschef tätig, später im prestigeträchtigen Militärbezirk Moskau. Mehr Ehre für einen Offizier kann es kaum geben.

Chabarowsk war eigentlich nichts für uns niederrheinische Bürger, denn zum ersten Male erlebten wir das, was man gemeinhin Kälte nennt. Die Unterkunft aber begeisterte uns: ein schmuckes Hotel in einer vor mehr als hundert Jahren von deutschen Kaufleuten errichteten Häuserzeile, sodass wir uns gleich heimisch fühlten. Die Restaurierung war mehr als gelungen. Das konnte man auch vom Wohnhaus der Familie Schemetow sagen, das aus den 30er-Jahren stammte und gleichfalls deutsche Bauart aufwies. Dass man sich in der Region Deutschland verbunden fühlte, konnte ich auch bei einer Diskussionsrunde in der germanistischen Fakultät der dortigen Universität feststellen. Man hatte beste Kontakte nach Köln, ins für mich heimische Kaarst und andere Regionen. Überhaupt wurde unweit der russischen Pazifikküste sowie der chinesischen Grenze der Eindruck erweckt, als gehöre man nicht zu Asien, sondern zu Europa, unterstrichen durch deutsche Automobile auf den hell erleuchteten Straßen. Allein der hochmoderne Flugplatz vermittelte ein anderes Bild. Dafür sorgten die Flugzeuge aus Alaska, USA und Kanada sowie aus Korea und Japan.

General Schemetow war für Überraschungen gut, das konnten wir sehen, als sich morgens ein Hauptmann bei uns im Hotel einfand, um meinem Sohn eine Uniform des russischen Heeres auszuhändigen. Das war etwas! Hatte Markus doch gerade erst seinen Wehrdienst bei der Luftwaffe absolviert. Seine Grundausbildung fand im brandenburgischen Holzdorf statt. Der Kommandeur war schon als Offizier der NVA in dieser Funktion am dortigen Standort tätig gewesen. Die Uniform erlaubte Markus nun den Besuch des bestens ausgestatteten Trainingszentrums für die Teilnehmer Russlands an den Schießwettbewerben bei den kommenden Olympischen Spielen in Australien. Schon bei der Bundeswehr als guter Schütze ausgezeichnet, absolvierte er das Training mit Bravour.

So kurz der Aufenthalt in Chabarowsk auch war, so sehr brachte er uns mit den Herausforderungen der Vergangenheit und Gegenwart gerade dort zusammen, z. B. bei einem Ausflug in die Taiga, wo sich sibirische Tiger aufhielten. Spannender für mich war allerdings das, was ich auf dem Weg dorthin auf einem ungewöhnlich kegelförmig aufragenden Berg entdeckte: eine riesige Radaranlage, wie ich sie in dieser Dimension noch nie gesehen hatte und die mir sogleich »Gänsehaut pur« bescherte. Denn mit dem Anblick stieg die Erinnerung an den Abschuss eines koreanischen Passagierflugzeuges durch ein sowjetisches Kampfflugzeug am 1. September 1983 in mir hoch. War die Boeing 747 vielleicht von hier aus entdeckt worden? In der Nacht, als es geschah, war ich in Seattle, um mir bei der Firma Boeing die Produktionsanlagen für Cruise Missiles anzusehen. Das Titan, das bei der Fertigung erforderlich war, stammte interessanterweise aus sowjetischer Produktion. Zuvor allerdings erhielt ich einen Anruf mit einer Information zu dem Abschuss, welcher in den Tagen danach natürlich alle Fernsehprogramme bestimmte. Nun teilte man mir mit, dass der Flugweg der koreanischen Maschine seit Langem von amerikanischen Aufklärungsfliegern benutzt werde, um in deren Schatten sowjetische Militäranlagen ausspionieren zu können. Die Sowjets aber sollten glauben, es handele sich um ein Zivilflugzeug, weil die amerikanischen Aufklärer rechtzeitig abdrehten. In der Nacht des Abschusses sah das alles anders aus, und dafür mussten Hunderte Menschen sterben. Der Anrufer wusste genauestens Bescheid, und heute besteht kein Zweifel mehr daran, dass es sich tatsächlich so abgespielt hatte.

## Moderner Kolonialismus und die Migrationsfrage

Im »Fernen Osten«, der Grenzregion zwischen Russland und China, war es im vergangenen Jahrhundert mehrfach zu kriegerischen Auseinandersetzungen gekommen. Während der Zarenzeit hatten im Zuge »ungleicher Verträge« riesige Gebiete der Region den Besitzer gewechselt. Lange Zeit waren in Peking chinesische Bezeichnungen für Städte geläufig, die heute zum russischen Staatsgebiet gehören. Am Ussuri brachen in der Folge in den 70er- und 80er-Jahren immer wieder Grenzkonflikte auf, die in einen offenen Krieg zwischen der Sowjetunion und der Volksrepublik China umzuschlagen drohten. Dank des kasachischen Staatspräsidenten Nursultan Naserbajew konnte mithilfe einer auf Asien bezogenen Neuauflage der Konferenz für Sicherheit und Zusammenarbeit in Europa (KSZE) die bis dahin ungeklärte Grenzziehung zwischen Russland und China in der ersten Hälfte der 90er-Jahre beendet werden. Das bezog auch eine andere Regelung mit ein. Die Welt konnte sehen, wie sich beim Zerfall der Sowjetunion die Völkerschaften westlich des majestätischen Tienschan-Gebirges eigene Staaten schufen, so etwa Kasachstan oder Kirgistan. Die Völker siedelten aber auch östlich der hohen Berge, auf chinesischem Territorium, hier gab es gleichfalls Bestrebungen nach Unabhängigkeit von der ungeliebten Oberhoheit. Bereits 1955 wurde das »Uigurische Autonome Gebiet Xinjiang« geschaffen, es gehört aber nach wie vor zur Volksrepublik China.

Im Zuge umfassender Grenzregelungen zwischen der kasachischen und der chinesischen Regierung legte man fest, die auf chinesischem Staatsgebiet siedelnden Angehörigen des eigenen Volkes nicht zur Unabhängigkeit anstacheln zu wollen, um blutige Auseinandersetzungen in der Region zu verhindern. Hunderte von Toten waren 1992 in der Stadt Osch bei Fehden zwischen Usbeken und Kasachen zu beklagen. Niemand in staatlicher Verantwortung wollte solcherart neue Kämpfe hinnehmen. So setzte man auf durchlässige Grenzen, wirtschaftliche Entwicklung und menschliche Kontakte. Zwischen dem chinesischen und kirgisischen Hoheitsgebiet etwa waren Grenzzäune ohnehin unbekannt, weil in den riesigen Weiten andere Gesetze herrschten. Die chinesische Seite hatte aber in großen Abständen Stützpunkte angelegt, von wo Patrouillen auszogen, um das eigene Hoheitsgebiet zu schützen. Viktor Schemetow erhielt einst sein erstes Kommando für eine Einheit der sowjetischen Streitkräfte an einem neuralgischen Punkt, der Eisenbahngrenzstation »Druschba«, über die heute der Massengüterverkehr zwischen Shanghai und Duisburg läuft.

Zwar gab es also nun keine offenen Konflikte mehr, aber nach dem Zerfall der Sowjetunion 1991 folgte entlang der chinesisch-russischen Grenze trotzdem keine ruhige Zeit, und in Bonn machten wir uns in jenen Jahren gewaltige Sorgen um eine beginnende Destabilisierung der jungen, noch auf sehr wackligen Beinen stehenden Russischen Föderation im Fernen Osten. Denn Millionen chinesischer Staatsbürger zogen mit all ihren Habseligkeiten über die Grenze nach Norden und siedelten in russischen Städten sowie auf landwirtschaftlich nutzbaren Flächen. Nur wenige nahmen die beunruhigende Entwicklung damals wahr. Zunächst einmal fehlte es an Aufmerksamkeit für die ferne Region – wer wusste schon, wo der Amur floss, und wer kümmerte sich in jener Zeit um China oder dessen Grenzkonflikte mit Russland? Außerdem waren alle mit den Konsequenzen der deutschen Wiedervereinigung beschäftigt. Kaum jemand befasste sich mit der Lage ganz weit hinten in Asien.

Eine Ausnahme bildete die Präsidentin des Deutschen Bundestages Rita Süssmuth. Der Bundestag hatte uns beide 1992 zur Führungsspitze der deutschen Delegation bei der Parlamentarischen Versammlung der KSZE/OSZE gewählt, und uns verband eine vertrauensvolle, enge Zusammenarbeit innerhalb der internationalen Gremien. Während sich das politische Bonn mit innerdeutschen Finessen herumschlug und nicht weiter als über den bestenfalls westeuropäischen Tellerrand hinauszublicken vermochte, diskutierten wir mit Kolleginnen und Kollegen aus mehr als 54 Staaten über globalpolitische Probleme, so auch die Migrationsbewegung in Asien. Was stand dahinter? War das etwa schon eine Art friedlicher, nichtsdestotrotz unaufhaltsamer Landnahme in einer Großregion, die noch bis über die Mitte des 19. Jahrhunderts hinaus zum chinesischen Kaiserreich gehört hatte? Bereitete sich hier eine kriegerische Auseinandersetzung vor ...? Die Bilder von kämpfenden Truppen mitten im Fluss Ussuri standen uns noch vor Augen. Nach dem Ende des Kalten Krieges befürchteten wir einen neuen großen und heißen Krieg auf der östlichen Seite des gemeinsamen Kontinents.

Im Gegensatz zum Westen, wo bereits neue Grundlagen für eine antagonistische Haltung gegenüber Russland entstanden, haben uns die Staats- und Regierungschefs zwischen Moskau, Bischkek und Peking eines Besseren belehrt: Beeindruckt von den erfolgreichen Mechanismen zwischenstaatlicher Verhandlungen, die einen der größten Zwiespalte in der Menschheitsgeschichte zu beenden vermochten, setzte sich die Idee, Konflikte friedlich beizulegen, im Osten Eurasiens beispielgebend durch. Mithilfe der Prinzipien der KSZE die ungelösten Probleme des Ostens anzugehen erwies sich als sinnvoll und zielführend. Bis heute ist der Shanghai-Kooperationsrat ein Verhandlungsinstrument mit wachsender Bindekraft zwischen Islamabad, Astana, Peking und Moskau – während der Westen inzwischen mehr und mehr zur Konfrontation zurückkehrt.

Doch bis auf den Bundeskanzler hörte bei uns niemand hin, wenn man auf die substanziellen Veränderungen der amerikanischen Politik und den beginnenden Siegeszug des »Shareholder Value« gegen die »Soziale Marktwirtschaft« aufmerksam zu machen suchte. Dabei wurden mit der Regierungsumbildung 1992 in Bonn die Absprachen über eine vorsichtige Osterweiterung der Europäischen Gemeinschaft – aber keinesfalls der NATO – über den Haufen geschmissen. In der KSZE/OSZE, vor allem der Parlamentarischen Versammlung, war das praktisch Alltagsgeschäft, denn hier prallten die Interessengegensätze zwischen Amerikanern und Europäern direkt aufeinander. In dieser Zeit blockierten die amerikanischen Vertreter alle Entscheidungen, auch zu Personalfragen. Es war offenkundig, dass man in Washington dabei war, seine Politik neu auszurichten, vor allem auf ökonomischem Gebiet.

In der KSZE/OSZE kamen Vertreter aus mehr als fünfzig Mitgliedsstaaten der nördlichen Welthalbkugel zusammen, ihre Arbeit orientierte sich an den drei sogenannten »Körben«, den Arbeitsfeldern, welche während der ersten Konferenz für Sicherheit und Zusammenarbeit in Europa in Helsinki definiert worden waren. Erster Korb: vertrauensbildende Maßnahmen und Aspekte der Sicherheit und Abrüstung; zweiter Korb: Zusammenarbeit in den Bereichen Wirtschaft, Wissenschaft und Technik sowie Umwelt; dritter Korb: Zusammenarbeit in humanitären und anderen Bereichen. Innerhalb der Parlamentarischen Versammlung traten nun unterschiedliche Interessen vor allem bei der Behandlung von Fragen der »Menschen- und Bürgerrechte«, der Sicherheitsdimension und der »wirtschaftlichen Dimension« offen zutage. Dadurch erhielten wir einen völlig neuen Blick auf unsere Welt, denn die Neujustierung der amerikanischen Politik wurde erkennbar. Doch konnten wir nicht davon ausgehen, mit Warnungen im politischen Bonn auf Verständnis zu stoßen. Dort glaubte uns niemand und führte die Beziehungen zu den Vereinigten Staaten in den gewohnten Bahnen fort. In der Parlamentarischen Versammlung, die anders als die NATO nicht von der amerikanischen Dominanz bestimmt wurde, sah das ganz anders aus. Es war eine tragische Entwicklung, weil sie den Charakter der USA so völlig verändern sollte. Früher noch eine der treibenden Kräfte des sogenannten »Helsinki-Prozesses«, rückten die USA ihre eigenen Interessen ab Anfang der 90er-Jahre wieder in den Vordergrund.

Im Sommer 1992 erhielt ich die Gelegenheit, als einziger Parlamentarier der Delegation anzugehören, welche die damalige Ratsvorsitzende der KSZE und schwedische Außenministerin Margaretha af Ugglas in die zentralasiatischen Staaten begleitete, um die ehemaligen sowjetischen Republiken als vollwertige Mitgliedsstaaten in die Organisation der KSZE aufzunehmen. Man sprach über aktuelle Probleme, und vor allem die Staatspräsidenten von Turkmenistan, Usbekistan und Kasachstan äußerten völlig offen ihre Sorgen wegen kürzlich ausgebrochener Gewalttätigkeiten im Osh-Tal zwischen Kasachstan und Usbekistan und wegen der ungeklärten Migrationsentwicklungen in Russisch-Fernost. Moskau und Peking gelang es, sich in dieser Frage zu verständigen. Millionen chinesischer Staatsbürger kehrten daraufhin zurück in ihre Heimat, und es dauerte nicht lange, bis die Grenzprovinzen förmlich aufblühten aufgrund einer klugen Investitionspolitik der chinesischen Regierung. Den russischen

Staatsorganen blieb in diesem Zusammenhang nicht mehr viel zu tun – bis auf eines vielleicht: Immer wieder wurden einzelne Menschen in den Weiten des Landes zwischen Irkutsk und Wladiwostok aufgegriffen, deren Aufgabe offenbar darin bestand, sich Aufschluss über mögliche Bodenschätze zu verschaffen. Davon gibt es in dieser Region mehr als genug.

Seinerzeit wurde in der Bundesregierung nicht allein darüber diskutiert, wie es innerhalb des wiedervereinigten Deutschlands nun weiterginge, im Fokus stand ebenso unsere Souveränität und zukünftige Rolle im Kanon der Nationen: Würde man nun in größerer Eigenständigkeit Entscheidungen treffen können in Bezug auf das eigene Land, Europa und die Welt? Allgegenwärtig war das Bild eines deutschen Gullivers, der auf dem Boden lag, über ihm ein dichtes Netz von Seilen, die ihn hindern, aufzustehen und sich frei zu bewegen. Dabei machte es keinen Unterschied, ob er durch die Vereinigten Staaten oder Frankreich gefesselt wurde. Dies schien nun vorbei zu sein.

Dass Deutschland wieder zu einer gewissen Größe in Europa herangewachsen war, schuf Begehrlichkeiten bei den Bündnispartnern, Teile der Bundeswehr nutzen zu können, wodurch wir uns vor den amerikanischen, globalstrategisch ausgerichteten oder den französischen Karren spannen lassen würden. Schon während des Vietnam-Krieges war immer wieder der Einsatz deutscher Soldaten ins Gespräch gebracht, von der jeweiligen Bundesregierung aber weit von sich gewiesen worden. Dabei hatten Überlegungen eine wichtige Rolle gespielt, die sich aus der Teilung des Landes ergaben, denn es war angeraten, dass unsere Streitkräfte weder auf sowjetische noch deutsche Soldaten aus der DDR stießen. Sicher gab es zudem noch genügend andere Gründe in Deutschland, den Gedanken der Verteidigung zwar hochzuhalten, neue Kriegseinsätze in der Welt aber abzulehnen. Doch mit der Wiedervereinigung war es mit der Schonung nun vorbei.

Schon im Umfeld der deutsch-französischen Brigade waren Versuche unübersehbar, damit ein Instrument zur Durchsetzung französischer Interessen in Afrika in die Hand zu bekommen. Denn während Deutschland nur noch von befreundeten Staaten umgeben war, fühlten sich die Franzosen nach wie vor bedroht. Nordafrika und weite Teile Restafrikas wurden in der Nachfolge kolonialer Verhaltensmuster weiterhin als französisches Terrain betrachtet. Als die Wahlen im Jahr 1992 in Algerien – die durchaus als fair und frei bezeichnet werden konnten – unerwünschte Ergebnisse brachten, wurde eines deutlich: Die hehren demokratischen Grundsätze, wie sie seitens des Westens immer propagiert wurden, waren das eine, die Interessen, die auf ökonomische Durchdringung afrikanischer Staaten gerichtet waren, zeigten ein anderes Bild. Warum also nicht die deutschen militärischen und finanziellen Möglichkeiten anzapfen, um die Lasten einer militärisch unterfütterten Präsenz Frankreichs und auch anderer westlicher Staaten wie Großbritanniens und den USA in Afrika abfedern zu können? Begehrlichkeiten, wohin man blickte! Sie alle unterschieden sich allein in der Dimension des versuchten Zugriffs, je nachdem ob wir nach Paris, London oder Washington blickten. Offensichtlich hatte man sich in der Vergangenheit daran gestört, dass Deutschland über seine militärischen Optionen außerhalb eines NATO-Zusammenhangs zu entscheiden vermochte. Jetzt war es fest eingebunden in die Strukturen des Bündnisses sowie der Europäischen Gemeinschaft (EG), und das machte das deutsche Potenzial überaus interessant für die Zwecke der sogenannten »Bündnispartner«. Während des ersten Golfkrieges (1980–1988) hatte Deutschland noch siebzehn Milliarden DM für seine Nichtteilnahme auf den Tisch blättern dürfen. Nun wurde es unter Druck gesetzt, dabei hatten wir ganz andere Sorgen, z. B. die Wirklichkeit in den neuen Bundesländern.

Neben solcherart Querelen gab es aber durchaus auch eine gemeinsame Sicht auf Europa, und zwar speziell eine mögliche Entwicklung an dessen südlicher Peripherie, die wir unbedingt im Auge behalten mussten und die sich keinesfalls zu einer Bedrohung auswachsen durfte: die Zuwanderung aus Afrika und Asien. Die Migrationsfrage bewegte bereits damals die Gemüter. In der Zeit des Kalten Krieges war unser Kontinent ein potenzielles Schlachtfeld gewesen, doch nun hatte der Zusammenbruch des sowjetischen Systems die Welt verändert, der Wohlstand der westlichen Welt – für viele eine gewaltige Triebfeder, für andere Lebensverhältnisse zu kämpfen – zeigte nun auch Wirkung in anderen Kontinenten. Wie ein Fettauge schwamm Westeuropa auf dem Globus, sodass sich etliche Menschen aus ärmeren Gegenden dieser Welt auf den Weg zu uns machten. Genau das aber wollte man verhindern, auch wenn einige Politiker schon früh dafür warben, vom Wohlstand etwas abzugeben, vor allem führende Sozialdemokraten wie Willy Brandt oder Olof Palme. Sie richteten ihr Augenmerk auf die Beziehungen zu den ums Überleben kämpfenden Staaten im Süden. Egon Bahr trat gar mit Vorschlägen an die Öffentlichkeit, die fast sensationell wirken mussten, zumal die europäischen Handlungsmöglichkeiten eine deutlich weniger globale Dimension hatten als heute: Er wollte für die Versorgung weiter Teile Afrikas mit Lebensmitteln etwa den südlichen Sudan entwickelt sehen. Eine leistungsfähige Agrarwirtschaft sollte das Potenzial der Gebiete südlich von Khartum nutzbar machen. Aus der Ferne schien das ein kühner Traum zu sein. Ich aber hatte in den 80er-Jahren die Gelegenheit, mit einem Versorgungsflug der Bundesluftwaffe Mogadischu in Somalia zu besuchen. Vorher landeten wir in Khartum, um einen ersten Eindruck pulsierenden afrikanischen Lebens zu erhalten. Bei strahlend schönem Wetter unter einem fast wolkenlosen Himmel ging es weiter an die afrikanische Westküste. Das, was wir unter uns vorbeiziehen sahen, bestätigte die Überlegungen Bahrs: fruchtbarer Boden, so weit das Auge reichte, der Garten Afrikas. Heute, über 30 Jahre später, weiß man nicht mehr, ob dieses Land überhaupt noch den Sudanesen gehört oder vielmehr saudischen, chinesischen oder koreanischen Landwirtschaftskonzernen, die es mit Monokulturen ausbeuten. Egon Bahr hatte Visionen, die es verdient gehabt hätten, umgesetzt zu werden.

Anfang der 1990er kursierte ein Schreckensbild: Sollten die zu uns strömenden Menschen an unseren Grenzen etwa mit Panzern abgewehrt werden? Das durfte nicht sein, damit würde Europa sein menschliches Gesicht verlieren. Es mussten politische Konzepte her. Schon bald verfolgte man in Bonn und anderen europäischen Hauptstädten ein doppeltes Ziel bezüglich des nördlichen Afrika: Die Staaten von Syrien bis Marokko sollten in einen Konferenzrahmen aufgenommen werden, wie er in Helsinki erfolgreich umgesetzt worden war. Man sprach von einer KSZE für den Mittelmeerraum. Die in der Schweiz erscheinende Zeitschrift »Zeit-Fragen« wies in der Ausgabe vom 19. Januar 2016 auf die damaligen Versuche hin, der erwarteten Entwicklung durch gemeinsames Handeln begegnen zu können.[4] So sollte die wirtschaftliche Leistungsfähigkeit der EG genutzt werden, um die Staaten in diesem Gürtel am südlichen Rand des Mittelmeeres tatkräftig zu unterstützen und sie ökonomisch auf eigene Füße zu stellen, damit sie ihren Bürgern zukünftig eine auskömmliche Lebensperspektive bieten konnten. Wohlstand sollte sich nach Süden ausbreiten und die Menschen in ihrer angestammten Heimat halten.

## Politische Kehrtwende der USA

Mit einer Sache aber hatte im politischen Bonn niemand gerechnet – oder hätte rechnen können: Die Vereinigten Staaten, auf die es in Europa mehr denn je ankommen sollte, wollten kein Modell zur Lösung von Konflikten mehr, wie es die KSZE darstellte. Von dem Sinneswandel war die beschriebene asiatische Problemregion ebenso betroffen wie der Krisengürtel entlang des südlichen Mittelmeers. Die Bemühungen des kasachischen Staatspräsidenten Nursultan Naserbajew, zu einer »Konferenz für Sicherheit und Zusammenarbeit in Asien« die Vereinigten Staaten mit Russland und China an Bord zu holen, gingen völlig ins Leere. Auf allen Vorbereitungskonferen-

---

[4] Vgl. www.zeit-fragen.ch

zen in Almaty, an denen auch ich teilnahm, sprach sich der jeweilige amerikanische Delegationsleiter vehement gegen die Übernahme des Modells für die Großregion Asien aus – trotz überaus erfolgreicher Erfahrungen mit der KSZE in Europa. Dasselbe galt auch für die Mittelmeerregion, sodass man den Eindruck erhielt, weder den Vereinigten Staaten noch Israel lag an einer friedlichen Konfliktregelung bzw. wirtschaftlichen Ertüchtigung der betroffenen Staaten. Zwanzig Jahre später, nach verheerenden Kriegen z. B. in Afghanistan und dem westafrikanischen Mali, wissen wir, warum Frieden und Verständigung keine Chance hatten. Der Monopolanspruch der USA hat seinen blutigen Preis verlangt. Die Kriegsregionen sind weitgehend zerstört, die Lebensgrundlagen der Menschen nachhaltig vernichtet. Millionen haben sich auf die Flucht begeben und fragen auf dem Weg durch Europa niemanden nach einer Erlaubnis.

Kam nun der Wandel in der amerikanischen Politik, welche doch zuvor jahrzehntelang auf Kooperation, eine strikte Beachtung des Völkerrechts und Ausschöpfung der diplomatischen Möglichkeiten ausgerichtet gewesen war, wirklich so überraschend? Eigentlich nicht, aber wir konnten uns zunächst keinen Reim auf das Verhalten machen: Die amerikanischen Kollegen tauchten zwischen 1993 und 1994 in den Gremien der Parlamentarischen Versammlung der OSZE einfach nicht mehr auf. Man begründete das mit Budgetnöten oder Sparzwängen der USA und der fadenscheinigen Gründe mehr. Uns erreichten aber auch andere Informationen, nämlich dass man eben in Washington damit beschäftigt sei, die gesamte Politik gegenüber der restlichen Welt einer Revision zu unterziehen. Solange dieser Prozess nicht abgeschlossen sei, dürfe niemand aus dem amerikanischen Kongress, sei er nun Senator oder Mitglied des Repräsentantenhauses, das Land verlassen, um nichts von den neuen Zielsetzungen preisgeben zu können.

Augenfällig war der Richtungswechsel, als es anschließend nicht schnell genug gehen konnte: Für die wirtschaftspolitische Kommission der KSZE/OSZE musste ein amerikanischer Vorsitzender her. Zuvor hatte man sich nie dafür interessiert. Anschließend wurde die reine kapitalistische Lehre als Messlatte propagiert. Wir aber, die sich in der Parlamentarischen Versammlung für eine vollgültige Berücksichtigung der Sozialen Marktwirtschaft als Kernstück deutscher Wirtschafts- und Sozialpolitik einsetzten, mussten uns von Abgeordneten aus dem angelsächsischen Raum ziemlich unfreundliche Worte anhören: Soziale Marktwirtschaft war plötzlich eine »kommunistische Idee« und wir, deutsche Christdemokraten wie die Bundestagspräsidentin Rita Süssmuth und ich, demzufolge »Kommunisten«!

Es war, wie sich bald herausstellte, der Siegeszug des sogenannten »Neoliberalismus« durch die westliche Welt – Soziale Marktwirtschaft mit den Zielen wirtschaftliche Leistungsfähigkeit und sozialer Ausgleich war von gestern, angesagt war nun die Ökonomisierung aller Lebensbereiche. Es sollte keine zehn Jahre dauern, um das US-amerikanische Wirtschaftsmodell auch bei uns durchzusetzen. 2002 verstieg sich die Parteivorsitzende Angela Merkel auf dem Leipziger Parteitag der CDU zu solchen Forderungen wie nach der Entwicklung einer »marktgerechten« (!) Demokratie. Dazu noch eine Anekdote: Ein prominenter amerikanischer Abgeordneter mit europäischen Wurzeln nahm mich bei einer der jährlich stattfindenden Tagungen der Parlamentarischen Versammlung zur Seite. Er meinte, als »gefühlter Europäer« favorisiere auch er die Soziale Marktwirtschaft. Schmunzelnd ergänzte er: Sollte man das Wirtschaftsmodell allerdings in den USA einführen, wäre der amerikanische Staat umgehend pleite ...

Ich glaubte meinen Ohren nicht zu trauen, als ich hohe russische Diplomaten Ende November 2015 bei einer Konferenz zur europäischen Sicherheitspolitik in Belgrad, von der hier noch die Rede sein wird, darüber sprechen hörte, dass amerikanische Delegationen erneut der Konferenz in Wien fernblieben, was man auch diesmal mit aktuellen Budgetschwierigkeiten begründete. Man achtet auf diplomatischem Parkett sehr darauf, welche Persönlichkeit etwa die Position eines OSZE-Botschafters neu einnimmt, was er oder sie bisher taten, wie viel Erfahrung jemand mitbringt und welche weitere Perspektive der Person zugeschrieben wird. Das ist durchaus verständlich, weil es eine Indikation dafür darstellt, welche Bedeutung den Verhandlungen als solchen überhaupt beigemessen wird: Ist man daran interessiert, wirklich zu einem Ergebnis zu kommen, oder verfolgt man andere Zwecke? Das beantwortet sich vielfach schon in der Auswahl des diplomatischen Personals. Vor allem die Erfahrung zählt. Da musste es befremdlich wirken, wenn ein neuer Botschafter in einer so komplizierten Krisenregion, wie sie Europa derzeit leider darstellt, schon wegen seines relativ jugendlichen Alters auffällt oder primär die Berücksichtigung von Minderheiteninteressen, z. B. in der Frage nach der sexuellen Orientierung, im Heimatland eine Rolle zu spielen scheint. Die Besetzung der Position des Botschafters der Vereinigten Staaten bei der OSZE in Wien wurde so bewertet und ließ für die Arbeit allein schon wegen des Ukraine-Konfliktes nichts Gutes erwarten. Auch konnte man daran ablesen, wie gering internationale Verhandlungsforen vonseiten der USA eingeschätzt wurden.

Beim Mittagessen in Belgrad mit sehr offenem Gedankenaustausch reagierten die anwesenden russischen Diplomaten zumindest überrascht, als ich von unseren Erfahrungen mit dem amerikanischen Gesinnungswandel in den 90er-Jahren berichtete. Bis ins Einzelne entsprachen sie heutigen Verhaltensmustern! Damals begann der Durchmarsch der USA in Richtung einer monopolaren Welt. Wohin führt die heutige Revision der amerikanischen Politik, auch angesichts der anstehenden Präsidentschaftswahlen mit den offen Kriege propagierenden Kandidaten beider politischer Lager?

## Immer wieder Belgrad

Nach wie vor darf Belgrad als eine Art Seismograph für europäische Veränderungen bezeichnet werden. Dies zeigte sich erneut im Sommer 2015, als mich zu einer Zeit, in der zehntausende Migranten auf ihrem Weg nach Norden in Belgrad und anderen Städten des Landes lagerten, ein langjähriger Freund aus Serbien anrief. Sein Land könne nichts anderes tun, als diesen Menschen über das »Serbische Rote Kreuz« und andere Hilfsorganisationen humanitär zu helfen. Sie würden sich indes nicht aufhalten lassen, sondern in Richtung ungarischer Grenze weiterwandern nach Deutschland. Hier aber wehrte man sich heftig gegen die Flüchtlinge aus den Balkanstaaten. Es könne nicht angehen, so sagte man, dass sich Menschen aus Ländern zu uns aufmachten, in denen es keinerlei Verfolgung gab und damit auch keinen Anlass für die Gewährung von Asyl. Unbeachtet blieb dabei, dass die westeuropäischen Mitgliedsstaaten der NATO und der Europäischen Gemeinschaft in den Jahren seit 1990 selbst die Basis für die miserable ökonomische Entwicklung des gesamten Balkans gelegt hatten, unter anderem durch den Krieg gegen Jugoslawien.

Der jugoslawischen Führung war damals sehr bewusst, welche Konsequenzen der Zusammenbruch der Sowjetunion auch für ihre Wirtschaft hatte. Kommunistische Strukturen waren einfach nicht mehr angesagt. Hinzu kam eine Entscheidung des amerikanischen Kongresses, Staaten wie Jugoslawien keine Kredite mehr zu gewähren, obwohl gerade dieser Balkanstaat in den Jahrzehnten zuvor aus politischen Überlegungen, die sich gegen die Sowjetunion richteten, mit Krediten geradezu überschüttet worden war. So sandte Belgrad seinerzeit einen Hilferuf an die Europäische Gemeinschaft und stellte weitreichende politische Konsequenzen für den Fall in Aussicht, dass etwa vier Milliarden DM für Reformen der jugoslawischen Wirtschaft zur Verfügung gestellt würden, was schnöde zurückgewiesen wurde – in Anbetracht der inzwischen aufgebrachten Abermilliarden für Kriege und ihre Folgen in dieser Region ein Gedanke, den man besser nicht weiterverfolgt.

War die deutsche und westeuropäische Politik 1990 noch darum bemüht, den Cordon des Friedens, der guten Nachbarschaft und des Wohlstandes nach Süden auszudehnen, wurde vonseiten der USA bald alles unternommen, dem entgegenzuwirken, das Konfliktpotenzial einer maroden wirtschaftlichen Entwicklung zu verstärken und ethnische oder religiöse Spannungen südlich der Außengrenze der heutigen Europäischen Union anzustacheln, um ihren Einfluss an der südlichen Peripherie Europas geltend machen zu können. In der Folge kehrte der Krieg nach Europa, dem Kontinent jahrhundertelanger Verheerungen, zurück. Die noch im November 1990 als »Dokument des europäischen Friedens« verabschiedete »Charta von Paris« war am Ende des Jahrzehnts das Papier nicht mehr wert, auf dem sie niedergeschrieben worden war. Krieg war wieder möglich, und er richtete sich gegen einen Gründungsstaat der Vereinten Nationen, die Bundesrepublik Jugoslawien.

Noch vor Ausbruch besuchte ich im Sommer 1998 eine im Wahlkreis von Außenminister Zividan Jovanovic gelegene hochmoderne serbische Fleischfabrik. Die Fleischqualität war außergewöhnlich gut, weil die Tiere dort weiden konnten, wo wegen des bestehenden Embargos seit Jahren keine westlichen Düngemittel mehr aufgebracht worden waren. Die hervorragenden Produkte durften indes aufgrund des Embargos nicht in die EU exportiert werden. Ähnlich lief es auf allen wirtschaftlichen Sektoren, und das Land wurde durch Verweigerung jeder Nachbarschaftspolitik systematisch in den Ruin getrieben, womit innenpolitische Probleme sich stets zuspitzen. Das war aber nicht alles.

Ein anderes Problem bestand in unterschiedlichen Entwicklungskonzepten für den Balkan. Washington etwa war daran interessiert, seine Öl- und Gasförderung aus dem Gebiet des Kaspischen Meeres nach Italien und weiter nach Westeuropa zu bringen. Die gesamte Infrastrukturentwicklung sollte entsprechend auch für Autobahnen und Eisenbahnverbindungen dem Ost-West-Schema folgen. Dafür waren allerdings internationale Finanzinstitutionen einzuschalten, womit umgehend ein Dissens zwischen Brüssel und Washington deutlich wurde. Denn der EU war daran gelegen, das Mitgliedsland Griechenland näher an seinen westeuropäischen Kernbereich anzubinden. Das aber sollte vor allem durch den Ausbau der Eisenbahn- und Autobahnverbindungen von Nord nach Süd erfolgen. In der Folge blockierten sich der Internationale Währungsfonds in Washington und die Europäische Entwicklungsbank in Luxemburg mit der in London beheimateten Europäischen Bank für Wiederaufbau und Entwicklung gegenseitig. Im Ergebnis geschah nichts, und das ist vielfach bis heute der Fall. Der Krieg besorgte der jugoslawischen Infrastruktur den Rest. Sie wurde innerhalb kürzester Zeit in weiten Teilen durch die NATO zerstört, so auch die Donaubrücke bei Niš, obwohl sie sich weit entfernt vom eigentlichen Gebiet der Auseinandersetzung, dem Kosovo, befand.

Und im Anschluss wurde keine Finanzhilfe zur Beseitigung der Schäden gewährt, weil man wegen der noch nicht erfolgten staatlichen Anerkennung des Kosovo durch Serbien ein politisch-wirtschaftliches Druckmittel in den Händen behalten wollte. Die Menschen

US-Militärbasis »Camp Bondsteel« nahe Ferizaj, Kosovo. Sie wurde 1999 nach dem Einmarsch der NATO errichtet und beherbergt bis zu 5000 Soldaten

vor allem auf dem westlichen Balkan haben keine ausreichende Perspektive mehr – dafür aber das prosperierende Westeuropa vor Augen. Wen wundert es da noch, dass auch sie sich auf den Weg dorthin aufmachen? Und die politische und militärische Einflussnahme der USA auf dem Balkan geht weiter: Seit 1999 wird durch die in der Öffentlichkeit verschwiegene, weltweit größte amerikanische Militärbasis außerhalb der Vereinigten Staaten namens »Bondsteel« im Kosovo die tatsächliche Kontrolle bis weit in die Region des Kaspischen Meeres ausgeübt.

Die Migrationswelle seit Sommer 2015, die Menschen nicht nur aus den Kriegsgebieten Syrien, Afghanistan oder Mali nach Europa brachte, ließ die Kritik am politischen Vorgehen Angela Merkels ins Kraut schießen, etwa bezüglich ihrer Absprache mit dem damaligen österreichischen Bundeskanzler Werner Faymann am Wochenende des 4./5. September angesichts der sich zuspitzenden Verhältnisse auf dem Hauptbahnhof in Budapest, wo vier- bis fünftausend Personen förmlich festsaßen, da ihnen die Weiterfahrt nach Österreich und Deutschland verweigert wurde. Nun drohten sie, sich zu Fuß über die Autobahn auf den Weg zu machen, woraufhin sie dann doch in die Züge steigen durften. Es mag die Angst vor den Fernsehbildern gewesen sein, die weltweit über die Medien gelaufen wären, die zu der Absprache zwischen Berlin und Wien führten. Das Budapester Ereignis rückte die Schutzlosigkeit Europas in den Mittelpunkt, was zu einem Regierungsverhalten in Berlin und Brüssel führte, das in der Nachkriegsgeschichte als einmalig bezeichnet werden muss. Im Sprachgebrauch des bayrischen Ministerpräsidenten Horst Seehofer kann es auch als »Unrechtsherrschaft« bezeichnet werden: Mit dem unkontrollierten Zuzug von Hunderttausenden Migranten und der Entscheidung, die in Deutschland und in EU-Europa bestehenden Rechtsregeln zum Schutz der eigenen Grenzen außer Kraft zu setzen, wurde ein völlig rechtloser Zustand geschaffen.

Die Binnengrenzen des Schengener Raums waren und sind offen. Nichtsdestotrotz schützen die europäischen Staaten ihre Grenzen wirksam gegen illegale Zuwanderung. Denn wer die Außengrenze überqueren will, muss nach wie vor entweder gültige Reisepapiere haben oder einen entsprechenden Antrag stellen, wie er bei Krieg und Verfolgung in der sogenannten »Genfer Flüchtlingskonvention« niedergelegt ist. Durch die Entscheidung zahlreicher westeuropäischer Staaten, innerhalb des Gebietes der heutigen EU die Grenzen entfallen zu lassen, wurde primär Griechenland zum Einfallstor für den Zuzug nach Europa mit den bevorzugten Zielen Österreich, Deutschland und Schweden. Jeder der am Bahnhof Budapest Festsitzenden hätte sich einer Grenzkontrolle entweder beim Überschreiten der griechischen Grenze oder einer sofortigen und international gültigen Antragstellung auf Asyl unterziehen müssen. Stattdessen setzte die Bundeskanzlerin den Schutz des eigenen Territoriums außer Kraft, und der Bundestag schwieg dazu und befand nicht über die Rechtmäßigkeit ihres Vorgehens.

Die Flüchtlingswelle im Sommer 2015 sei wie der »Blitz aus heiterem Himmel« gekommen, so stellte es Angela Merkel im Fernsehgespräch mit der Moderatorin Anne Will selbst dar. Man muss aber davon ausgehen, dass die Bundesregierung schon mehrere Jahre zuvor Kenntnis darüber hatte, welche Herausforderung sich für Europa durch die Migration von Millionen Menschen infolge der katastrophalen Zustände im Irak und in Syrien ergeben konnte. Was hat Merkel und andere Staatsoberhäupter dazu veranlasst, angesichts dessen nichts zu tun? Weder wurde die Öffentlichkeit über die Entwicklung unterrichtet noch wirksame Vorkehrungen zum Schutz der nationalen sowie der Außengrenzen des Schengen-Raumes getroffen.

Wodurch sah sich Angela Merkel im September 2015 veranlasst, durch eine verfassungsrechtlich unzulässige Selbstermächtigung an Gesetz und Parlament vorbei geltendes deutsches und europäisches Recht temporär außer Kraft zu setzen, um es auf Dauer zu beseitigen? Was war ihre Triebfeder, und welches Ziel verfolgte sie damit, so wird seither in der Bevölkerung gefragt. Es gibt Überlegungen, dass Europa von einer Entwicklung getroffen werden soll, die an anderer Stelle beschlossen wurde, bis hin zu einer Abfederung der amerikanischen Politik, welche zahlreiche Regionen der Welt mit Kriegen überzieht und den Menschen eine Existenz dort unmöglich macht. Das wird vonseiten staatlicher Vertreter und Presseorganen zwar als »Verschwörungstheorie« abgetan, niemand erklärt aber der zunehmend misstrauischer werdenden Öffentlichkeit, welche staatlichen Erkenntnisse darüber vorgelegen hatten. Im Übrigen werden Migrationsbewegungen in staatliche und vor allem militärische Planungen einkalkuliert, wie ich selbst während der Wintex/Cimex-Übung 1989 und in den Jahren zuvor als Mitglied des »Gemeinsamen Ausschusses« von Bundestag und Bundesrat erfahren konnte: Vor jeder militärischen Auseinandersetzung werden auch die daraufhin erfolgenden Flüchtlingsströme abgeschätzt. Warum soll das in Syrien und Irak anders gewesen sein bei jenen, die letztlich die Verantwortung dafür tragen? Fragen dieser Art könnten nach internationalen Presseberichten etwa in Paris und Washington beantwortet werden. Warum hat man denn vor dem Ausbruch des Bürgerkrieges davon hören können, dass auf syrischem Territorium eine große Gruppe französischer Spezialkräfte zwar eingekesselt, aber nicht zerschlagen worden war? Doch um eine klare Botschaft in Richtung Westen zu senden: Man wisse darum, dass sich Frankreich sowie auch andere Staaten in die innersyrischen Angelegenheiten einmischten. Und das verbat man sich.

Schon im Vorfeld des Jugoslawien-Krieges wurde auf dem Balkan anders über die internationalen Abläufe gesprochen als in Bonn. In Bukarest war das amerikanische Bemühen, jeden russischen Einfluss von der Adria nach Osten und möglichst über Rumänien hinaus zu verdrängen, sehr präsent. Bereits gegen Ende des Kalten Krieges, als sich das politische Bonn noch auf den möglichen Aggressor Sowjetunion und damit den Warschauer Pakt konzentrierte, fiel auf, wie wenig über die Abläufe auf dem Balkan bekannt war. Erst nach und nach erfuhr ich, wie anders die Österreicher dachten, ja wie anders »die Welt jenseits von Passau« war. In späteren Jahren fand ich sogar Verständnis für ein geflügeltes Wort in Belgrad, nach dem es sich bei den Österreichern um »deutsch sprechende Serben« handeln solle.

## Ein muslimischer Staat auf dem Balkan?

Der rumänische Präsident Ion Iliescu, den ich im Zeitraum zwischen 1994 und 2005 mehrfach in meiner Eigenschaft als Vizepräsident der Parlamentarischen Versammlung der OSZE und Mitglied des Auswärtigen Ausschusses des Deutschen Bundestages in Bukarest besuchte, war ein sehr umsichtiger Beobachter und sehr präzise darin, die Veränderungen auf dem Balkan zu beschreiben, welche sowohl vom ungestümen Vordringen der Vereinigten Staaten als auch der fortgesetzten Schwäche seitens der Russischen Föderation auf dem internationalen Parkett bestimmt waren. Unter anderem fiel eine Entscheidung doch sehr ins Gewicht: Als sich Belgrad im Vorfeld des Krieges an die Russen wandte und um hochmoderne Luftabwehrraketen bat, kam man der wiederholten Bitte nicht nach, da konnte nach Moskau reisen, wer wollte. Trotz der sich mehr und mehr hochschaukelnden Aggressivität vonseiten der NATO zeigte man in Moskau aus eigenen strategischen Überlegungen Belgrad die kalte Schulter. Heute sehen wir am syrischen Luftraum, welche erfolgreich abschreckende Wirkung die höchst effizienten russischen Luftabwehrraketen hätten haben können.

Aus dem Umfeld Iliescus erfuhr ich, wie eng sich die Staaten am Schwarzen Meer abstimmten, um nicht zwischen die Mühlsteine der Großen zu geraten. Dazu zählte auch eine herausragende Kenntnis aller Abläufe in den Verhandlungen um die künftigen Beziehungen zwischen Israel und Palästina im Rahmen einer eigentlich gebotenen Friedenslösung. Hier hatten der sogenannte Barcelona- und später der Oslo-Prozess längst die Bemühungen der Staaten der Europäischen Gemeinschaft, wie ich sie vorher beschrieben habe, abgelöst.

Für Europa sollte das, was im Nahen Osten versucht wurde, große Veränderungen bewirken. Meine Gesprächspartner in den Balkanstaaten wiesen stets darauf hin, in welcher Abhängigkeit die Entwicklung vor allem im Kosovo und Bosnien-Herzegowina von den Verhandlungen um Israel/Palästina stünde. Ein wiederholtes

Argument der muslimischen Welt war es, Israel als Fremdkörper in dieser Region hinzustellen. Dabei wird nicht beachtet, dass der Gründungsbeschluss der Vereinten Nationen über Israel zeitgleich zur Entscheidung über einen rein muslimischen Staat Pakistan fiel. Die Schreckensbilder der Vertreibungen von Indien nach Pakistan und umgekehrt sind ebenso geläufig wie die Bilder aus dem damaligen Palästina. Um die Lage für Israel zu entspannen, sollte in Europa – und damit in einer christlichen Umgebung – ein muslimischer Staat geschaffen werden, so jedenfalls die Sicht hochrangiger Persönlichkeiten. Helmut Kohl hingegen hatte sich immer gegen einen muslimischen Staat in Europa ausgesprochen. Genau das war Thema bei den Gesprächen zu einer Friedenslösung im Nahen Osten: Die Beteiligten aus den Hauptstädten der Balkanstaaten gingen davon aus, dass Veränderungen hin zu einer friedlicheren Gestaltung der Zukunft Auswirkungen in der gesamten muslimischen Welt haben würde, wenn im Kosovo eine Art Ausgleichsgebiet für das entstünde, was an Kompromissen im Nahen Osten erforderlich zu sein schien.

Mich wunderte es nicht, als ich später in Berlin auf einen mir aus der Bonner Zeit gut bekannten israelischen Gesprächspartner stieß, der im Vorfeld des Krieges gegen Belgrad dem eigenen Bekunden nach intensiv im Kosovo unterwegs gewesen war. Manchmal hörte man von israelischen Spezialeinheiten, die Aufgaben im muslimisch bestimmten Kosovo erledigten. Auffallend war, dass nach dem NATO-Angriff auf Belgrad albanische Gesprächspartner von mir, die ich kurz zuvor noch in Priština getroffen hatte, zunächst als von der jugoslawischen Seite hingerichtet galten, kurz danach aber in Tel Aviv wieder öffentlich in Erscheinung traten. Die UÇK-Partisanen im Kosovo und die Anhänger des auf Ausgleich mit Belgrad setzenden Albanerführers Rugova, Muslime allesamt, hatten in jüdischen Vertretern aus Israel die besten Partner gefunden. An eine derartige gegenseitige Abhängigkeit hat im Vorfeld des Jugoslawien-Krieges in Bonn auch niemand denken wollen. Warum sollte das heute anders sein? Deutschland will zweierlei sein: ein demokratischer und insbesondere ein Rechtsstaat. Was hat sich in unserem Land eigentlich so verändert, dass die Bundeskanzlerin die Motive für ihr Handeln oder Nichthandeln nicht öffentlich darlegen muss? Rede und Antwort stehen, das zeichnet ein demokratisches Gemeinwesen schließlich aus.

Fluchtursachen zu bekämpfen, das setzt doch voraus, dass man diese nicht selbst erst schafft, wie es der afghanische Präsident Hamid Karzai 2007 mir gegenüber ausdrückte. Ihm zufolge hätten die Vereinigten Staaten 2004 Frieden mit allen afghanischen Stämmen haben können, dieses Angebot aber ausgeschlagen. Seither sind mehr als 50 deutsche Soldaten in Afghanistan ums Leben gekommen, und unser Land hat Milliarden an Euro für den Einsatz aufwenden müssen. Wenn es den Vereinigten Staaten nicht um Frieden in der Region geht, um was geht es ihnen dann, und wie lange wollen wir uns noch an diesen Einsatz ketten? Afghanische Mitarbeiter der amerikanischen Streitkräfte fliehen heute vorzugsweise nach Deutschland, weil die Vereinigten Staaten ihnen keinen Schutz gewähren.

## Erst Belgrad, dann Moskau – RT lädt zum 10-jährigen Jubiläum

Als Präsident des »Belgrader Forums für eine Welt der Gleichen« hatte der ehemalige jugoslawische Außenminister Zivadin Jovanovic gemeinsam mit dem langjährigen Chef der russischen Eisenbahnen Wladimir Jakunin, heute Präsident wichtiger russischer Stiftungen, am 24. November 2015 zu der Konferenz eingeladen, um über die Lehren aus der Zeit zwischen den Konferenzen von Jalta bis Helsinki zu sprechen. Aus Anlass des siebzigsten Jahrestages der Konferenzen von Jalta und Potsdam sollten Fragen der europäischen Sicherheit unter Einschluss der Schlussakte von Helsinki aus dem Jahr 1975 und des Krieges der NATO gegen Jugoslawien behandelt werden.

Wladimir Jakunin und ich verstanden uns auf Anhieb ausgezeichnet, vielleicht auch deshalb, weil ich ihn darauf ansprach, dass wir ja an der gleichen Straße wohnen würden, denn mein Heimatort Jüchen liegt nun einmal an der ehemaligen Reichsstraße 1, der heutigen B 1, die im Deutschen Reich Aachen mit Königsberg, dem heutigen Kaliningrad verband, wo Jakunin als Senator dem Vernehmen nach tätig war. Die Konferenzsprachen waren Serbisch, Russisch und Englisch, aber die Veranstalter hatten mir erlaubt, meine Rede in der Eröffnungsveranstaltung in meiner Muttersprache zu halten. Darin setzte ich mich mit den Herausforderungen für die gemeinsame europäische Sicherheit auseinander. Ich war dankbar, dass Branca Jovanovic meine Worte in der großen Halle des Sava-Konferenzzentrums simultan übersetzte.

Es wäre durchaus zweckmäßig gewesen, direkt von der Konferenz nach Moskau zum Jubiläum von *RT* weiterzureisen, zu dem mich Tatiana Bochkareva, die Produzentin von *Russia Today* in Berlin, telefonisch eingeladen hatte. *RT* bestehe jetzt bald zehn Jahre, und dazu plane man ein Symposium zu den brennenden Themen dieser Tage im politischen Bereich und auf dem Mediensektor. An mich habe man aus zwei Gründen gedacht: Einmal war ich seit Beginn der Ukraine-Krise und dem Putsch in Kiew häufiger vom englischsprachigen Programm von *RT* zur internationalen Lage interviewt worden. Tatiana Bochkareva bat mich, an einer Podiumsdiskussion als Auftaktveranstaltung der Konferenz teilzunehmen, um meine Sicht der aktuellen politischen Herausforderungen darzulegen. Es versprach spannend zu werden, zumal ich unmittelbar nach meiner Zusage erfuhr, wer da mit mir im Moskauer Hotel »Metropol« zum Thema »Frenemies« diskutieren sollte: der ehemalige Londoner Oberbürgermeister und bekennende Labour-Mann Ken Livingstone, die Präsidentschaftskandidatin und Vorsitzende der amerikanischen Grünen Jill Stein sowie der langjährige tschechische Außen- und Finanzminister Cyril Svoboda, der wie ich zur christlich-demokratischen Parteifamilie zählte.

Sowohl in Belgrad als auch in Moskau ging es im Grunde um die Beziehungen zwischen denen, die vor 25 Jahren eigentlich jeder Form von Krieg, ob heiß oder kalt, feierlich abgeschworen hatten. Was aus uns in Europa geworden war, das konnte man am besten an dem bis heute nicht aufgeklärten Massaker mit über hundert Todesopfern auf dem Majdan-Platz beim Putsch westlich gesteuerter Kräfte gegen eine legitime Regierung in der Ukraine sehen. Mehr muss man eigentlich nicht dazu sagen, wie der Westen seine eigenen Werte verraten hat und den Menschen, die global auf uns hoffen, diese Hoffnung nimmt.

*RT* hatte mich während der Ukraine-Krise im Frühjahr 2014 erstmals um Live-Gespräche im Rahmen von Nachrichtensendungen für sein englischsprachiges Programm gebeten. Die global operierende Senderfamilie zählt rund siebenhundert Millionen Zuschauer und liegt mit mehr als drei Milliarden »Klicks« im Netz an der Spitze vergleichbarer Sender wie *BBC, CNN, France24, CTTV* aus China oder *Al Jazeera,* die allesamt mit öffentlichen Geldern finanziert werden. Von der *Deutschen Welle* will ich in diesem Zusammenhang lieber nicht reden, denn die Regierung Schröder musste den Vereinigten Staaten zuliebe nach dem Regierungswechsel 1998 darauf verzichten, sie zu einem Sender zu machen, der in der Liga global agierender amerikanischer Sender hätte mitspielen können. Eine weltpolitische deutsche Sicht sollte es nicht geben. Heute ist die *Deutsche Welle,* die von der Bundesregierung finanziert wird, stolz darauf, in Russland eng mit einem regierungskritischen Sender zusammenzuarbeiten. In der Russischen Föderation herrscht eine Medienvielfalt, von der man im eigenen Land nur träumen kann. Bei uns hat sich vermutlich noch niemand gefragt, wie es seitens der Bundesregierung empfunden würde, wenn ein russischer Sender mit einem deutschen Sender zusammenarbeiten würde, um gegen die Bundesregierung vorzugehen. Abgesehen davon, dass es einen solchen Sender wegen der Medienentwicklung in Deutschland nicht gibt und auch noch nie gegeben hat.

In den Tagen vor unserem Flug hatte ein ungewöhnlich starker Orkan über Moskau gewütet, Markus und ich stellten uns in der Aeroflot-Maschine, einem Airbus A320, auf ziemlich ungemütliches Wetter ein. Doch der Himmel meinte es gut mit uns. Zuletzt waren wir 2004, wenige Wochen nach dem Yukos-Skandal, in Moskau gewesen. Damals gestaltete sich die Art und Weise, wie man mit Ausländern umging, noch etwas anders. Erste Erfahrungen mit den berühmten »Sowjetmenschen« hatte ich bereits im Jahre 1987 gemacht, als ich Moskau und Leningrad besuchen konnte. In privaten Kontakten waren die Menschen, mit denen ich zusammentraf, ungewöhnlich herzlich und mir gegenüber sehr aufgeschlossen. Man fragte sich wieder und wieder, weshalb man mit einem Land so verfeindet sein sollte, mit dessen Menschen man sehr gut klar kam.

Selbst bei den für mich emotional sehr schwierigen Besuchen an den Gräbern deutscher Soldaten aus dem Zweiten Weltkrieg in der Nähe von Moskau oder dem gigantischen Gräberfeld mit Hunderttausenden Opfern der Belagerung Leningrads im Zweiten Weltkrieg durch die Wehrmacht waren es oftmals Veteranen dieses Krieges, die mir versöhnliche Worte sagten und in gewisser Weise Trost zusprachen. Noch auf der Journalistenkonferenz 2016 in St. Petersburg, zu der ich später schreibe, wurde ich im Zusammenhang mit der bürgerkriegsähnlichen Auseinandersetzung in der Ukraine, vor allem im Donbass, und wegen der Entwicklung auf der Krim, mehrfach gefragt, was mir das Gebiet sagen würde. Als ich darauf antwortete, dass ich schon aus sehr persönlichen Gründen etwas damit verbinde, und auf das Schicksal meines Vaters hinwies, waren meine Gesprächspartner geradezu rücksichtsvoll. Mein Vater hatte im Donbass im Bergwerk als Kriegsgefangener geschuftet und sollte wegen seines sehr schlechten Gesundheitszustandes im Oktober 1945 in die Heimat entlassen werden. Während der Zugfahrt verstarb er in Höhe von Breslau, kurz vor Erreichen der Reichsgrenze. Es waren freundliche junge Leute, die mich auf die jetzigen Kämpfe und Auseinandersetzungen ansprachen. In ihren Familien hatten sie im Übermaß Leid und Elend während des Krieges erlitten, und sie wollten eigentlich nicht mehr als in Frieden leben.

Im offiziellen Bereich herrschte allerdings mehr eine Tonlage, die man als »von oben herab« oder kommandohaft bezeichnen konnte. Dienstliche Funktionen wurden fast mechanisch vorgenommen, obwohl man durchaus auch hätte lächeln können. Das soll es im eigenen Land ebenfalls geben, aber in Moskau und anderswo fiel es schon auf. Mit Ausnahme vielleicht im Fernen Osten, wo ein ganz und gar lockeres Verhalten Tagesordnung war. Selbst beim letzten Besuch 2004 in Moskau war noch viel Kühle und Distanz vorhanden.

Bei den jüngsten Besuchen im Dezember 2015 und im April 2016 war davon rein gar nichts mehr zu spüren. Das fing schon bei der Sicherheitskontrolle auf dem Flughafen Scheremetjewo an – dort konnte man lächeln, fragte freundlich und vertraute der Antwort – und setzte sich fort bei der Organisation der *RT*-Konferenz sowie beim großen Journalistentreff in St. Petersburg im April im »Hotel Baltic«, alles hochpräzise und gleichzeitig mit leichter Hand. Unter den mehreren Hundert Journalisten aus allen Teilen des Riesenreiches war man sehr engagiert, hervorragend vorbereitet, aber stets freundlich im Umgang miteinander. Charles Bausman von *Russian Insider* und ich nahmen nach einer Veranstaltung noch einen Snack zu uns und waren beide der Ansicht, nie zuvor in so liebenswürdiger Weise als Gäste wahrgenommen worden zu sein. Schon die Anreise war ein Vergnügen gewesen, auf dem Hin- und Rückflug umsorgte uns ebenso sachgerecht tätiges wie sehr liebenswürdiges Kabinenpersonal. Wir fühlten uns wohl, selbst während der unumgänglichen Kontrollen nach der Landung. Der Eindruck, willkommen zu sein, wurde bei der ersten Begegnung mit Nadja Ivanova von *RT* im »Metropol Hotel«, das ich aus mehreren Besuchen in der Vergangenheit kannte und das zu den angesehensten Hotels der Stadt zählt, noch verstärkt. Sie stand uns und den anderen ausländischen Gästen während des gesamten Aufenthalts als ungewöhnlich kompetente Ansprechpartnerin zur Verfügung, und das mit einer Eleganz, die wir für jede andere Weltstadt denn Moskau erwartet hätten.

Auch der russische Präsident Wladimir Putin bedient sich dieser angenehmen Verhaltensweise, wenn er seine Gäste begrüßt, seien es nun amerikanische Generale, ehemalige Londoner Oberbürgermeister, ein ehemaliger deutscher Abgeordneter, der Vorsitzende einer amerikanischen Partei oder Hunderte wissbegieriger Journalisten. Wo gibt es das heute schon, dass der Präsident eines so bedeutenden Landes seine Gäste mit Handschlag begrüßt – wie der gute Nachbar von nebenan – oder einfach zwischen Journalisten Platz nimmt?

Es hat sich in Russland etwas verändert. Das stellte ich auch anlässlich des *RT*-Jubiläums bei einem Besuch in der Nachrichtenagentur *Sputnik* fest. Durch Zufall konnte ich das letzte Live-Interview für das Radioprogramm in Moskau führen, bevor die Sendungen auf Dauer nach Berlin an das dortige *Sputnik*-Büro abgegeben wurden. Ich traf auf eine ganze Gruppe meist weiblicher Journalisten, sehr angenehm im Umgang und sehr kenntnisreich, was die internationale Politik und die Herausforderungen der Zeit anbetraf. Das war schon mein Eindruck, als Anastasia Sokolowskaja mich frühmorgens am »Metropol Hotel« abholte, um mit der U-Bahn zum Redaktionsgebäude zu fahren. Unterwegs bewunderte ich diese ebenso elegante wie selbstbewusste junge Dame dabei, wie sie ohne jeden Halt mit dem Schlingern des Zuges zurechtkam, während ich in allen »greifbaren Seilen« Halt suchte. Jetzt weiß ich endlich, wozu Moskauer U-Bahn-Fahrten auf Dauer zu befähigen vermögen ...

Man konnte bei *Russia Today* nur staunen, diesen Eindruck hatte ich schon bei zahlreichen Gesprächen für deren Nachrichtensendungen gewinnen können. Wie vielen Deutschen *RT* ein Begriff ist, weiß ich nicht. Mancher wird sich aber vielleicht daran erinnern, dass Barack Obama anlässlich seiner Pressekonferenz mit der Bundeskanzlerin im Rosengarten des Weißen Hauses in Washington am 2. Mai 2014 ziemlich unvermittelt den russischen Sender ansprach. Der Ärger stand ihm dabei förmlich auf die Stirn geschrieben. Während die von *CNN* und *BBC* kriegstreiberisch verwöhnten westlichen Gesellschaften zunehmend über die eigenen Medien klagten, machte sich ein aus Moskau kommender Sender mittels guter journalistischer Arbeit und einer beachtlichen Meinungsvielfalt daran, die westliche und globale Medienöffentlichkeit aufzumischen. In den Jahren zuvor musste jeder, der es sehen wollte, in den großen westlichen Medien feststellen, wie jeder Ansatz von Meinungspluralität beiseite gefegt worden war und vor allem in Sicherheitsfragen nur noch die auf weitere Kriege abzielende Meinungskeule geschwungen wurde. Obama hob den großen Medieneinfluss von *RT* hervor, das sei eine große Herausforderung für andere Staaten auf dem Gebiet der Informationspolitik. Wer *RT* zuvor noch nicht kannte, konnte sich beim amerikanischen Präsidenten für seine weltweit transportierte »Werbung« bedanken. Es gibt eben kein weltweites Monopol auf die Darstellung der amerikanischen oder globalen Politik. Ausgerechnet diejenigen, die sich stets für Wettbewerb einsetzen, wie bei der USA der Fall, verschmähen die Konkurrenz, wenn sie die Menschen aufgrund ihrer Seriosität in der Berichterstattung von amerikanischen oder britischen Staatssendern abzieht! Sonst hieß es ja immer, dass Wettbewerb das Geschäft belebe. Nun aber war sie für das amerikanische Medienmonopol eher eine Gefahr.

Für mich hatte *RT* objektive Vorteile, weil ich aus meiner langjährigen Zusammenarbeit mit vornehmlich deutschen Sendern auch meine Erfahrung in wichtiger politischer Funktion gesammelt hatte. So kam man schon mal in die Tagesschau oder wichtige Magazinsendungen, weil man in die vom Sender vorher festgelegte Linie passte und die Redakteure für einen Satz von höchstens zwanzig Sekunden oder einer Rundfunksendung für maximal drei Minuten ein Gesicht oder eine Stimme brauchten. *RT* bildete da eine große Ausnahme. Nicht nur weil man wegen der Mitarbeiter im Studio das Gefühl haben konnte, bei der in grauer Vorzeit noch seriös wirkenden *BBC* gelandet zu sein, bevor auch diese zum Instrument westlicher Kriegszüge wurde. Man bekam in den live ausgestrahlten Interviews zwar knallharte Fragen vorgesetzt, konnte sie aber ausführlich beantworten, sodass sich der Zuschauer selbst ein Urteil darüber bilden konnte, was man gerade gesagt hatte. Das ging so in korrekter Wiedergabe bis zu fünfzehn Minuten. Kein Wunder, dass westliche Konkurrenten, die das alles nicht bieten wollen oder können, so rumgiften. In dem Maße, wie westliche Sender Meinungsvielfalt, die es unter den Bürgern zuhauf gibt, in den Sendungen nicht mehr abbilden und Meinungslinien – wo auch immer – vorher festgelegt werden, ist *RT* trotz der staatlichen Finanzierung, wie sie in Deutschland etwa *ARD* und *ZDF* oder die dritten Programme über steuerähnliche Gebühren erhalten, ein bedeutendes Flaggschiff der Meinungsfreiheit – vormals bekanntlich ein konstitutiver Bestandteil der westlichen Demokratien.

Der ganze Tag war bestimmt von einer Themenvielfalt, die höchste Aufmerksamkeit verlangte, auch weil auf einem großen Bildschirm Julian Assange aus der ecuadorianischen Botschaft in London live zugeschaltet war. Alleine schon dieser Umstand macht deutlich, was sich so alles verschoben und verändert hat in Russland, welches von Ronald Reagan noch als »Reich des Bösen« bezeichnet worden war. Ein Gespräch mit einem russischen Journalisten am Rande der Konferenz verdeutlichte dies noch: In alten Zeiten, als der Westen nicht nur von Werten sprach, sondern sie auch vorlebte, habe er den Menschen in der Sowjetunion bis weit in die kommunistische Partei hinein Hoffnung zu geben vermocht. Wenn sie heute auf den Westen blickten, fühlten sie sich getäuscht und alleine gelassen. Eine Empfindung, die sich nicht nur auf Russland beschränkt.

Es war unausweichlich, dass sich zum Abend des Plenartages alles auf das festliche Abendessen in der »Neuen Manege«, in der Nähe des Konferenzhotels, unmittelbar hinter der Staatsduma gelegen, konzentrierte. Dazu trug bei, dass hier auch der russische Präsident erwartet wurde. In einer Zeit, in der auf Sicherheit aus nachvollziehbaren

Am Tisch mit dem russischen Präsidenten und anderen Gästen: Festliches Abendessen anlässlich des 10-jährigen Jubiläums von RT im Dezember 2015

Gründen überall akribisch geachtet wird, staunten Markus und ich dann über den geringen Aufwand allein bei der Sicherheitskontrolle am Eingang des Restaurants. Ein knapper Blick in unsere Pässe – das war's. Die Sicherheitslage insgesamt aber war alles andere als entspannt. Kurz zuvor war ein russisches Kampfflugzeug an der syrisch-türkischen Grenze durch eine Bürgerkriegsformation abgeschossen worden. Der in Übereinstimmung mit den geltenden Regeln des Völkerrechts stehende Einsatz der russischen Streitkräfte an der Seite des syrischen Präsidenten Assad in der innersyrischen Auseinandersetzung hatte Konsequenzen für die Sicherheitslage in Russland. Man denke an das Auftreten der Sicherheitskräfte in Berlin, vor allem im Vorfeld und bei Besuchen etwa des israelischen Ministerpräsidenten oder gar des amerikanischen Präsidenten. In Moskau und später in St. Petersburg hingegen lief alles ganz normal. Sicherheitspersonal war präsent, und man hatte zu keinem Zeitpunkt den Eindruck, dass nicht nachhaltig für die Sicherheit gesorgt worden wäre, während bei uns der sichtbare Nachweis einer sehr angespannten Sicherheitslage stets förmlich zelebriert wird. Dazu trug auch das Verhalten des Präsidenten Putin bei. Er machte kein Aufheben um sich selbst, wie wir es bei weniger bedeutenden Persönlichkeiten zu Hause so sattsam gewohnt sind. Er betrat den Versammlungsort ohne jeden besonderen Hinweis oder organisierte Aufmerksamkeit, ging auf die Besucher zu, hatte Zeit für alle und blieb, mit einer guten Kondition gesegnet, auch nach Stunden intensiver Befragung durch Journalisten höflich. Die »Neue Manege« hatte in etwa die überschaubare Größe einer normalen Turnhalle, dem ehemaligen Zweck durchaus angemessen, Manege eben. Wir waren erstaunt, wie angenehm eine von leichter Eleganz auch hier bestimmte Veranstaltung rund einhundert Gäste aus aller Welt zusammenbrachte. Berlin könnte so etwas nicht bieten.

Als wir zum festlichen Abendessen in einen anderen Teil des Gebäudes gebeten wurden, waren wir überrascht, als uns Michail Gorbatschow entgegenkam. Ich war damals, im Juni 1989, am Rande des Parkdecks vor dem Abgeordnetenhochhaus in Bonn noch sehr zögerlich gewesen, als er mir durchs Fenster seiner Limousine auf der Fahrt an den Rhein zugewunken hatte. Gegen das Land, das er einst repräsentierte, hatte ich im selben Jahr in einer militärischen Großübung der NATO, welche die nördliche Erdhalbkugel fast ganz umfasste, Krieg geführt. Und heute? Viele Menschen in unserem Land sehen ihn als Held der Geschichte. Entsprechend herzlich fiel diesmal unsere Begrüßung aus. Mir gingen dabei Erinnerungen an einen Besuch im ehemaligen Dienstzimmer des sowjetischen Militärstrategen aus dem Zweiten Weltkrieg, Marschall Georgi Shukow, durch den Kopf. Ich wurde damals von meiner Begleitung auf dem Weg dorthin darauf hingewiesen, dass ich jetzt die Treppe benutzen würde, die schon Stalin hochgestiegen sei. In Shukows Büro stand in der einen Ecke der Panzerschrank aus dem Dienstzimmer Joseph Goebbels, an der Fensterseite dominierte die große Weltkugel aus der Reichskanzlei Adolf Hitlers den Raum. Das war die Vergangenheit, die bis heute nachwirkt, und jetzt trafen wir hier auf den ehemaligen sowjetischen Generalsekretär Gorbatschow, der viele unserer Generation mit seinem Bild vom »gemeinsamen europäischen Haus« in seinen Bann gezogen hatte. Die Einheit Deutschlands wurde durch ihn wesentlich gestaltet.

In den langen Jahren internationaler parlamentarischer Arbeit bin ich mit zahlreichen Persönlichkeiten höchster staatlicher Ebene zusammengekommen, so etwa im Sommer 2004, während Helmut Kohls Besuch in Peking, mit dem damaligen chinesischen Ministerpräsidenten Wen Jiabao, im Zuge mehrstündiger Gespräche im Weißen Haus mit US-Präsident Ronald Reagan oder später mit seinem Nachfolger Bill Clinton bei einer OSZE-Konferenz in Istanbul. Eigentlich habe ich dabei nur angenehme Erfahrungen machen können. Wen Jiabao allerdings war beim Treffen mit dem Bundeskanzler von ausgesuchter Höflichkeit. Dafür musste man schon nach Peking fahren, um das zu erleben. Präsident Putins Auftritt war da deutlich unkomplizierter. Ganz unvermittelt stand er an unserem Tisch. Nichts hatte die intensiven Gespräche und die entsprechende Geräuschkulisse im Raum unterbrochen und damit auf die Anwesenheit des höchsten staatlichen Repräsentanten der Russischen Föderation aufmerksam machen können. Es war ein freundlicher und sehr entspannt wirkender Mann, der sich mit Stabschef und Pressesprecher an unserem Tisch niederließ, nachdem er uns mit Handschlag begrüßt hatte. Unter den Gästen befand sich mit Emir Kusturica ein berühmter serbischer Filmregisseur, der später mit seiner Band den Saal regelrecht »rockte«, der langjährige Chef des amerikanischen militärischen Nachrichtendienstes, Generalleutnant Michael Flynn sowie besagte Jill Stein und Cyril Svoboda, die mit an meinem Tisch saßen. Die Atmosphäre ähnelte eher einem herzlichen Familienfest als einem öffentlichen Treffen. Hätte man so etwas in Berlin je hinbekommen können? Bemerkenswert war zudem, dass unser Nachbartisch sozusagen mehrere hundert Milliarden Rubel schwer war, weil die Top Ten der russischen Wirtschaft dort Platz genommen hatten. Ich war etwas verwundert darüber, dass in dem Augenblick, als der russische Präsident die festliche Runde verließ, sich etliche Gäste unmittelbar danach ebenfalls auf den Weg machten. Die Leitung des Senders *RT* hatte sich erkennbar Mühe gemacht, einen rundum gelungenen Abend zu gestalten, und ich empfand das Verhalten dieser Gäste der Gastgeberin gegenüber befremdlich. Charles Bausman von *Russia Insider* machte mich allerdings darauf aufmerksam, dass ein derartig wenig dezentes Verhalten bei der New Yorker Gesellschaft gang und gäbe sei. Es mögen hier auch Sicherheitsbeamte gewesen sein, die uns vorher gar nicht aufgefallen waren.

Nach unserer Rückkehr bin ich in Deutschland bei jeder Gelegenheit auf diesen Abend und das Zusammentreffen mit Putin angesprochen worden. So eine Begegnung fördert die Neugier anderer, zumal der investigative Berliner Journalist und ehemalige Radiomoderator Ken Jebsen über seinen Youtube-Kanal ein Interview mit mir über den Moskau-Besuch ins Netz gestellt hatte, was regen Zuspruch erfuhr. Im Gespräch verwies ich auch auf Ronald Reagan, der einem Besucher das Gefühl vermitteln konnte, sich unter sehr entspannten Bedingungen im Oval Office zu begegnen, selbst als über Themen gesprochen wurde, die an die Grundlagen der Welt rührten. Putin entsprach diesem Bild an diesem Abend für mich. Seine Begleitung verhielt sich nicht anders, sehr entspannt und überhaupt nicht auf eine Person fixiert. Ich kam erneut ins Grübeln, was Berlin betraf.

Der Abend in der »Neuen Manege« hielt noch eine weitere überraschende Begegnung parat: mit der Enkeltochter jenes sowjetischen Außenministers und späteren georgischen Staatspräsidenten, der gemeinsam mit Gorbatschow die Grundlagen für das »gemeinsame Haus Europa« gelegt hatte, Sophie Schewardnadse, Moderatorin von *RT*. Ihren Großvater hatte ich bei meinen zahlreichen Reisen nach Zentralasien und in die Republiken des Kaukasus in meiner damaligen Funktion als Vizepräsident der Parlamentarischen Versammlung der OSZE in Tiflis regelmäßig zum Gespräch aufgesucht. Nach einem Anschlag auf den Tschetschenen-Führer Dschochar Dudajew hatte ich ihn nach seinem Schutz als Person etwa mittels gepanzerter Limousinen gefragt. Nein, das gäbe es nicht, der georgische Staatshaushalt sei nicht so gut ausgestattet, dass man sich so etwas für seinen Präsidenten hätte leisten können. Nach meiner Rückkehr nach Bonn setzte ich mich mit Außenminister Klaus Kinkel in Verbindung, der Eduard Schewardnadse, dem wir Deutschen so viel zu verdanken hatten, innerhalb von Wochen zwei gepanzerte Mercedes Benz zur Verfügung stellte. Mir fuhr kurze Zeit später der Schreck durch die Glieder, als in den Nachrichten von einem Anschlag die Rede war, sogar Filmaufnahmen waren zu sehen. Der Präsident überlebte es mitsamt seiner Begleitung nur dank der gepanzerten Limousine. Von seiner Enkelin hörte ich nun, dass die beiden durch den Anschlag fast völlig zerfetzten Wagen noch immer in einer Garage stünden und derzeit zentrales Requisit bei einem Film über die damaligen Ereignisse darstellten.

Der Abend verdiente einen würdigen Abschluss. Das »Ritz-Carlton« mit seiner berühmten »Roof Top Bar« war wenige Minuten entfernt, für mich geradezu ein »Muss«, weil ich hier bereits achtundzwanzig Jahre zuvor im »Intourist-Hotel« abgestiegen war: In der dortigen »Valuta-Bar« durfte ich mit meinen Kollegen Bernd Wilz und Udo Ehrbar nach einem anstrengenden Tagesprogramm beim ersten Besuch westlicher Sicherheitspolitiker in der UdSSR die abendliche Wodka-Trinkfestigkeit flaschenweise testen. Wie sich herausstellte, war das für mich ein gelungener Testlauf für meine zweieinhalb Jahre und eine politische Weltenwende später stattfindenden Begegnungen mit Soldaten und Offizieren der in Deutschland stationierten sowjetischen Truppen ...

Höhepunkt seinerzeit, im Jahre 1987, war zweifellos unser Besuch der sowjetischen Elitedivision Taman vor den Toren der Hauptstadt, weltweit bekannt, weil sie für die Paraden auf dem Roten Platz herangezogen wurde. Im sogenannten »Kabinett«, dem »Divisionsmuseum«, war ihr Weg vom Zeitpunkt ihrer Aufstellung während des Zweiten Weltkrieges genau wiedergegeben, darunter auch das Bild, welches das Hissen der roten Fahne auf dem Reichstagsgebäude in Berlin zeigt. Wir waren zu Gast beim Feind! Doch bei all dem, was wir so über die Sowjetunion gehört hatten, waren wir mehr als erstaunt, dass wir hier in dem umfangreichen Museum nicht den geringsten Hinweis darauf erblicken konnten, was die Soldaten oder ihr Land durch die Deutsche Wehrmacht erlitten hatten, im Gegenteil: Als ich den Politoffizier darauf ansprach, erzählte er von seiner Mutter. Diese habe ihm wieder und wieder gesagt, dass die damaligen Gegner Menschen seien, die auch eine Familie hätten. Diese respektvolle Haltung der sowjetischen Generale und hohen Offiziere erlebten wir auch beim Besuch des Friedhofs, wo deutsche Soldaten ihre letzte Ruhe gefunden hatten: Man erwartete geradezu von uns, der Gefallenen angemessen zu gedenken.

Jetzt, am 11. November 2015, gab es kein »Intourist-Hotel« mehr, stattdessen eine berühmte Hotelkette mit einer Dachterrasse, die man auch in einer kalten Winternacht betreten konnte. Der Blick von hier oben auf das ganze Moskauer Zentrum vom Kaufhaus »Gum« auf der linken Seite über das dezent erleuchtete Areal des Kremls bis hin zur Isaaks-Kathedrale war einfach atemberaubend und einzigartig unter den großen Städten auf der Welt. Kein Wunder, wenn uns in der Roof Top Bar »Moscow mule« besonders gut schmeckte. Auch der Tag zuvor war ein Höhepunkt besonderer Art gewesen. Wir sahen Viktor Schemetow und seine Familie wieder, und das im Moskauer Restaurant »Expedition«, in dem der russische Präsident seinen letzten Wahlsieg gefeiert hatte und das überall auf der Welt die Gäste angezogen haben würde, nicht alleine wegen des an einer Wand platzierten Hubschraubers, auch wegen der Speisen, die ausnahmslos aus der Eismeerregion stammten und Sushi-verwöhnte Japaner und andere in Verzückung gebracht haben würden. Wir hatten es eigentlich nicht glauben können, an diesem Abend noch die Strecke zum »Expedition« zurücklegen zu können. Das Zentrum von Moskau stellt trotz unzähliger Fahrspuren in eine Richtung ein Idealgebiet für Verkehrsstaus dar. Wenn dann noch ein Staatsgast in den Kreml fährt, sollte man besser zu Fuß gehen. Fußgängerzonen gibt es in diesem Stadtteil zwischen Bolschoi-Theater und Kreml ohnehin genug. Nostalgie war im Spiel, als Schemetow und ich an dem Abend zusammensaßen. Perleberg bedeutete für meinen Freund, der inzwischen in den Ruhestand gewechselt war, mehr als einen Stationierungsort. Man sprach mit Sympathie über eine Zeit, die lange zurücklag.

## Eine besondere Ehre auf dem Petersburger Journalistenkongress

Journalistische Aufmerksamkeit wurde mir im April diesen Jahres auch in St. Petersburg zuteil, und das auf noch ungewöhnlichere Weise. Seit einigen Jahren lädt eine im weitesten Sinne »politische Formation«, der auch Putins Partei angehört, jährlich rund 500 Journalisten aus allen Teilen der Russischen Föderation zu einem Kongress in die zweitgrößte Stadt des Landes ein. Die Damen und Herren Medienvertreter, die sich vom 4. bis zum 8. April dort einfanden, vertraten das gesamte Spektrum lokaler und regionaler Medien, darunter sowohl Putin-wohlwollende als auch Putin-kritische Reporter. Der Ort war in diesem Jahr bei wunderschönem Vorfrühlingswetter mit Bedacht gewählt. Das große und für Konferenzzwecke eingerichtete Hotel lag unweit des Ufers zum Finnischen Meerbusen, doch in erheblicher Distanz zur quirligen Innenstadt – weit genug, um die Konferenzteilnehmer davon abzuhalten, die Stadt zu erkunden, statt an der Tagung teilzunehmen. Es war ein lebhaftes Kommen und Gehen

Wladimir Putin und Willy Wimmer in St. Petersburg, April 2016

im Tagungsraum, aber insgesamt zeichnete sich die Veranstaltung durch eine höchst effektive, dabei völlig unauffällige und fast elegant wirkende Organisation aller Abläufe aus. Für mich blieb es bis zum Schluss ein Wunder, wie nach heftigen Diskussionen im Auditorium der vorgesehene Zeitplan eingehalten werden konnte. Als Vorsitzender eines sehr großen Bezirksverbandes meiner eigenen Partei hatte ich etwa bei Bundes- und Landesparteitagen anderes erlebt.

Wladimir Putin betrat als Letzter den Tagungssaal und setzte sich mitten unter die Gäste. Jeder der Anwesenden konnte davon ausgehen, dass für seine Sicherheit gesorgt war. Wenn man sich allerdings umblickte, war die Atmosphäre normal, und nichts fiel in diesem Zusammenhang auf. In der Befragung durch die Journalistenrunde blieb der russische Präsident über zweieinhalb Stunden höflich, war zu Scherzen aufgelegt und sehr präzise in seinen Antworten. Auch die anwesenden Regierungsmitglieder wurden ohne jede Arroganz von ihm angesprochen. Das Gesprächsklima war insgesamt ebenso ernsthaft wie angenehm.

Es war schon ungewöhnlich für mich, unter Hunderten von russischen Pressevertretern zu sitzen, die sich hier mit den »Schwachstellen« ihrer eigenen Gesellschaft beschäftigten und dabei ein völlig ungeschminktes Bild von Verwaltungswillkür oder Umweltproblemen in Russland zeichneten. Mich hatten die Organisatoren zu einer Diskussionsrunde über die Rolle der Medien in einer Zeit des »Informationskrieges« eingeladen, um einen westeuropäischen Teilnehmer dabei zu haben. Wie sich herausstellte, waren zudem zwei bedeutende, in ganz Russland bekannte Moskauer Journalisten anwesend sowie zwei amerikanische Journalisten und eine ebenso wortgewandte wie elegante Moderatorin. Schon in einem kurzen Gespräch zuvor mit allen Teilnehmern hatte ich mich gegen das Wort »Informationskrieg« gewandt, weil durch diesen aus Amerika stammenden Begriff alles unternommen wurde, den »Krieg« zum Normalfall für inner- und zwischenstaatliche Verhaltensweisen zu erklären. Im Übrigen mache ein solcher Sprachgebrauch es für mich unmöglich, an der Runde teilzunehmen, denn bei allen Differenzen, die es bekanntermaßen zwischen den Staaten gebe, sei doch der Terminus nicht angebracht. Befänden wir uns tatsächlich in einer Form von »Krieg«, wäre es dem Einzelnen unmöglich, die Gesprächsfäden über die Grenzen hinweg zu erhalten. Aus meiner Sicht solle man nicht in die aus durchsichtigen Gründen aufgestellte Falle laufen.

Das Haus war »bis zum letzten Platz gefüllt«, als es um die Lage der Medien in der aktuellen Auseinandersetzung ging. Dabei war ich schon über die Reaktionen der russischen Teilnehmer an der Diskussion überrascht, die glaubten feststellen zu können, dass es für Russland keine Werte gebe, die es zu verteidigen gelte. In der Person von Pawel Bovichev hatte ich einen glänzend befähigten Konferenzdolmetscher zur Seite, der für mich jede Diskussion in vollem Umfang simultan übersetzte, so jetzt auch auf der Bühne des Konferenzzentrums, wo wir die »Welt bewegten«.

Am zweiten Tag fand sich ein Großteil der Konferenzteilnehmer in einer nüchternen und dennoch komfortablen Messehalle unweit des Hotels zum Nachgespräch wieder ein. Auch Putin war zugegen und moderierte die Runde. Ich war einigermaßen überrascht, dass meine Anmerkungen vom Vortrag über in Russland gültige Werte, die ich als Ausländer glaubte feststellen zu können, plötzlich eine große Rolle spielten, als sich einer der Journalisten gegenüber Putin darauf bezog. Da ich nun kein Interesse daran hatte, während dieser landesweit übertragenen Befragung des russischen Präsidenten auch nur die geringste Abweichung meiner Worte erleben zu müssen, meldete ich mich zu Wort, um meine Ausführungen zu wiederholen. Alles andere ist förmlich um den Globus gegangen, denn Putin ließ es sich zu meiner Verblüffung nicht nehmen, meine Worte ins Russische zu übersetzen.[5] Damit machte er Pawel Bovichev »arbeitslos«. Der russische Präsident verband dies mit eigenen Überlegungen zur Abgrenzung von Patriotismus gegen Nationalismus und bezeichnete

---

[5] Ausschnitt aus der Konferenz mit der Konsekutivübersetzung von Wladimir Putin: https://www.youtube.com/watch?v=Xvy77dpRP2Q

die von mir genannten Werte – die Beachtung des Völkerrechts und Grundsätze des Friedens, der Nation, der Familie und des Glaubens – als weltweit gültig, die auch in seinem Land Maßstab wären. Beim anschließenden Gespräch unterhielten wir uns über meine heimatliche Region sowie auch darüber, dass ein Präsident eines so großen Landes wohl noch nie für einen zufälligerweise anwesenden ausländischen Gast bei einer so großen Konferenz persönlich gedolmetscht habe.

# Nachdenken über Freund und Feind

## Wiedervereinigung zwischen nationalem Überschwang und NATO-Begehr

Der Deutsche Bundeswehrverband und das Bundesverteidigungsministerium hatten am 12. November 2015 in Berlin zu einer Jubiläumsveranstaltung im »InterCity-Hotel« am Hauptbahnhof – also unweit von Reichstagsgebäude und Kanzleramt – eingeladen. Vor 60 Jahren war im Rheinland die Bundeswehr aus der Taufe gehoben worden. Diesen Tag mit einem Symposium in Berlin begehen zu können, das wäre 1955 in Ahrweiler ein ferner Traum gewesen. Jetzt war es so, und die Organisatoren hatten eine Diskussionsrunde zum Thema »Armee der Einheit« anberaumt. Mit mir auf dem Podium saßen unter anderem ein damaliger Vorsitzender des Bundeswehrverbandes, Bernhard Gertz, sowie Andreas Winkler, ehemals Offizier in der NVA. Es war erfrischend, dem heutigen Oberstleutnant der Bundeswehr zuhören zu können. Das, was er schilderte, entsprang Erfahrungswissen. Bernhard Gertz sowie auch sein Vorgänger Rolf Wenzel, beide Oberst a. D., hatten sich in der Zeit nach der Wiedervereinigung ebenso wie ihr Verband intensiv und oftmals erfolgreich darum bemüht, die zum Teil schweren menschlichen Probleme der Militärangehörigen aus der ehemaligen NVA, ob sie nun in die Bundeswehr übernommen worden waren oder nicht, abzumildern. Der Bundeswehrverband trug wesentlich dazu bei, die Vereinbarungen so geschmeidig umzusetzen, dass die Truppe mehr oder weniger damit leben konnte. Auch Ken Jebsen war mit seiner Mannschaft aus mehreren Kamerateams »kriegsstark« im Saal zugegen. Das, was er unmittelbar nach der Veranstaltung ins Netz stellte, war der einzige medienöffentliche Nachweis über eine der zentralen staatlichen Einrichtungen anlässlich dieses Jubiläums. Das öffentlich-rechtliche deutsche Fernsehen sah – aus welchen Gründen auch immer – von einer Berichterstattung ab.

Im Fokus der Veranstaltung stand die Entwicklung der Bundeswehr während der vergangenen 60 Jahre sowohl in Deutschland selbst als auch im Bündnis, internationale Herausforderungen inbegriffen. Die Integration der NVA 1990 zu einer »Armee der Einheit« stellte dabei gleichsam eine Zäsur der Systematik dar, in Deutschland gab es von nun an nur noch eine rein defensiv ausgerichtete Streitmacht. Verteidigung – nicht Angriff – und Einbeziehung der alten Bundesrepublik in die NATO, das war so etwas wie der »Markenkern« des westdeutschen Staates. Vor dem Hintergrund der Staatsgründung nach der nationalsozialistischen Gewaltherrschaft, dem Zweiten Weltkrieg und der bedingungslosen Kapitulation in Reims und Karlshorst war der Aufbau neuer deutscher Streitkräfte zunächst argwöhnisch beäugt worden, weil niemand eine Fortsetzung oder Wiedererstarkung der Wehrmacht wünschte. Das Verbot eines Angriffskrieges im Grundgesetz sowie die Bestimmungen hierzu im Strafgesetzbuch über den »Staatsbürger in Uniform« sollten damals die Charakteränderung deutlich machen, indem sie allein auf dem Gedanken der Verteidigung basierten. Dass die Skepsis nach Beendigung des Kalten Krieges, der Auflösung des Warschauer Paktes und dem Zerfall der Sowjetunion wieder aufflammte und sich nun vor allem gegen die Fortexistenz der NATO richtete, ist nur zu verständlich, und nicht nur jüdische Stimmen sprachen von einem heraufziehenden »Vierten Reich«, als der Schlüssel für die Wiedervereinigung vonseiten Moskaus großzügig herausgegeben wurde.

## Eine Denkschrift für Kanzler Kohl

In einer solchen Lage sollte es keine Unsicherheiten geben, die uns wieder in den Strudel der Geschichte zurückwerfen könnten. Meine Denkschrift an Bundeskanzler Helmut Kohl vom 20. Dezember 1989, wie eine mögliche NATO-Mitgliedschaft nach der im Raum stehenden Wiedervereinigung Deutschlands aussehen könnte, hatte diesen Hintergrund, sie geht auf die Initiative meines Büroleiters Walter Breil zurück. Um die Dimension ermessen zu können, muss man sich an die aufgeladene Stimmung im Herbst 1989 zurückerinnern. Wir hatten Wintex/Cimex und den Besuch in Washington beim amerikanischen Generalstabschef, Admiral Crowe, erlebt. In Moskau waren wir mit Marschall Achromejew und der für Deutschland zuständigen Spitzenmannschaft aus dem Zentralkomitee der KPdSU zusammengetroffen und wussten um die Entwicklung in Richtung staatlicher Einheit.

An einem Freitagnachmittag, ich wollte gerade das Büro verlassen, fand ich Breil noch bei der Arbeit vor. Da ich stets als Letzter ging und Wert drauf legte, dass meine Mitarbeiter die gesetzlich vorgeschriebenen Arbeitszeiten einhielten, fragte ich ihn erstaunt, was ihn noch am Schreibtisch festhalte. Im Verteidigungsministerium herrschte aus meiner Sicht eine erhebliche Unsitte vor, die darin bestand, die Mitarbeiter selbst unter ganz normalen und überhaupt nicht spannungsbezogenen Zeiten bis gegen Mitternacht und manchmal sogar später aus fadenscheinigen Gründen zu Überstunden zu bewegen. An Familienleben oder Freizeit war nicht zu denken, und die Arbeitsergebnisse wurden dadurch auch nicht besser. Breil antwortete mir, dass er Gedanken zum Thema Wiedervereinigung und NATO-Mitgliedschaft zu Papier bringen würde, denn dies werde in absehbarer Zeit in der allgemeinen und öffentlichen Diskussion vermutlich an Fahrt aufnehmen. Deshalb sei es besser, sich sachgerecht und unter historischen wie politischen Gesichtspunkten darauf vorzubereiten.

Gemeinsam erörterten wir nun die unterschiedlichen Aspekte. Wie könnte die Lösung für die weitere Mitgliedschaft eines wiedervereinigten Deutschland in der NATO aussehen, ohne dass sich diese zum Hindernis auswuchs? In der öffentlichen Diskussion, wie sie zu jenem Zeitpunkt verlief, gingen weite Teile davon aus, dass beide Bündnissysteme, d. h. der Warschauer Block und die NATO, eigentlich aufgelöst gehörten. Uns aber kam es darauf an, die Wiedervereinigung des Landes als vorrangiges Ziel aller Bemühungen zu sehen und den damit verbundenen Bündnisfragen eine gleichsam »dienende Funktion« beizumessen. Die Sowjetunion sollte darauf vertrauen können, dass der Westen keine Vorteile aus der Entwicklung in Europa ziehen wolle. Wenn etwa die sowjetischen Verbände aus Ostdeutschland abgezogen würden, sollte kein fliegender Wechsel zu den Truppen der westlichen Siegermächte von 1945 möglich sein. Mir persönlich lag vor allem am Herzen, dass aufgrund der historischen Abläufe während und nach dem Zweiten Weltkrieg keiner Ostausdehnung der NATO stattgegeben werden dürfe. Ich bat Walter Breil, die Überlegungen vollständig zu Papier zu bringen, um sie später zu einer offiziellen Stellungnahme ausformulieren zu können. Darin proklamierte ich eine ausschließliche Stationierung nationaler

**Rheinische Post** 3 1. Jan. 1990
Staatssekretär Wimmer:

# Vereinigtes Deutschland ist in der NATO möglich

Von HEINZ SCHWEDEN

BONN. Die Sowjetunion ist angesichts der erkennbaren Selbstauflösung des Warschauer Paktes daran interessiert, daß die USA — über ihre Führungsrolle in der NATO — als westliche Supermacht die friedlichen Demokratisierungsprozesse in Europa mit garantieren. Nach den Vorstellungen des Parlamentarischen Staatssekretärs im Verteidigungsministerium, Willy Wimmer (CDU), untermauert dies seine These, wonach Moskau in Eigeninteresse letztendlich keine Einwände gegen eine NATO-Mitgliedschaft des geeinten Deutschland erheben werde. Dabei bliebe auf absehbare Zeit das Gebiet der heutigen Bundesrepublik Stationierungsraum für NATO-Truppen; auf DDR-Territorium würde dagegen nur eine begrenzte Anzahl von nationalen deutschen Truppen (nach Zusammenschluß von Bundeswehr und Volksarmee) stehen.

Bei der Erläuterung seines Denkmodells erinnerte Wimmer daran, daß die Präsidenten Bush und Gorbatschow bei ihrem Treffen in Malta den „Kalten Krieg" für beendet erklärt haben und der Besuch des sowjetischen Außenministers Schewardnadse bei NATO-Generalsekretär Manfred Wörner in Brüssel als Signal für eine Neubewertung der politischen Rolle der NATO gesehen werden müsse.

Nachdem sich mit Zustimmung Moskaus in allen Warschauer-Pakt-Staaten demokratische Strukturen entwickeln, so Wimmer, verliere dieses Bündnis als Garant im Vorfeld der östlichen Supermacht seinen militärischen Wert. Diese unterschiedliche Qualität im Vergleich von Warschauer Pakt und NATO könne und dürfe nicht dazu führen, daß der Einigungsprozeß Europas die Auflösung beider Bündnisse voraussetze. Begründung: Gerade wegen der revolutionären politischen Veränderungen im Warschauer Pakt müsse die Sowjetunion an dem Fortbestehen der NATO interessiert sein, weil die Führungsmacht USA bereit und in der Lage sei, zu garantieren, daß der Westen aus den Neuerungen in Europa keine einseitigen Vorteile ziehe, sondern sich weiterhin der Stabilität und dem Ausgleich verpflichtet fühle.

*Die folgenden vier Abbildungen: Presseschau zum möglichen NATO-Beitritt eines wiedervereinigten Deutschlands*

deutscher Verbände auf dem Gebiet der noch bestehenden DDR für den Fall einer baldigen staatlichen Einheit.

Seit Langem unterhielt ich guten Kontakt zum Präsidenten des Bundesnachrichtendienstes, Hans-Georg Wieck, ihn bat ich nun zum Gespräch dazu. Dafür sprach auch die Tatsache, dass Wieck für mehrere Jahre Botschafter in Moskau gewesen war, sodass er uns als der kompetenteste Gesprächspartner in Bonn überhaupt erschien. Wie erwartet, führte unser Treffen zu konkreten Ergebnissen. Nachdem wir im Laufe des Dezembers 1989 seine schriftlich formulierte

---

General-Anzeiger 31. Jan. 1990

## Neuer Parteiendisput über die künftige Deutschlandpolitik

### Dregger und Michaela Geiger widersprechen Genscher

Bonn. (dpa/AP) Ein neuer Streit in der Bonner Koalition deutet sich in der Frage der NATO-Mitgliedschaft eines vereinigten Deutschlands an. Während Bundesaußenminister Genscher (FDP) dies kürzlich ausgeschlossen hatte, plädierten gestern CDU/CSU-Fraktionschef Dregger und die außenpolitische Sprecherin der Unionsfraktion, Michaela Geiger, entschieden dafür.

„Die Mittel- und Kleinstaaten Europas brauchen das Bündnis, um verteidigungsfähig gegenüber einer Weltmacht zu sein, mit der sie auf dem euro-asiatischen Kontinent zusammenleben", schrieb Dregger in einem Beitrag für die „Welt". Allerdings könnten und müßten die berechtigten Sicherheitsinteressen der Sowjetunion dabei voll gewährleistet werden. Für Frau Geiger ist ein Zusammenwachsen beider deutscher Staaten nur „auf dem festen Boden" der NATO-Mitgliedschaft der Bundesrepublik möglich. Der Parlamentarische Staatssekretär im Verteidigungsministerium, Willy Wimmer (CDU), erklärte, gerade die NATO-Mitgliedschaft garantiere der Sowjetunion die Einbettung Deutschlands in einen Staatenverbund, dessen Politik der Stabilität verpflichtet sei.

Der SPD-Abgeordnete Gernot Erler äußerte den Verdacht, Wimmer sei „von allen guten Geistern verlassen". Die Phantasien des Staatssekretärs, die NATO nach Osten auszudehnen, in der Bundesrepublik alliierte Soldaten stehen zu lassen und zugleich die Sowjets aus der DDR rauszuschmeißen, zeigten, daß Regierende in Bonn von der „bedingungslosen Kapitulation Moskaus" träumten. Wer die NATO ausdehnen wolle, schaffe neue Ungleichgewichte in Europa. Wer einem einseitigen Abzug sowjetischer Truppen aus der DDR das Wort rede, schlage die Tür zu einer europäischen Friedensordnung zu, ohne die keine deutsche Einheit gedeihen könne.

Die SPD warf der Bundesregierung unterdessen eine völlige Konzeptionslosigkeit in der Deutschlandpolitik vor. Sie habe weder ein Konzept für die Soforthilfe an die DDR noch für die Schaffung einer Währungs- und Sozialunion, kritisierte der stellvertretende SPD-Fraktionschef Horst Ehmke vor der Presse in Bonn. Dem immer noch wachsenden Strom der Aus- und Übersiedler stehe sie völlig hilflos gegenüber. Die Union wolle zwar die Einheit, aber sie solle „schwarz sein und möglichst nichts kosten", meinte Ehmke. Außerdem warf er der Union vor, sich mit einer „miesen Kampagne" gegen die SPD in den DDR-Wahlkampf einzumischen.

Regierungssprecher Klein und Unionspolitiker wiesen die Kritik Ehmkes entschieden zurück. Klein verwies auf den Zehn-Punkte-Plan, mit dem Bundeskanzler Kohl ein für die innerdeutschen Entwicklungen richtungweisendes Konzept vorgelegt habe. Ehmke wolle mit „polemischen Rempeleien vom totalen Zusammenbruch des Sozialismus ablenken". Der Parlamentarische Geschäftsführer der Unionsfraktion, Friedrich Bohl, nannte die Vorwürfe Ehmkes lächerlich. Der Kurs des Kanzlers in der Deutschlandpolitik sei geradlinig. Die SPD schwanke dagegen zwischen unterschiedlichen Positionen ihrer Spitzenleute Willy Brandt und Oskar Lafontaine hin und her.

Stellungnahme in Händen hielten, kam es nun darauf an, meine Denkschrift auf direktem Weg an Helmut Kohl weiterzuleiten, was durch Michael Roik aus dem Büro des Bundeskanzlers geschah, einem weiteren regelmäßigen Gesprächspartner von mir. Die Inhalte meines Memorandums wurden in vollem Umfang Bestandteil der Verhandlungen, welche im Zwei-plus-Vier-Vertrag mündeten, der Grundlage der deutschen Wiedervereinigung.

Voraussetzung des Verbleibs Deutschlands in der NATO war – das hatten Breil, Wieck und ich zuvor besprochen –, dass die Sicherheitsinteressen der noch bestehenden Sowjetunion umfänglich berücksichtigt wurden. Nachdem ich meine Gedanken presseöffentlich gemacht hatte, musste ich mich nun mit Vorwürfen der besonderen Art vonseiten SPD und FDP auseinandersetzen: Wer die weitere Mitgliedschaft Deutschlands in der NATO nach der Wie-

---

**Kölner Stadtanzeiger** 31.01.

## Führende CDU-Politiker sehen auch ein geeintes Deutschland in der Nato

**Widerspruch zu Außenminister Genscher – Wimmer betont Stabilität**

Von unserem Redakteur Günther M. Wiedemann

Bonn – Auch ein vereintes Deutschland könne und müsse Mitglied der Nato sein – diese Ansicht vertraten am Dienstag in Bonn CDU/CSU-Fraktionschef Alfred Dregger, Michaela Geiger (CSU), außenpolitische Sprecherin der Unionsfraktion, und Willy Wimmer (CDU), Parlamentarischer Staatssekretär im Verteidigungsministerium. Dieser sieht in der Einheit Deutschlands einen „Zugewinn für die Sicherheit Europas". Außenminister Hans-Dietrich Genscher hatte dagegen erklärt, wer die Nato-Grenze bis zur Oder ausdehne, schlage „die Tür zu für ein geeintes Deutschland".

Wimmer sieht keinen Gegensatz, denn auf DDR-Gebiet sollten dann, so seine Position, keine ausländischen Truppen stationiert werden, sondern nur deutsche Soldaten. Ähnlich äußerte sich Frau Geiger, die sich für eine Übergangszeit ein Verbleiben eines kleinen Teils der sowjetischen Truppen auf DDR-Gebiet vorstellen kann. Dregger vertrat die Ansicht, bei einem vereinten Deutschland in der Nato bleiben „die berechtigten Sicherheitsinteressen der Sowjetunion in vollem Umfang gewährleistet". Wimmer lobte vor Journalisten das Verhalten der Roten Armee in der DDR bei den dortigen Veränderungen als „höchst förderlich".

### Interesse am Bündnis

Nach Einschätzung des Staatssekretärs ist die Nato für die Sowjetunion angesichts der Veränderungen in Osteuropa ein Friedens- und Stabilitätsfaktor ersten Ranges, der auch für die innere Entwicklung ihres Landes wichtig sei. Das „osteuropäische Vorfeld" verliere seinen militärischen Sicherungscharakter für die östliche Vormacht. Damit die Emanzipation der Staaten im Osten nicht zur Destabilisierung führe, müsse Moskau „Interesse haben an Stabilitätsgarantie insbesondere der anderen Supermacht", am „Fortbestehen an der Nato interessiert sein" und am Verbleiben der USA in Europa.

Der Warschauer Pakt verliere an militärischer Bedeutung. Er müsse in eine politische Rolle hineinwachsen. Gerade bei den Wiener Abrüstungsverhandlungen habe der Westen ein Interesse daran, daß das östliche Bündnis diese Funktion erfülle. Die deutsche Einheit könne trotz Mitgliedschaft in der Nato aus sicherheitspolitischen Gründen schwerlich verneint werden". Sie garantiere Moskau die Einbettung Deutschlands in einen der Stabilität verpflichteten Staatenbund.

Der CDU-Politiker forderte, die Zukunft nicht vor dem Hintergrund überholter Denkschablonen zu sehen. Moskau habe kein Interesse, Panzer auf Wolfsburg rollen zu lassen, sondern Interesse am Zugang zu den Börsen in Frankfurt und London. Deutschland habe erstmals in der jüngeren Geschichte die Chance, den „Charakter eines Frontstaates zu verlieren".

dervereinigung fordere, der wolle Letztere verhindern. Vor allem der SPD-Abgeordnete Gernot Erler griff mich Ende Januar 1990 heftig an. Seiner Auffassung nach würden sich eine NATO-Mitgliedschaft und die Wiedervereinigung völlig ausschließen. Auch der damalige Außenminister Hans-Diedrich Genscher distanzierte sich von meinen Ideen. Wer die NATO-Mitgliedschaft in Erwägung ziehe, so sagte er in einer Rede Ende Januar 1990 in Krefeld, wolle keine Wiedervereinigung. Es kam anders, wie die Verhandlungen zwischen George Bush und Michail Gorbatschow in Washington zeigten, woraufhin eine meinem Konzept entsprechende Formel Eingang in die Verträge zur deutschen Wiedervereinigung fand. In der sogenannten »Charta von Paris«[6] aus dem November 1990 besiegelten die westli-

---

[6] Charta von Paris: Schlussdokument der KSZE-Sondergipfelkonferenz, von 32 europäischen Ländern sowie den USA und Kanada unterschrieben.

---

**General-Anzeiger (Bonn)** 01. Feb. 1990

## Genscher gegen Ausdehnung des NATO-Territoriums nach Osten

### DDR-Gebiet sollte dem Bündnis nur politisch angehören

*Von unserem Korrespondenten Thomas Wittke*

Bonn. Bundesaußenminister Hans-Dietrich Genscher hat – unter anderem auf die Äußerung von Kreml-Chef Michail Gorbatschow zur deutschen Einheit reagierend – angedeutet, daß die Bundesrepublik und die DDR nach einer Vereinigung dem NATO-Bündnis angehören könnten.

Allerdings könne das ehemalige DDR-Territorium nur dem politischen Teil der Allianz zugehören, meinte Genscher gestern in einer Ansprache vor der evangelischen Akademie Tutzing. Auch nach der Wiederherstellung der deutschen Einheit werde es eine „Ausdehnung des NATO-Territoriums nach Osten" nicht geben. Diese Sicherheitsgarantien seien auch für das politische Verhalten Moskaus wichtig. Eindeutig wandte der Außenminister sich gegen ein neutralisiertes Deutschland. Allerdings blockierten „Vorstellungen, daß der Teil, der heute die DDR bildet, in die militärischen Strukturen der NATO einbezogen werden solle," die deutsch-deutsche Annäherung. Genscher deutete aber gleichzeitig an, daß in einem vereinten Deutschland die DDR nach dem französischen Vorbild der NATO rein politisch angehören könne.

In Regierungskreisen wurde auf die Feststellung Wert gelegt, daß sich Genschers Vorschlag keinesfalls im Gegensatz zu Äußerungen beispielsweise des Staatssekretärs im Bundesverteidigungsministerium, Willy Wimmer (CDU), befanden.

Voraussetzung für die von ihm für die deutschen Staaten skizzierte Entwicklung sei der Übergang beider Bündnisse von der Konfrontation zur Kooperation, sagte Genscher. NATO und Warschauer Pakt sollten Elemente kooperativer Strukturen in ganz Europa werden, in denen sie später dann selbst aufgehen könnten. Das westliche Bündnis werde aber „nach dem Willen seiner Mitglieder" weiter bestehen.

Von dem Fortbestand des westlichen Bündnisses hänge auch die amerikanische Rolle für Sicherheit und Stabilität in Europa ab, während die Bedeutung der Sowjetunion von ihrer Lage, Größe und Landmasse bestimmt werde. Genscher: „Beide Bündnisse sind allerdings aufgerufen, ihre Rolle mehr und mehr politisch zu definieren." Gehe die politische Entwicklung über die Bündnisse hinweg, verlören sie ihre stabilisierende Wirkung.

In diplomatischen Kreisen wurde bei der Interpretation der als grundlegend bezeichneten Rede darauf verwiesen, daß es noch völlig unabsehbar sei, unter welchen Bedingungen und in welchem Zeitraum die Bündnisse in politische Instrumente umgewandelt werden können. Auf eine genaue Definition der zukünftigen Entwicklung könne man sich daher zum jetzigen Zeitpunkt nicht festlegen.

chen Staats- und Regierungschefs feierlich das Ende des Kalten Krieges und schlugen ein neues Kapitel auf. Alle dachten, dass jetzt die Zimmer im »gemeinsamen Haus Europa« bezogen werden könnten, über die Michail Gorbatschow so nachdrücklich gesprochen hatte.

Von heute aus besehen, sollte die beschworene Zeit schnell vorbei sein und der Umbruch für Europa, speziell Deutschland, auf dem Gebiet der Sicherheitspolitik gewaltige Konsequenzen haben.

Bush, Reagan und Gorbatschow 1988 in New York

## Die Neuausrichtung der Bundeswehr

Im März 1992 stand in Bonn eine Kabinettsumbildung an. Soweit wir das im Verteidigungsministerium auf der Hardthöhe beurteilen konnten, drängte der damalige CDU-Generalsekretär Volker Rühe auf den Platz von Außenminister Hans-Dietrich Genscher, doch der Bundeskanzler wollte die Koalitionsarithmetik, also die Gewichtung der zwischen CDU/CSU und FDP aufgeteilten Ressorts, nicht verändern. Eine Lieferung von Panzerfahrzeugen der Bundeswehr über den BND nach Israel, von der jedenfalls die Führungsspitze des Verteidigungsministeriums – Minister Gerhard Stoltenberg, die beiden Parlamentarischen Staatssekretäre, die Staatssekretäre und der Generalinspekteur – keine Information besaß, wurde dann dazu benutzt, Stoltenberg durch Rühe abzulösen. Mit Stoltenberg verließ auch ich mein Amt als Parlamentarischer Staatssekretär. Während ich bis dahin über die Sacharbeit hinaus keinen engeren Kontakt mit dem Bundeskanzler pflegen konnte, sollte sich das nach meinem Ausscheiden aus der Bundesregierung entscheidend ändern. Meine Zusammenarbeit mit Helmut Kohl dauerte bis zur Beendigung meines Bundestagsmandats im Jahre 2009 an.

Wie in meiner Denkschrift im Anhang dieses Buches nachzulesen ist, ging ich für die Zukunft davon aus, dass sich die NATO nicht über die bisherige Begrenzung hinaus erweitern würde. So war auch die Überlegung zu verstehen, auf dem Gebiet der neuen Bundesländer lediglich nationale Verbände zu stationieren. Nur mit größter Vorsicht sollte die Europäische Gemeinschaft ökonomische Beziehungen zu den Staaten zwischen der deutschen Ostgrenze und der Sowjetunion aufbauen. Uns waren historisch begründete Empfindlichkeiten sehr bewusst, nicht zuletzt die Andeutungen in Richtung früherer Invasionen vonseiten der CIA im Sommer 1988 hatten das verdeutlicht. Die Politik der Bundesregierung nach der staatlichen Wiedervereinigung am 3. Oktober 1990 war auf dieses Konzept ausgelegt. Mit dem neuen Bonner Verteidigungsminister änderte sich dies. Als die ersten öffentlichen Erklärungen von Volker Rühe zugunsten einer NATO-Erweiterung zu vernehmen waren, wusste man, wer sich auf dem Weg nach Osten durchzusetzen wünschte: Washington suchte die Vormacht der NATO durch eine Erweiterung in östlicher Richtung bis an die russische Grenze zu erringen. Dadurch missachteten die USA und ihre Vasallen fortan die mutmaßlichen Ängste der Sowjetunion, welche sich in dem Vergleich der derzeitigen Situation mit dem Vorrücken sowohl Napoleons als auch Hitlers bis nach Moskau widerspiegelten und den Wunsch des Nachbarn im Osten plausibel erklärten, das eigene Land schützen zu wollen.

Der amerikanische Wille wurde in den Folgejahren in Mittel- und Osteuropa umgesetzt – und damit genau gegen die Lehren der Geschichte. Die NATO reihte sich ein in die historischen Versuche, gen Moskau vorzustoßen – wobei der Vergleich aus den USA selbst stammte. Die Schlachtordnung bei dieser Entwicklung zeigte plötzlich ein seitenverkehrtes Bild als bisher: Russland wankte, auch aufgrund der Übernahme amerikanischer Wirtschaftsmodelle, wie ein Riese hin und her, kaum in der Lage, seine manifesten Belange in Europa überhaupt erst zu artikulieren. Die Vereinigten Staaten hingegen zeigten sich zielgerichtet dabei, ihre Vorstellungen umzusetzen. Aus der deutschen Bundesregierung kam neuerdings nichts als Zustimmung, auch die anderen Europäer verhielten sich willfährig, so wie immer, wenn Washington klar vorgibt, was es will. Kein Wunder also, dass fast zeitgleich in Richtung »Rand des südlichen Mittelmeeres« alle Überlegungen zur Ausdehnung von KSZE und EG abgewiesen wurden. Der sogenannte »Barcelona-Prozess« und die »Oslo-Vereinbarung« zu Israel und Palästina stellten eindeutige Dominanz her. Vonseiten der Bonner Regierung, vor allem durch den neuen Bundesaußenminister Klaus Kinkel, aber auch durch mehrere seiner westeuropäischen Kollegen, war zuvor vorgeschlagen worden, die Erfolgsmodelle KSZE und EG bei der Lösung komplizierter internationaler Fragen einzusetzen. Die aus dem Helsinki-Prozess bekannten »drei Körbe« schienen das geeignete Mittel zu sein, den Regionen am östlichen und südlichen Ufer des Mittelmeeres den Zugang zu Frieden, Stabilität und Wohlstand zu verschaffen. Das hätte in der Folge bedeutet, den westeuropäischen Einfluss auf den Bereich zwischen Syrien und Marokko auszudehnen, indem man sich mit den betroffenen Ländern gleichberechtigt an einen Tisch setzte.

Die Vereinigten Staaten aber hatten eine andere Vorstellung von der Welt, ihnen lag nicht daran, Frieden und Stabilität in der Großregion zu schaffen. Vom Wiener Übereinkommen über die Nichtanwendung von Gewalt oder der Drohung mit Gewalt bei internationalen Verhandlungen und das Verbot der Schlussakte von Helsinki 1975, Grenzen mit Gewalt zu verändern, bis hin zum geschichtsvergessenen Krieg gegen die Bundesrepublik Jugoslawien im März 1999 wurden alle Rechtsregeln beseitigt, die den Krieg aus Europa verbannen sollten. Das war ganz im Sinne der von US-Präsident George H. Bush bei Ausbruch des ersten Golfkrieges im Herbst

1990 verkündeten »neuen Weltordnung«. Die »einzigartige Nation«, wie sich die Vereinigten Staaten seither gerne selbst bezeichnen, wollte es wissen und sabotierte auch am Mittelmeer jeden Versuch auf Befriedung und Wohlstand in dieser für Europas Sicherheit so wichtigen Großregion.

Die Bundeswehr wurde über die NATO in das amerikanische Konzept eingebunden, sie sollte ihren Charakter ändern: hin zur Angriffsarmee, ohne Beachtung der deutschen Verfassung mit ihrem strikten Verbot eines Offensivkrieges, der strafrechtlichen Gebundenheit oder auch den Konsequenzen aus den »Nürnberger Prozessen« mit der unbedingten Beachtung des Völkerrechtes. Das nahm einige Zeit in Anspruch, zumal in Europa weit und breit keine Bedrohung militärischer Art festzustellen war, gegen die man hätte zu Felde ziehen müssen. Doch bereitwillig übernahm man Einsätze im Auftrag der Vereinten Nationen oder wegen der Wirren auf dem Balkan. Damit wurden die Menschen in Deutschland zielgerichtet, wenn auch im Lande selbst anders wahrgenommen, auf eine andere Rolle der Bundeswehr eingestimmt, wie sie dann im Krieg gegen Jugoslawien eingenommen wurde.

## »Kollektive Sicherheit« versus geltendes Recht

In einer zukunftsweisenden Rede an der Hamburger »Helmut Schmidt Universität der Bundeswehr« legte der CSU-Vizevorsitzende Peter Gauweiler am 4. Juni 2014 die sicherheitspolitische Lebenslüge Deutschlands offen: Immer wieder sei vonseiten der NATO und der Bundesregierung darauf hingewiesen worden, dass unser Land nach der eigenen Verfassung für »Systeme kollektiver Sicherheit« militärische Kontingente zur Verfügung stellen könne. Hiermit war die NATO gemeint, der demnach die Bundeswehr beizustehen habe. Doch, so Gauweiler, am Beginn der Wiederbewaffnung stand eine Entscheidung, ein »Entweder-oder«: *entweder* ein eigenes Heer *oder* Beitritt zu einem System kollektiver Sicherheit. Zu keinem Zeitpunkt sei daran gedacht gewesen, deutsche Streitkräfte aufzustellen, um diese dann anderen zur Verfügung zu stellen. Und von einem »System kollektiver Sicherheit« sei nie wirklich die Rede gewesen, die NATO war und blieb ein militärisches Bündnis.

Nach 1992 wurde nun alles unternommen, die Bundeswehr aus der verfassungsmäßigen Einordnung eines Verteidigungsauftrages herauszubrechen. Dem stand das Grundgesetz prominent entgegen. Vor dem Beitritt zum »Nordatlantischen Verteidigungsbündnis« 1955 musste der Deutsche Bundestag nach den Bestimmungen des deutschen Verfassungsrechtes dem internationalen Vertrag zustimmen. Das geschah unter dem Aspekt, dass es sich um ein Verteidigungsbündnis innerhalb genau zu beachtender geographischer Grenzen nördlich des Wendekreises des Krebses handeln würde. Ohne ein entsprechendes Gesetzgebungsverfahren kann nun aus der NATO kein Angriffsbündnis gemacht werden. Die Regierungen der Mitgliedsländer wussten, dass sie keinem europäischen Parlament einen völkerrechtlichen Vertrag mit dieser Zielsetzung hätten vorlegen können – er wäre ihnen zuvor von den Menschen in der Luft zerrissen worden. Um die Änderung dennoch vollziehen zu können, wurde zum Scheinmittel der »Strategischen Konzepte« gegriffen, wie bereits im Vorfeld der Feierlichkeiten in Washington im Frühjahr 1999 anlässlich des fünfzigjährigen Bestehens der NATO deutlich wurde. Darin wurde die räumliche Begrenzung der NATO ebenso aufgegeben wie der Charakter als Verteidigungsbündnis. Befand man sich doch zu diesem Zeitpunkt bereits im Krieg gegen die Bundesrepublik Jugoslawien, ohne über das nach dem Völkerrecht dafür erforderliche Mandat der Vereinten Nationen zu verfügen.

Die westlichen Regierungen, die an ihren Parlamenten vorbei vorgegangen sind bzw. nichts tun, um den ursprünglichen Charakter der NATO als Verteidigungsbündnis wiederherzustellen, schaffen ein nicht aufzulösendes Dilemma: Denn die Soldaten, die mit einem Einsatz rechnen müssen, setzen in letzter Konsequenz ihr Leben ein.

Sie wollen wissen, dass sie dabei von ihrem Volk respektiert und unterstützt werden, wie es für die deutschen »Bürger in Uniform« mittels eines möglichst umfassenden Abstimmungsergebnisses im Bundestag zum Ausdruck käme. Was aber sollen sie von einem Staat denken, der schon die rechtliche Grundlage für jeden Einsatz nicht mehr in Übereinstimmung mit der eigenen Verfassung und/oder dem Völkerrecht zu bringen vermag? Jedem muss klar sein, dass letzte Reste eigener Mitwirkung in dem Augenblick verloren gehen, in dem es substanzielle Veränderungen beim sogenannten »Parlamentsbeteiligungsgesetz« und damit auch einer öffentlichen Diskussion über den Einsatz deutschen Militärpersonals gibt, weil jede Entscheidungsgewalt nur noch beim amerikanischen Präsidenten als faktischem Oberbefehlshaber der NATO liegt. Dann kann man als Soldatin oder Soldat ebenso wie ein ziviler Mitarbeiter einem Kriegsverbrechertribunal nur ausweichen, wenn man Krieg um Krieg führt und letztlich auch gewinnt – das ist die Logik eines Bündnisses, das von angelsächsischem globalstrategischem Denken geprägt ist.

Als Peter Gauweiler, die Bundestagsfraktion »Die Linke« und ich mithilfe der Rechtsprofessoren Dieter Murswieck und Norman Paech wegen des beabsichtigten Einsatzes von Aufklärungstornados in Afghanistan 2007 Klage beim Bundesverfassungsgericht einreichten, waren wir nach der Urteilsfindung erstaunt darüber, in welchem Maße die Damen und Herren Richter justizielle Durchbiegsamkeit in der Sache an den Tag zu legen bereit waren. Dabei waren viele im Lande davon ausgegangen, dergleichen nach den Verwerfungen des vergangenen Jahrhunderts nicht mehr erleben zu müssen. Die Umwandlung des Charakters der NATO vom Verteidigungsbündnis zur globalen Angriffsformation wurde dabei mit der rechtlich möglichen Weiterentwicklung und Präzisierung eines Vertragszwecks begründet. Bei Winkeladvokaten würde niemand eine solche Argumentation hinnehmen. Indem die Richter am Bundesverfassungsgericht es in ihren Urteilen zu existenziellen Fragen der deutschen Politik formulieren, wird das Rechtsverständnis der Bürger in unserem Lande ausgehebelt.

## Verständigung in turbulenten Zeiten

Es war gerade die Forderung, endlich rechtsstaatliche Grundprinzipien für ganz Deutschland umsetzen zu können, als sich gegen Ende der 80er-Jahre Grundlegendes in Europa zu verändern begann. Praktisch bedeutete dies, das Unglaubliche mehr und mehr für selbstverständlich zu halten. Dazu zählte mein Besuch im Jahre 1987 in Moskau bei der Roten Armee ebenso wie regelmäßig stattfindende Gespräche mit einem Angehörigen der Ständigen Vertretung der DDR in Bonn, einem kenntnisreichen Diplomaten aus der politischen Abteilung. Unsere Zusammenkünfte waren zu keinem Zeitpunkt davon bestimmt, was sich am besten gegenüber der anderen Seite, für die dieser jugendliche Diplomat eigentlich stand, in Stellung bringen lassen konnte. Nach und nach wuchs gegenseitiges Verständnis. Wir mussten die Gegebenheiten nehmen, wie sie nun einmal waren. Unsere Treffen waren schon etwas Neuartiges: Der Ost-Berliner Diplomat kam alleine zum Gedankenaustausch, es war kein »Aufpasser« dabei. Es hätte wohl keine weiteren Kontakte zwischen ihm und mir gegeben, wären nicht die allgemein für eine sachliche Diskussion geltenden Regeln von seiner Seite beachtet worden. Ein Gespräch auf Augenhöhe war auf einmal möglich, auch wenn an bestimmten Grundüberzeugungen der jeweils anderen Seite nicht gerüttelt wurde: Das war bei mir das Festhalten an einer gemeinsamen deutschen Staatsbürgerschaft und bei meinem Gegenüber die Existenz der DDR.

Daneben gab es einen im Wesentlichen über die KSZE gesteuerten Prozess, der verantwortliche Akteure aus staatlichen Apparaten zusammenbrachte. Auf diesen Konferenzen hörte man mehr und mehr, dass es auch jenseits des Eisernen Vorhangs Diplomaten oder Militärs gab, die eine konstruktive Grundeinstellung an den Tag legten und mit denen man »konnte«. Auch in den Gesprächen mit dem DDR-Diplomaten verstärkte sich der gemeinsame Wunsch, alles unternehmen zu müssen, aber auch zu können, damit der derzeit hochgerüstete Zustand nicht in einen Konflikt mündete. Stattdessen versuchte man Möglichkeiten auszutarieren, wie man sich annähern konnte, ohne die eigenen Überzeugungen und staatlichen Grundlagen zu gefährden. Kein Krieg – das war das verbindende Element. Ein Ziel wohlgemerkt, dessen Erreichung nicht in unserer Macht lag. Wir waren nicht die Akteure bei diesem ganz großen Spiel. Das behielten sich die Vereinigten Staaten und die Sowjetunion vor.

War es zunächst jener Diplomat aus der DDR-Vertretung, war es wenig später eine erste Delegation hochrangiger Militärs aus Staaten des Warschauer Vertrages, die sich gemeinsam mit Vertretern der NATO und von neutraler Seite im Bundesministerium der Verteidigung zu Gesprächen im Rahmen der KSZE einfanden, darunter einige Offiziere der NVA, die sich durch Unbefangenheit und gut sitzende Uniformen entsprechend der deutschen militärischen Tradition auszeichneten. Es war schon merkwürdig und sollte später natürlich an Bedeutung noch gewinnen. In einer nicht weit zurückliegenden Zeit hatte man sich noch ebenso hochgerüstet wie sprachlos gegenüber gestanden, jetzt konnte jeder dem anderen in die Augen sehen. Die Gesprächspartner wurden zunächst einmal danach beurteilt, wie und was sie sagten und welche Sicht der weiteren Entwicklung sie einnahmen. Und wir wollten nicht das hören, was ohnehin im *Neuen Deutschland* zu lesen war. Lohnte sich ein Gespräch? Das war die entscheidende Frage. Der »Feind« stand mithin schon in den eigenen Sitzungssälen – und er war nicht unsympathisch. Hier bot sich eine neue Möglichkeit, dem Inferno zu entrinnen, und es würde dem menschlichen Wesen widersprechen, diese Gelegenheit nicht zu nutzen. Diejenigen, die aus welchen Gründen auch immer unbedingt an der Konfrontation festhalten wollten, vermochten der neuen Welle der Gesprächsbereitschaft nichts entgegenzusetzen. Da brach eine neue Zeit an, das war zu spüren. Das Rad in den internationalen Beziehungen drehte sich immer schneller.

Zum Buß- und Bettag im November 1988 war ich auf Einladung meines Bundestagskollegen Joachim Kalisch zu einem Vortrag über die sicherheitspolitischen Entwicklungen in Europa in Berlin. Dabei mussten wir feststellen, dass überhaupt kein Interesse an der Bonner Haltung zur Sicherheitspolitik bestand. In West-Berlin war man der Ansicht – das wurde in der Versammlung ebenso deutlich wie bei einem Pressegespräch am nächsten Tag –, dass der Ansprechpartner für die Berliner Sicherheit ohnehin in Washington saß. Daneben gelte es, auch mit Ost-Berlin und Moskau zu reden. Da war Bonn nicht gefragt, ja die bundesdeutschen Vorstellungen waren fast nicht von Belang. Als wir uns in Bonn wiedertrafen, fragte ich Joachim Kalisch, ob ich nicht eine Wohnung oder ein Haus in Berlin erwerben sollte, weil die Dinge in Bewegung geraten würden. Meine Idee war aus der Intensität von Eindrücken geboren, die ich bei den Washingtoner Gesprächen, dem Besuch einer sowjetischen Division bei Moskau sowie im Austausch mit Diplomaten gewonnen hatte: Alles schien auf Veränderungen eingestellt, und diese würden wohl nicht an Deutschland vorbeigehen. Das war noch lang keine offizielle Politik und wurde auch so noch nicht in der deutschen Presse dargestellt. Ich aber hatte genug gehört und gelesen, um die Lage abschätzen zu können. Das hing ganz entscheidend damit zusammen, wie nahe ich mich als Beobachter am Epizentrum der Entwicklung befand. Kalisch hingegen reagierte ziemlich verständnislos, da in jener Zeit jeder, der es sich erlauben konnte, Berlin in Richtung Westen verließ.

Ähnliches erlebte ich in vertrauensvollen Gesprächen mit meinem sozialdemokratischen Kollegen Erwin Horn, was die Bewertung der Entwicklung anbetraf. Es bestand ein logischer Unterschied darin, ob man der Regierung angehörte oder die Opposition vertrat, weil die Informationsdichte naturgemäß auf der Regierungsseite ausgeprägter ist. Dabei ging ich immer davon aus, dass sich der Informationsvorsprung aufseiten des Kollegen befinden würde, da er auf das internationale Netzwerk der Sozialdemokraten und vor allem die engen Beziehungen der SPD zur Führung in Ost-Berlin zurückgreifen konnte. Wir hatten zu einer guten Kooperation gefunden, weil wir beide bei schwierigen Untersuchungsausschüssen im Bundestag einen sehr sachbezogenen Untersuchungsansatz gefunden hatten: einmal zu den unberechtigten Vorwürfen gegen den Bundeswehrgeneral Günter Kießling[7] 1984 sowie zu dem schrecklichen Unglück mit 70 Toten und 1000 Schwerverletzten beim Flugtag auf der amerikanischen Luftwaffenbasis in Ramstein vier Jahre später. Wir ließen nicht – wie es im Interesse der Regierung lag – Opposition und Regierungsseite aufeinanderprallen, sondern hatten vielmehr ein gemeinsames Aufklärungsinteresse und stellten schon bei den für einen Untersuchungsausschuss notwendigen Beweisbeschlüssen sicher, dass nichts unter den Tisch fiel.

Nach meiner Washingtonreise mit Gesprächen über die globale Sicherheitslage und die militärische Hochrüstung in Europa, welche die Arbeitsgruppe Verteidigung im Frühsommer 1988 führte, um ein möglichst umfassendes Bild der Lage zu erhalten, trafen Erwin Horn und ich wieder einmal zusammen. Ich berichtete ihm von den Ergebnissen und schlug ihm vor, sich in seiner Partei dafür stark zu machen, in der DDR wieder eine sozialdemokratische Formation ins Leben zu rufen. Die SPD hatte dort starke Wurzeln, wie aus den demokratischen Entwicklungen in Deutschland bis 1933 zu entnehmen war, und die Zeit war danach, diese wieder sprießen zu lassen.

Im folgenden Jahr nahm ich an einem NATO-Marinemanöver in der Ostsee teil. Das war für mich nicht nur damit verbunden, aus einem tief über einem Zerstörer fliegenden Hubschrauber blitzschnell auf Deck abgeseilt zu werden. Es wurde auch Wert darauf gelegt, dass wir uns unmittelbar in Höhe der mecklenburgischen Küste befanden, sodass alles genauestens von der Volksmarine, den polnischen Seestreitkräften und der sowjetischen Marine verfolgt werden konnte. Das wäre umgekehrt nicht anders gewesen. Die Seestreitkräfte des westlichen Bündnisses waren wie in einem breiten Fächer oder einem Riegel zwischen der DDR-Küste und den schwedischen

---

[7] Kießling-Affäre: Dem damaligen stellvertretenden NATO-Oberbefehlshaber Günter Kießling wurde vorgeworfen, wegen angeblicher Homosexualität erpressbar zu sein, was später entkräftet wurde.

Gewässern in Richtung Leningrad aufgestellt. Südöstlich vor uns lag die große sowjetische Marinebasis der litauischen Stadt Klaipėda, früher Memel, bis 1920 die nördlichste Stadt Deutschlands.

## Ende September 1989: Flug in die Sowjetunion

Im Herbst 1989, kurz vor dem Mauerfall, war es erneut das Memelland, das Gedanken zur historischen Entwicklung in Europa anstieß, als ich zusammen mit einer Delegation des Mainzer Landtages in einer Boeing 707 der Deutschen Luftwaffe auf dem Weg nach Moskau das ehemalige Ostpreußen überflog. Weil die Maschine den Luftraum der DDR nicht passieren durfte, ging es von Bonn aus zunächst in Richtung Kiel, dann entlang der mecklenburgischen, pommerschen und ostpreußischen Küsten. Die Stimmung an Bord war »aufgekratzt«, und kaum einen hielt es in seinem Sitz, als sich die Flugrichtung nach rechts änderte und wir das silberne Band der Memel unter uns erblicken konnten. Es war ein Flug hinein in die deutsche Geschichte und in die Zukunft eines wiedervereinigten Deutschlands.

In der Nähe von Moskau wollte die rheinland-pfälzische Landesregierung gemeinsam mit allen Fraktionen ein kulturelles Projekt aus der Taufe heben, deshalb wurde die Delegation von Ministerpräsident Carl-Ludwig Wagner geleitet. An der Spitze der CDU-Landtagsfraktion stand Hans-Otto Wilhelm, ein stets sehr fröhlicher Mensch. Das geplante Projekt sollte die Zusammenarbeit zwischen der russisch-orthodoxen Kirche und der rheinland-pfälzischen Landesregierung, die schon über mehrere Jahre andauerte, gleichsam krönen.

Das Klima an Bord der Luftwaffenmaschine war ausgezeichnet. Die lebhafte und kollegiale Art, die Carl-Ludwig Wagner ebenso auszeichnete wie Hans-Otto Wilhelm, trug wesentlich dazu bei. Wir haben die Flugzeit und die Möglichkeit, an Bord mit möglichst vielen Abgeordneten sprechen zu können, auch für Themen genutzt, die in diesen Monaten das Bundesland Rheinland-Pfalz sehr beschäftigten. Zwischen den Mitreisenden und mir hatte es in den Monaten zuvor eine besonders enge Zusammenarbeit gegeben. Auf Wunsch der CDU-Fraktion hielt ich einen Vortrag zu dem für Rheinland-Pfalz so gravierenden Problem der Fluglärmbelastung durch militärische Tiefflüge. In den dafür vorgesehenen Zonen durfte bis auf eine Höhe von 75 Metern geflogen werden, was mit der militärischen Konfrontation in Europa begründet wurde. Die Auswirkungen auf die hier lebenden Menschen waren nicht zu unterschätzen. Im Mainzer Landtag diskutierte ich mit den Landtagsabgeordneten darüber. Im Bundestag nahmen die Auseinandersetzungen vor allem in der Fragestunde des Parlamentes zu. Dort brachten die Wahlkreisabgeordneten aller Parteien das in Fragen an die Bundesregierung vor, was die Menschen im Lande ihnen sprichwörtlich ins »Stammbuch« geschrieben hatten. Mir hatte diesbezüglich vor allem der aus der Südpfalz stammende ehemalige Planungsamtschef im Bundeskanzleramt von Willy Brandt, Albrecht Müller, so richtig zugesetzt. Es gab breite Zustimmung unter den Wahlkreisabgeordneten, dass mit der wachsenden Tiefflugbelastung Schluss sein müsse. Wer jede Stunde Dutzende Jets über sein Haus oder seine Wohnung donnern hörte, der dachte über notwendige Lasten einer gemeinsamen Verteidigung anders. Und inzwischen hatten sich die Zeiten geändert, so auch die Ansicht der Bundesregierung wie der Opposition. In einem vom nordrhein-westfälischen Landesminister Rolf Clement und mir geleiteten Gesprächskreis wurde schließlich die Lösung gefunden, die zum Vorbild für künftige Entscheidungen vor allem auf sicherheitspolitischem Gebiet wurde: Wir haben die Tiefflugzonen faktisch aufgehoben, ohne sie zu beseitigen. Alle »Tiefflugstrecken«, die ein Überfliegen in 75 Metern Höhe erlaubten, blieben zwar erhalten, wurden aber faktisch nicht mehr unterhalb einer Höhe von dreihundert Metern benutzt. In dem Fall, dass sich die militärische Lage in Europa wieder verschlechtern sollte, würde man ohne zeitlichen Verzug zu den zuvor bestehenden Übungsmöglichkeiten zurückkehren können, um die Einsatzfähigkeiten der Besatzungen von Kampfflugzeugen zu erhöhen. Die Abgeordneten kannten meine

Einstellung zu dem gesamten Themenbereich, der später auch noch die in Rheinland-Pfalz stationierten Vorräte an chemischen Waffen umfassen sollte. Auch das war ein Thema von Albrecht Müller, der ein solches Lager praktisch hinter seinem Gartenzaun hatte. Wie sehr solche Dinge aus der Vergangenheit verbinden, erfuhr ich, als er sich im Frühjahr 2014 wegen der Ereignisse in der Ukraine mit mir in Verbindung setzte, weil unser schönes Europa auf einen Krieg zuzusteuern drohte, was er ebenso wie ich zu verhindern suchte.

Im Jahre 1985 hatte der Fraktionsvorsitzende der CDU/CSU-Bundestagsfraktion Alfred Dregger den Bundestagskollegen Jürgen Todenhöfer und mich zu Gesprächen mit der amerikanischen Regierung, vor allem mit Verteidigungsminister Caspar Weinberger, nach Washington mitgenommen. Dregger war ein ungewöhnlich kollegialer Abgeordneter, er verstand es, auch für jüngere Kollegen ein guter und vertrauensvoller Ansprechpartner zu sein. Gegenüber sicherheitspolitischen Überlegungen zeigte er sich offen und konstruktiv, sowohl wenn es um den Sachverhalt als solchen als auch um Lösungsansätze ging. Auch bei den jetzigen Gesprächen ließ er bei aller Verbundenheit nie den geringsten Zweifel daran, dass das westliche Bündnis deutschen Interessen gegenüber zugänglich sein müsse. Das galt auch für jede in Washington angestellte Überlegung zum weiteren Verbleib chemischer Waffen. Darüber sprachen wir nun mit Caspar Weinberger und setzten ihn über unsere Befürchtungen ins Bild. Wenige Monate nach unseren Gesprächen hörten wir davon, dass beim Weltwirtschaftsgipfel in Tokio eine Vereinbarung zum endgültigen Abzug der amerikanischen chemischen Waffen aus Deutschland geschlossen werden konnte. Helmut Kohl und Ronald Reagan hatten sich verständigt.

Die rheinland-pfälzischen Abgeordneten, mit denen ich 1989 nach Moskau reiste, sahen mich aufgrund meines Einsatzes also mit gewissem Wohlwollen an Bord. Sie hatten sich an mich gewandt, um eine Maschine der Luftwaffe für den Flug nutzen zu können. Das musste durch den Bundesfinanzminister genehmigt werden, was umgehend geschah und mir die Gelegenheit bot mitzufliegen. Meine Reise war seit Langem geplant und bot mir in einer Zeit des offensichtlichen Umbruchs eine weitere Möglichkeit zu Gesprächen mit sowjetischen Regierungsvertretern. Begleitet wurde ich neben Walter Breil durch den Verlagsleiter der *Neuss-Grevenbroicher Zeitung* Alfons Kranz, den stellvertretenden Chefredakteur der *Augsburger Allgemeinen* Gerhard Deckl und Herrn Schröder, den Dolmetscher. Zudem war mein Frau Renate mit dabei. An Bord wurde manch einer still, als der Pilot uns in einer Durchsage darauf aufmerksam machte, dass wir soeben Tilsit überflogen. Es war eben keine alltägliche Reise, gerade in diesen Tagen. Ostpreußen war altes deutsches Land, und was hatte der Zweite Weltkrieg daraus gemacht? Das alles lastete auf uns. Doch einzelne Menschen oder auch Institutionen wie das Land Rheinland-Pfalz bemühten sich wieder um tragfähige Verbindungen zu den ehemaligen Kriegsgegnern. Vielfach konnte man dabei auf klerikale Hilfe zählen, wie es auch hier der Fall war durch das unermüdliche Wirken der russisch-orthodoxen Kirche.

Es war der erste Besuch einer derart großen Delegation aus einem deutschen Landesparlament mitsamt Ministerpräsident und Fraktionsvorsitzendem in Russland. Aus der Begrüßung auf dem für Regierungsflüge vorgesehenen Teil des Moskauer Flughafens Scheremetjewo konnte ich schließen, wer die entscheidenden Impulse für den Besuch der Delegation in die Wege geleitet hatte: Neben staatlichen Vertreter gaben hohe orthodoxe Geistliche den Ton an und stellten alle anderen schon durch ihr imposantes Auftreten in den Schatten.

## Auf dem Weg zur staatlichen Einheit

Vier Tage politischer Gespräche lagen hinter uns, die uns in das Zentralkomitee der KPdSU und den Kreml geführt hatten. Die Delegation aus Mainz hatte ihr eigenes Programm absolviert. Jetzt trafen wir sie zum gemeinsamen Rückflug wieder. Meine Reisegruppe und ich zogen uns in die vordere Kabine des Flugzeuges zurück, und ich fasste die wesentlichen Erkenntnisse der Gespräche noch einmal zusammen. Unsere wichtigsten Gesprächspartner waren der sicherheitspolitische Berater des sowjetischen Generalsekretärs Michail Gorbatschow, Marschall Sergej F. Achromejew, sowie der frühere russische Botschafter in Bonn und jetzige Leiter der internationalen Abteilung des Zentralkomitees der KPdSU, Valentin M. Falin, gewesen. Das Ergebnis nahm uns alle noch immer gefangen, wir konnten die Dimension dessen, was wir gehört hatten, kaum fassen, und mir kam nur schwer über die Lippen, was wir jetzt mitnehmen durften. Alles deutete darauf hin, dass eine entscheidende Weichenstellung im Gange war und wir in absehbarer Zeit mit einer völlig veränderten Lage für Deutschlands zu rechnen hatten: Sowohl Marschall Achromejew als auch Valentin Falin sprachen offen von der Möglichkeit, dass die staatliche Einheit unseres Landes demnächst wiederhergestellt werde. Während sich die deutschen Botschaftsdiplomaten diesbezüglich zurückhielten, vielleicht aus Angst vor Überinterpretation, zeigten sich die sowjetischen Gesprächspartner nüchtern in der Darstellung der objektiven Lage, in der sich das russische Imperium unter anderem wegen des kräftezehrenden Afghanistan-Krieges befand. In der Erinnerung hat sich mir ein Satz von Valentin Falin eingebrannt, mit dem er versuchte, die Situation zu beschreiben: Die Sowjetunion sei »*am Ende*«, so Falin. Man werde uns die ganze »*Armut vor die Füße kippen. Und wenn Sie es mit der DDR schaffen, dann können wir es auch schaffen, die herabgewirtschaftete Lage der Sowjetunion zu verbessern.*«

Beim Besuch in Moskau standen mir stets die Bilder aus Budapest und Prag vor Augen. Die ungarische Regierung hatte den Grenzzaun zu Österreich niederreißen lassen. Die Menschen aus der DDR machten sich auf den Weg zu uns in den Westen. Der Eindruck, dass sich in Kürze Entscheidendes tun sollte, drängte sich fast zwangsläufig auf. Merkwürdig war – dennoch sprach in der deutschen Botschaft niemand die Frage nach der Wiedervereinigung direkt an. Wir hatten das Gefühl, dass die Thematik aus einer nicht genau definierbaren Sorge und einer gewissen Scheu umschifft wurde. Allerdings verwies man uns auf die Notwendigkeit, an die vor uns liegenden Herausforderungen mit Umsicht heranzugehen.

Wir waren uns auf der Rückreise am 2. Oktober 1989 schnell einig: Die deutsche Einheit stand geradezu vor der Türe. Und der Bundeskanzler wusste darum, es war Thema seiner Gespräche mit Generalsekretär Michail Gorbatschow im Juni gewesen. Das politische Bonn aber sowie die deutsche Öffentlichkeit waren in der Regel ahnungslos, zumindest schien es einfach noch »so weit weg«. So dachten viele, auch wenn sie die Ereignisse auf den Fernsehschirmen atemlos verfolgten. Bei unseren gemeinsamen Überlegungen auf dem Rückflug kamen wir überein, die in Moskau gewonnenen Erkenntnisse nur sehr dosiert öffentlich bekannt zu machen. Auch die beiden Journalisten Alfred Kranz und Gerhard Deckl wollten von der staatlichen Einheit Deutschlands weiterhin als einer Möglichkeit sprechen – was zu jener Zeit durchaus noch als provokativ gewertet werden konnte –, um die Entwicklung in der DDR, welche sich anhand der Montagsdemonstrationen in Leipzig und anderen Städten zeigte, nicht zu behindern. Wir überlegten uns an Bord der Maschine, wie jedes spekulative Wort nationale Interessen so kurz vor dem Ziel gefährden könnte. Kranz und Deckl behielten also die Dinge, die sie in Moskau erfahren hatten, vorerst für sich, obwohl der sensationelle Charakter höher nicht hätte sein können.

Bei der *Neuss-Grevenbroicher Zeitung* lag ohnehin ein Sonderfall vor. Sie gehörte zum Verbund der in Düsseldorf erscheinenden, deutlich größeren *Rheinischen Post*. Obwohl ansonsten eher mit lokaler Berichterstattung befasst, hatte sie bei außenpolitischen Themen, vor allem was globale sicherheitspolitische Fragen anbetraf, die Nase vorn.

Zwei Jahre zuvor, 1987, als ich mich in meiner damaligen Funktion als Verteidigungspolitischer Sprecher der CDU/CSU-Bundestagsfraktion in Moskau und Leningrad aufgehalten hatte, war dies der erste Besuch eines westlichen Sicherheitspolitikers in den russischen Metropolen. Anschließend traf ich mit der Bonner Presse zusammen. Das mediale Interesse war so groß, dass wir dafür den Fraktionssaal der CDU/CSU nutzten. Die Gespräche mit sowjetischen Regierungsvertretern, Angehörigen des Generalstabs und des Zentralkomitees hatten bei mir den starken Eindruck hinterlassen, dass die Sowjetunion gewillt sein könnte, die Beziehungen zu Bonn auf eine grundsätzlich neue Grundlage zu stellen, allerdings, so sagte ich, *»ohne die DDR sofort zur Disposition zu stellen«.* Zu gut war mir auch später noch die verblüffte Frage des Bonner Korrespondenten der sowjetischen Zeitung *Iswestija* in Erinnerung: Wie das »sofort« in Zusammenhang mit der DDR zu verstehen sei und ob ich wirklich damit rechne, dass die Sowjetunion ihren treuesten Verbündeten in Mitteleuropa aufgeben würde. Die westdeutschen Pressevertreter im Saal zeigten ebenfalls deutliche Skepsis gegenüber meiner Darstellung, wie sie ihr sowjetischer Kollege formuliert hatte. Dass meine Einschätzung auf Gesprächsergebnissen mit hochrangigen sowjetischen Gesprächspartnern beruhte, wurde offenbar ignoriert und meine Glaubwürdigkeit trotzdem angezweifelt.

Damals hatte ich noch kein Regierungsamt inne, sondern war seit 1985 Vorsitzender der Arbeitsgruppe Verteidigung der CDU/CSU-Bundestagsfraktion, welche sich aus Abgeordneten zusammensetzte, die sich aus den unterschiedlichsten Gründen für Verteidigungs- und Sicherheitspolitik interessierten, darunter ehemalige Angehörige der Bundeswehr, Berufs- oder Reservesoldaten, sowie Abgeordnete mit bedeutenden militärischen Anlagen in ihrem Wahlkreis bzw. engerer Anbindung an rüstungsindustrielle Unternehmen. In dieser Zeit arbeitete ich zudem eng mit dem Fraktionsvorsitzenden Alfred Dregger zusammen, der als ehemaliger Offizier der Deutschen Wehrmacht während des Zweiten Weltkrieges mit militärischen Überlegungen bis ins Detail vertraut war. Für ihn war es selbstverständlich, jüngere Parlamentskollegen wie Jürgen Todenhöfer und mich auf Reisen nach Washington oder Paris mitzunehmen, zu Treffen mit dem amerikanischen Präsidenten Ronald Reagan oder den französischen Außenministern Roland Dumas oder Jean-Bernard Raimond am Quai d'Orsay stattfand. Dregger hatte ein gutes Gespür dafür, wie trotz der Teilung unseres Landes nationale deutsche Interessen gewahrt werden konnten, auch im internationalen Rahmen gesehen. Und er band die Erkenntnisse der Kollegen, die im weiten Feld der Außenpolitik zusammenarbeiteten, intensiv in seine Überlegungen ein. Jeglichen Argumenten gegenüber war er aufgeschlossen, ließ sie auf sich wirken und war souverän in der Lage, sich anderen Vorstellungen anzuschließen. In meiner 33 Jahre währenden Fraktionsarbeit sollte das fast eine Ausnahme bleiben.

Aufgrund der Brisanz von Sicherheits- und Verteidigungspolitik in diesen Jahren war ich ein gefragter Gesprächspartner der Presse. Unerwünschte Reaktionen auf meine Aussagen konnten noch zum kalkulierten Risiko eines verteidigungspolitischen Sprechers gezählt werden und führten bestenfalls in der Arbeitsgruppe Verteidigungspolitik zu Diskussionen. Die erste Reise in die Sowjetunion wurde dort äußerst kritisch gesehen. Das lag einmal daran, dass nur einige Kollegen mich begleiten konnten, was einen gewissen Neid bei den anderen zur Folge hatte. Bei aller Abneigung den Sowjets und vor allem der Roten Armee gegenüber: Bei dem Besuch wäre jeder gerne dabei gewesen. Zuvor aber verwehrten sich viele gegen Gespräche mit den Sowjets, unterstützt vonseiten der NATO, in deren Reihen Stimmung gegen unsere Reise gemacht wurde. Heiter war das alles nicht, aber in meinen Augen bot sich hier eine Riesenchance für die Zukunft.

Tatsächlich erwies sich der Besuch als eine der ersten und im Nachhinein glänzenden Möglichkeiten, den beginnenden Umbruch bei einer Weltmacht zu beobachten. Ich traf plötzlich auf Menschen, die sich für mich nachvollziehbar zu Sachfragen aus einem anderen Blickwinkel äußerten. Auch sie hatten Familie und Kinder und sorgten sich wie jeder andere um deren Zukunft. Zudem bekam man in Moskau wie in Leningrad schon mit, was an staatlicher Verkrustung da war. Dennoch bemühten sich die Menschen, auch die in hohen staatlichen Funktionen, um einen Austausch auf politisch-intellektuellem Niveau. Uns wurde nichts vorgemacht, wir konnten uns selbst ein Urteil bilden, uns in die russischen Gesprächspartner hineinversetzen und ihr Denken nachvollziehen. Heute, gut 30 Jahre später, wird schmerzlich bewusst, wie wenig wir aus diesem Potenzial gemacht haben. Stattdessen wird wieder alles unternommen, Russland von uns zu separieren. Die Titelbilder amerikanischer Magazine präsentieren erneut jene Form angelsächsischer Propaganda, die uns Deutschen aus der Zeit vor dem Ersten Weltkrieg und danach bekannt vorkommen sollte. Wie vertrauensvoll indes Unternehmen in Russland und Deutschland noch bis 2014 zusammenarbeiten konnten, zeigt sich an dem bedeutenden wehrtechnischen Unternehmen »Rheinmetall« aus Düsseldorf, das unmittelbar davor stand, ein hochmodernes Gefechtsführungszentrum für die Rote Armee fertigzustellen, als die Welle antirussischen »Agitprops« über die deutsche Industrie sowie die Staaten in der Europäischen Union wegen des vom Westen betriebenen Putsches in der Ukraine hereinbrach.

Wie anders war die Entwicklung noch im Jahr 1987! Es begann eine Epoche, die später sowohl Helmut Kohl als auch Marschall Achromejew zu der Aussage veranlasste, »ein neues Kapitel in den Beziehungen zwischen Russland und Deutschland« aufschlagen zu wollen. Das war auch Kohls Absicht gegenüber Serbien, bevor diese Bemühungen durch den NATO-Krieg gegen Belgrad 1999 zunichte gemacht wurden. Das neu zu schreibende Kapitel in der Geschichte nahmen beide Persönlichkeiten sich sehr zu Herzen: der hochdekorierte sowjetische Marschall, der als junger Mann die Blockade Leningrads überlebte, und der Bundeskanzler, der seinen Bruder im Krieg verlor. Dasselbe galt auch für Helmut Schmidt. Wieder und wieder beklagte er, dass die heutigen staatlichen Führungspersönlichkeiten mangels eigener Erfahrung so gar keine Konsequenzen aus dem Zweiten Weltkrieg zu ziehen bereit seien. Die medial vermittelte Geringschätzung gegenüber Russland blendet aus, was sich etwa anhand der ergreifenden Eröffnungsveranstaltung und beim Finale der Olympischen Winterspiele 2014 in Sotchi zeigte: Die Darstellungen der kulturellen Höhepunkte des russischen Nachbarn machten doch für jeden, der es sah, deutlich, wie sehr Russland dazugehört und in welchem Maße es eine kulturelle Bastion ist in einem Europa, das am Ende des Kalten Krieges die Hoffnung haben konnte, in einem »gemeinsamen europäischen Haus« leben zu können.

Der Verdacht drängt sich auf, dass jenes Kapitel in dem Geiste, der die deutsche Wiedervereinigung erst möglich gemacht hatte, nicht zu Ende geschrieben werden darf. Stattdessen scheint es eine »Akte Moskau« zu geben, in der alles gesammelt wird, was gegen die Russische Förderation »in Stellung gebracht« werden kann, ob es nun gerechtfertigt ist oder nicht. Erneut stehen heute westliche Panzer 150 Kilometer vor St. Petersburg! Wer mag im Westen glauben, dass dies die Menschen dort nicht an die Belagerung Leningrads erinnert und ihnen entsprechend Angst einjagt? Sollen wir wirklich wieder diesen Weg in die Feindschaft antreten, weil es den Planern in Washington gefällt und unsere Regierung zu schwach ist, sich deren Monopolanspruch entgegenzustellen?

Ende September 1989 war die Lage deshalb anders, weil jedes Wort auf die Goldwaage gelegt wurde, da es zu erheblichen Problemen für die Regierung hätte führen können. Walter Englisch, Mitarbeiter der Fraktionspressestelle, hatte auch mir immer wieder eingeschärft, äußerst korrekt gegenüber der Presse aufzutreten. Doch habe ich es in den Jahrzehnten meiner oftmals engen Zusammenarbeit mit Journalisten nur in einem einzigen Fall erlebt, dass aus einem Hintergrundkreis Überlegungen von mir nach außen gedrungen sind, mit dem Ziel, es bei der bisherigen Dauer des Wehrdienstes zu belassen, obwohl sich alle Eckdaten für junge Staatsbürger auf der politischen Seite geändert hatten. Dem Doyen der Bonner Journalisten in der Person des Chefredakteurs der *Rheinischen Post,* Joachim Sobotta, etwa war es zu verdanken, wenn offene Worte hinter verschlossenen Türen blieben. So war es möglich, politische Themen, über die erst nachgedacht wurde, bevor Entscheidungen fielen, zu erörtern und die Schwachstellen auch mit kenntnisreichen Pressevertretern zu besprechen.

## Zu Besuch in Moskau

Es war schon ein besonderes Gefühl, als wir am 28. September 1989 auf dem Flughafen Scheremetjewo die Maschine am Sonderterminal für die sowjetische Regierung verließen. Nach dem Empfang durch die hochrangigen Vertreter der russisch-orthodoxen Kirche ging es mit bereitgestellten Limousinen auf einer überbreiten Autobahn mit wenigen Fahrzeugen darauf – der Bau geht auf eine Entscheidung Stalins zurück, deren Sinn damals beim besten Willen niemand begriff – schnell in unser Hotel in der Innenstadt. Beim heutigen Dauerstau auf Moskauer Straßen meint man allerdings, dass Stalin ruhig noch etwas zukunftsbewusster hätte planen können. Beim letzten Besuch im Dezember 2015 gemeinsam mit meinem Sohn Markus dauerte die Fahrt fast zwei Stunden, während man früher in gut 30 Minuten vom Flughafen am Roten Platz sein konnte. Aus Besuchen in Tokio in den 1990er-Jahren und danach wusste ich indes, was es bedeutet, mehrere Stunden im Stau auf innerstädtischen Autobahnen festzustecken.

Unsere Delegation kam bald an den »spanischen Reitern« auf der rechten Seite der Autobahn vorbei, die man dort in Erinnerung an den Vormarsch der Wehrmacht errichtet hatte. Von hier aus brauchten wir damals noch mehrere Kilometer, um das Stadtgebiet Moskaus zu erreichen. Heute, im Jahr 2016, hat sich die Hochhausbebauung weit über das Denkmal hinaus vorgeschoben. Wieder und wieder sieht man bei der Zufahrt vom Flughafen in die Stadt ganze Familien, die sich an dem Denkmal einfinden, um Blumen niederzulegen. Ein Anblick, der mich stets daran erinnert, wie nah den Menschen in Russland die Geschehnisse des Zweiten Weltkrieges noch immer sind. Dennoch: Im Jahr 1987 gerieten wir am frühen Nachmittag im

Hotel »Sowjetskaja« unweit der Moskauer Gedenkstätte in eine Betriebsfeier, die dort stattfand: Heiterkeit pur und richtige Feierlaune. Die Tische bogen sich unter gutem Essen, reichlich Wodka- und anderen Getränkeflaschen. Schnell stellten die Anwesenden fest, woher wir kamen, und sofort wurden wir gebeten, an einem der Tische Platz zu nehmen. Wir glaubten unseren Ohren nicht zu trauen, als ein Toast nach dem anderen auf Deutschland und uns Deutsche ausgebracht wurde. Erfahrungen, die man bis heute trotz sehr veränderter Umstände machen kann. Ende September 1989 leuchtete ein strahlend blauer Himmel über der Stadt, unser Hotel in der Nähe des Roten Platzes war in das Licht einer milden Herbstsonne getaucht. Die freundliche Atmosphäre half über manches Manko hinweg, was eine Metropole dieser Größe und Bedeutung noch attraktiver gemacht haben würde. Jahrzehnte später, als ich auf der weit ausholenden Terrasse des »Ritz-Carlton Hotels« mit seinem wunderbaren Blick über Moskau saß, war hier alles anders, Wie Tokio, Peking und Shanghai, London, Paris sowie New York ist Moskau ein »Muss« geworden für jeden, der die Welt beurteilen will.

Gemeinsam mit der Delegation aus Rheinland-Pfalz bezogen wir unsere Zimmer im »Hotel Rossija« in unmittelbarer Nähe zum Roten Platz. Wenige Tage zuvor war die Unterkunft in der Reisebeilage einer deutschen Tageszeitung wegen seiner schieren Größe noch als »*Grabmal des unbekannten Touristen*« bezeichnet worden. Heute gähnt dort eine riesige Baulücke, angeblich aus Restitutionsgründen, was die Eigentumsverhältnisse an diesem Areal betrifft. Präsident Wladimir Putin ist offenkundig bestrebt, ehemals vorhandene Kirchen auf dem Kreml-Gelände wieder errichten zu lassen, um den alten Glanz in die Moderne zu übertragen. Das ehemalige Rossija-Gelände bietet sich für große Würfe am Roten Platz geradezu an.

Das im Hotel benutzte Reinigungsmittel stellte damals den Einheitsgeruch im gesamten Ostblock dar – es roch durchdringend auf allen Gängen und in allen Zimmern, worauf eine in jeder Etage stationierte Dame ein gestrenges Auge warf. Daran mussten wir uns erst gewöhnen. Die zentrale Lage machte es möglich, dass meine Frau und ich uns gleich am ersten Abend den weltberühmten Roten Platz ansehen konnten. Ursprünglich war für uns das »Hotel Sowjetskaja« vorgesehen gewesen, das ich vom ersten Besuch in Moskau 1987 kannte und in dem sich Moskowiter trafen, die es sich leisten konnten. Die Unterbringung brachte seinerzeit Fahrten mit innerstädtischen Bussen mit sich, wodurch wir einen Blick ins tägliche Moskauer Leben zu erhaschen vermochten. Das, was uns auf Anhieb auffiel, das waren die gut gekleideten und gepflegt aussehenden Moskauerinnen. Im geradezu krassen Unterschied dazu gaben sich die Männer. Wir konnten kaum glauben, dass beide aus der gleichen Stadt kamen. Heute ist das öffentliche Erscheinungsbild in der Innenstadt von einer Eleganz geprägt, die schier unglaublich scheint.

Im »Hotel Rossija« war es anders. Renate und ich hatten ein kleines Apartment, die Fenster gingen auf eine kleine ockerfarbene Kirche mit golden glänzenden Kuppeln hinaus. Sie verstellte uns aber nicht den Blick auf den Roten Platz und die Kremlmauern. Für die sowjetischen Organisatoren gehörten wir formell zur Delegation aus Rheinland Pfalz, für die Mahlzeiten war folglich gesorgt. Andere mussten sich danach umsehen. Unser Dolmetscher vom Bundessprachenamt Herr Schröder war in der Sowjetunion geboren und nach seiner Ausreise noch als kleines Kind zum ersten Male wieder hier. Schon auf dem Flughafen blühte er förmlich auf, nicht nur sprachlich schien er in seiner Heimat gelandet zu sein. Im übergroßen Speisesaal des Hotels wurden Schröder und ich vorstellig, um nachzufragen, wann wir zu den Mahlzeiten erscheinen sollten. Sprachlich konnten die Angestellten ihn nicht von einem Einheimischen unterscheiden. Entsprechend wäre er wohl abgefertigt worden, wäre ich nicht hinzugetreten – ein »Westmensch« musste erst neben ihm stehen, damit er mit seinem Anliegen ernst genommen wurde.

Die Delegation aus Mainz haben wir während des gesamten Aufenthaltes nicht mehr gesehen. Dafür wurden wir an einem Abend ganz unerwartet in eine Feier einbezogen. Wie üblich blieben mehrere hundert Sitzplätze im Speisesaal unbesetzt, obwohl drei unterschiedliche Hochzeitsgruppen anwesend waren. Eine dieser Gruppen von rund zwanzig Personen saß zwei Tischreihen von uns entfernt. Zunächst konnten wir über den Anlass der Feier nur rätseln, da es sich augenscheinlich um Gäste im fortgeschrittenen Alter handelte. Unsere dann überbrachten guten Wünsche lösten unmittelbar eine überschwängliche Herzlichkeit aus. Im Mittelpunkt der Feier stand nicht das nicht mehr ganz junge Hochzeitspaar, sondern eine alte Frau. Sie sah abgearbeitet aus und hatte einen verhärmten Gesichtsausdruck. Eine unbeugsame Haltung zeichnete sie aus. Sie machte uns darauf aufmerksam, dass die Braut, ihre Tochter, und sie von der Wolga stammten. Dem frisch angetrauten Bräutigam war Deutschland bestens bekannt. Er und die anderen Gäste waren Kampfpiloten bei der Westgruppe der sowjetischen Truppen in Sachsen gewesen. Die Herzlichkeit, mit der sie alle uns begegneten, war überwältigend. Die Gedanken über das friedliche Zusammenleben der Völker, welche uns die Frau von der Wolga mit auf den Weg gab, blieben uns noch lange im Gedächtnis.

## Gespräche mit sowjetischen Vordenkern

Zwischen dem »Hotel Rossija« und dem Kreml lagen nur wenige hundert Meter, aber es waren Welten. Hier die Geschäftigkeit mit ständigem Kommen und Gehen und dort die gelassene Ruhe eines Machtzentrums. Überall in dem großen Gebäude war es unwirklich ruhig, keine Menschenseele breit und breit. In einem der oberen Stockwerke im Dienstsitz des sowjetischen Generalsekretärs wurden wir über schier endlos erscheinende Flure in ein schmuckloses Besprechungszimmer geführt, wo Achromejew bereits auf uns wartete, neben ihm lediglich ein Dolmetscher.

Es waren mehrere Umstände, die mich sehr neugierig machten. Zunächst einmal war da die Tatsache, dass manch einer der Programmpunkte unseres Besuchs – etwa Gespräche mit anderen bedeutenden Personen – gestrichen worden war, während der Termin mit dem Sicherheitsberater Marshall Sergej F. Achromejew ein Fixpunkt blieb. Hier konnte ich davon ausgehen, genügend Zeit zur Verfügung zu haben, um Themen von beiderseitigem Interesse behandeln zu können, während es in westlichen Hauptstädten üblich war, sich nur für dreißig Minuten zu treffen und den Bemühungen eines Dolmetschers viel Aufmerksamkeit zu schenken. Mein jetziges Gespräch sollte da eine neue Erfahrung werden.

Im Jahr 1987, als ich Gespräche mit Angehörigen des sowjetischen Generalstabs führte und die Taman Division besuchte, waren die Generale und Admirale nicht ohne Nervosität gewesen. Gespräche mit westlichen Politikern waren eben ungewöhnlich, vielleicht mangelte es einfach an einer entsprechenden Erfahrung. Damals jedenfalls schien es den Offizieren schon etwas schwerzufallen, mit Zivilisten zu sprechen. Ich kann nicht leugnen, welche Schwierigkeiten es den Vertretern einer der weltweit stärksten Militärmächte und der Siegermacht des Zweiten Weltkrieges bereitete, sich in einer von Argumenten bestimmten Diskussion mit einem deutschen Nichtsoldaten messen zu müssen. Es gab aber zu jener Zeit in Moskau Kräfte, die ihren eigenen Armeeangehörigen das abverlangten.

Die Treffen mit den Militärs standen im krassen Gegensatz zu den erfrischenden Diskussionen mit zwei dynamischen Professorinnen, die wir damals in zwei Instituten mit Weltgeltung, Bogumolow und Arbatow, führten. Die beiden namengebenden Vordenker genossen auch bei uns im Westen einen hervorragenden Ruf, weil sie auf Öffnung und nicht auf Abschottung setzten. Sie wurden für unabhängig genug gehalten, arbeiteten aber im direkten Auftrag des Generalsekretärs. Sie leisteten eine vorzügliche Arbeit auf im Wesentlichen zwei Gebieten: der politischen Erneuerung sowie der wirtschaftlichen Gestaltung einer von Grund auf veränderten Sowjetunion. In den Gesprächen 1987 haben wir uns auf beiden Seiten nichts geschenkt. Auffallend war, dass die Diskussion bester europäischer Tradition entsprach. Moskau zeigte sich intellektuell sehr aufgeschlossen. Fast konnte man dabei vergessen, wo wir gerade saßen, als wir über die landwirtschaftlichen Probleme in der Kölner Bucht oder den rheinischen Braunkohleabbau redeten. Die beiden Dozentinnen kannten sich in meiner Heimat am Gillbach und an der Niers genau aus. Das war für uns die interessanteste Erfahrung in der Hauptstadt der sozialistischen Welt: Nicht nur die Professorinnen erweckten den Eindruck, über politische und ökonomische Hintergründe unseres Landes bestens informiert zu sein. Doch kannten sie auch keine Zurückhaltung, über strukturelle Fragen in ihrem eigenen Land mit uns zu reden. Nach diesen Gesprächen haben wir uns gefragt, warum wir uns nicht regelmäßig mit ihnen austauschen sollten.

## Taman – eine russische Kaserne öffnet ihre Tore

Der Besuch bei der sowjetischen Division Taman aber war der Hit. Unser Bild vom »Russen« geriet hier erheblich ins Wanken. Keine Spur von Nervosität, auch nichts davon, einer sachlichen Auseinandersetzung am liebsten aus dem Weg gehen zu wollen. Wir fuhren über eine gut ausgebaute Straße an den Außenbezirken Moskaus vorbei in eine ländlich anmutende Gegend mit weiten Birkenwäldern und intensiv genutzten landwirtschaftlichen Flächen. Wie auch bei westlichen Kasernen zweigte der Weg zur Wache eher unauffällig von der Hauptstraße ab.

Nach Aussage unseres Militärattachés in Moskau, Brigadegeneral Wetter, war die Kasernenanlage westlichen Besuchern zwar im Rahmen von Abrüstungs- und Rüstungskontrollverhandlungen schon einmal gezeigt worden, allerdings sei zu keinem Zeitpunkt ein Soldat zu sehen gewesen, und deren Unterkünfte habe man ebenfalls nicht zu Gesicht bekommen. Und selbstverständlich seien keine Fotos gemacht worden. Bei meinem Besuch war alles anders. Schon beim Betreten der Kasernenanlage wurden wir gebeten, nach Her-

Besuch der Taman-Division bei Moskau 1987: Udo Ehrbar, Bernd Wilz und Willy Wimmer mit dem zuständigen Politoffizier (vorne v. li. n. re.)

zenslust alles zu fotografieren. Keine Frage, besonders das blank gewienerte militärische Gerät, die leistungsstarken Artilleriegeschütze und die mit einer Reaktivpanzerung versehenen T-72-Panzer, waren beliebte Objekte. Die gesamte Anlage machte einen sehr gepflegten Eindruck. Allerdings erfuhren wir durch den politischen Offizier der Division, Armeeoberst Kurtschin, dass wir hier das Gelände einer besonders herausgehobenen Division besuchten. Wir sollten aber nicht denken, dass es überall so ordentlich aussehe. Für uns war diese Anmerkung etwas befremdlich, denn bei der Bundeswehr wäre doch jeder Divisionskommandeur stolz gewesen, wenn die Besucher sich lobend über den Zustand des Geländes äußerten.

In der langen Vorbereitung unseres Besuches hatte ich die sowjetischen Gastgeber immer um den Besuch bei der Truppe gebeten, um mit Soldaten aller Dienstgrade sprechen zu können. Zur Überraschung unseres Militärattachés fand das tatsächlich statt – und zwar in großer Runde. Zudem erlebten wir Soldaten bei der Formalausbildung, was sich später in sowjetischen Kasernenanlagen in Deutschland stets wiederholen sollte. Aus erzieherischen Gründen waren große Bildtafeln mit einzelnen Bestandteilen des Drills an den Rändern der Ausbildungsplätze angebracht. Der Eindruck war nicht von der Hand zu weisen, dass es sich hier auch um eine übende Ballettgruppe handeln könnte. Für uns, die wir mit einer eher nüchtern auftretenden Armee vertraut sind, war dies ein ungewohntes Bild.

Der Raum, in dem wir dann mit einer Gruppe sowjetischer Soldaten in Kompaniestärke zusammenkamen, war klein, er wirkte überfüllt. Vielleicht war es gerade die Atmosphäre, die dadurch zustande kam, welche eine sehr offene Diskussion zustande brachte. Das war eine Sensation! Armeeoberst Kurtschin stellte in bemerkenswert ruhiger Art sicher, dass unsere Fragen auch durch diejenigen Soldaten beantwortet wurden, an die wir sie gerichtet hatten, und nicht durch deren Vorgesetzte, sonst gängige Praxis bei den sowjetischen Streitkräften. Kurtschin hingegen ließ vorgestanzte Antworten nicht zu. Man wollte offenbar ein völlig ungezwungenes Gespräch erreichen. Ein Truppenbesuch bei der Bundeswehr hätte auch nicht besser ablaufen können.

Vieles von dem, was wir jahrelang über die innere Verfassung der sowjetischen Seite nicht hatten in Erfahrung bringen konnten, wurde uns an diesem Abend in allem Freimut mitgeteilt. Von Soldaten übrigens, die wegen ihrer offenen Gesichter sehr sympathisch wirkten. Der geringe Wehrsold von fünfzehn Rubel pro Monat, die Einschränkung, Besuch nur in einem Besucherzimmer zu bestimmten Zeiten empfangen zu können – das alles wurde uns offen gesagt. Kaum ein Soldat, der uns nicht davon berichtete, wie sehr er unter der Trennung von seiner Familie litt. Urlaubsmöglichkeiten gab es fast nicht. Die Darstellung war schonungslos offen. Die Soldaten schütteten vor ihren Vorgesetzten ihre Herzen aus. Nach mehr als zwei Stunden Gespräch hatten wir eigentlich keinen Zweifel mehr, wie negativ sich eine straffe Kasernierung und Reglementierung auf die Soldaten in derart geführten Streitkräften auswirken musste. Gerade in einer Gesellschaft wie der sowjetischen, in der die Rolle der Mutter in der Familie von so großer Bedeutung ist, bleibt die lange Abwesenheit junger Wehrpflichtiger nicht ohne Auswirkungen. Zu Hause wird der junge Mann nach Möglichkeit behütet und anschließend in der Armee faktisch für Jahre weggeschlossen. Und das in einem militärischen Umfeld, das oft genug mit Schikanen beschrieben wird.

Kritisch wurde es in dieser großen und lebhaften Gesprächsrunde nur bei einem Thema, der sowjetischen Invasion und dem Krieg in Afghanistan, der damals noch blutig tobte. Das war zu erwarten und konnte nicht ausbleiben. Fast alles drehte sich um die eine Frage: Was würde es für das Selbstwertgefühl der sowjetischen Streitkräfte bedeuten, wenn man in Afghanistan jene Erfahrung machen sollte wie die Vereinigten Staaten in Vietnam oder das Deutsche Reich mit seiner Wehrmacht? Die Antworten haben uns nicht wirklich überrascht, man erzählte uns

■ *Erstaunlich freimütig: Eine der ersten erlaubten Fotografien aus einer sowjetischen Division nach dem Zweiten Weltkrieg*

etwas von der »internationalistischen Pflicht«. Jahre später konnte ich am Vorabend des völkerrechtswidrigen Krieges gegen Jugoslawien in privaten Gesprächen in Bonn Argumente von ähnlicher »Güte« und »Überzeugungskraft« hören: Nach der bedingungslosen Kapitulation 1945 und entsprechenden Auswirkungen auf das Selbstwertgefühl deutscher Streitkräfte müsse sich die Bundeswehr an einer Auseinandersetzung militärischer Art auch deshalb wieder beteiligen, um endlich einmal wieder zu den Siegern zählen zu können.

■ Orientierungslosigkeit war spürbar

In Moskau hörte ich, dass es eine Lehre beim Einsatz des Militärs zu beherzigen gebe: Wenn es darum gehe, das eigene Land zu verteidigen, sei die Moral der Soldaten so ausgeprägt, dass man sie kaum besiegen könne. Oft genug werde im heutigen Russland darüber diskutiert, was eigentlich 1941 geschehen wäre, hätte die Sowjetunion das Deutsche Reich angegriffen und nicht umgekehrt. Viele seien davon überzeugt, dass dann die Wehrmacht jeden Feind besiegt haben würde, weil es sich um eine ausgezeichnete Armee gehandelt habe, welche in dem Fall die eigene Heimat verteidigt hätte. Das sei auf der anderen Seite die Triebfeder für die Millionen Soldaten der Roten Armee aus allen Völkerschaften der damaligen Sowjetunion nach dem Angriff des Deutschen Reiches auf ihr Land gewesen. In einer Zeit, in der zwischen Mali und Afghanistan deutsche Soldaten im militärischen Einsatz stehen, sollte man diese Überlegungen über die Moral der Streitkräfte bedenken.

Unter dem Krieg hatte die Sowjetunion fürchterlich gelitten – fast keine Familie, die nicht infolge des stalinistischen Terrors und des Angriffs NS-Deutschlands Familienangehörige zu beklagen hatte. Bis heute fällt mir in Russland immer wieder auf, wie mitfühlend über die Opfer beider Seiten gesprochen wird. Auch in der Taman Division sah man offensichtlich keinen Grund, uns als Vertreter des ehemaligen Kriegsgegners schlecht zu behandeln oder die Deutschen in Artefakten ihres kleinen Divisionsmuseums herabsetzend darzustellen, trotz der Schrecken des Krieges, welcher ihr Land in so furchtbarer Weise heimgesucht hatte. Ab dem Herbst 1990 konnte ich das wieder und wieder erleben, wenn ich sowjetische Militäreinrichtungen in Deutschland besuchte. In jenen Monaten, in denen ich mich in enger Abstimmung mit Verteidigungsminister Gerhard Stoltenberg um ein gedeihliches, wenn nicht gutes Verhältnis zu den in Deutschland noch stationierten sowjetischen Einheiten bemühte, sprach ich darüber auch mit unserem Fraktionsvorsitzenden Alfred Dregger. Er berichtete mir von Äußerungen eines sowjetischen Offiziers während einer Kranzniederlegung am Alexander-Grab unter-

■ *Kranzniederlegung am Alexander-Grab an der Kremlmauer 1987*

halb der Kreml-Mauer. Während der feierlichen Zeremonie wurde Dregger bedeutet, dass die militärische Ehrerbietung auch dem Gedenken an gefallene deutsche Soldaten diene. Im Herbst 1987 legten wir hier ebenfalls einen Kranz nieder, nachdem wir zuvor auf einem Waldfriedhof unserer gefallenen Soldaten gedacht hatten. Wie es der Zufall wollte, folgte uns eine hochrangige finnische Delegation, der Persönlichkeiten aus dem Sicherheitsbereich angehörten, mit denen wir tags zuvor in Helsinki zu vertraulichen Gesprächen in der Vorbereitung unseres Moskau-Besuches zusammengekommen waren. Wir hatten verabredet, uns unter diesen Umständen keineswegs zu kennen, um keine Rückschlüsse zuzulassen ...

## Marschall Achromejew – ein Sowjet kommt ins Grübeln

Wenn ich mich in Moskau oder anderen Städten des Riesenreiches aufhalte, zieht sich bis heute ein Thema durch alle Gespräche: Es ist die Frage nach den Beziehungen zwischen beiden Völkern, dem russischen und dem deutschen. Dabei habe ich stets das Gespräch mit Marschall Achromejew im Kreml während unseres Besuches in Moskau Anfang Oktober 1989 vor Augen. In seiner Uniform wirkte er fast zerbrechlich. Er wollte so gar nicht in das Klischeebild passen, das bei uns von sowjetischen Generalen und Admiralen in ihren ordensüberhängten Uniformen vorherrschte und bei den Paraden auf dem Roten Platz stets um die Welt ging.

Die Begrüßung war herzlich und nicht von dem bestimmt, was in jenen Jahren beim Anblick hoher sowjetischer Offiziere Unsicherheit heraufbeschwor, zumal bei mir als Zivilisten, der in der Hierarchie des Verteidigungsministeriums an zweiter Stelle hinter dem Minister stand und im Deutschen Bundestag sein Vertreter war. Während des nun folgenden intensiven Gesprächs wurden in aller Offenheit die gegeneinander gerichteten Potenziale und die Schwerpunkte eines kontinental ausgerichteten Militärbündnisses gegen-

Bedeutender Verhandlungspartner im Vorfeld der deutschen Wiedervereinigung: Marschall Sergej F. Achromejew, ehemaliger Generalstabschef der sowjetischen Streitkräfte

über einem Bündnis mit einer Seemacht im Rücken erörtert. Achromejew nahm sich Zeit. Immer wieder habe ich überall auf der Welt feststellen können, wie hoch die Bereitschaft zu einem echten Gedankenaustausch geschätzt wird.

Als ich mich dann innerlich schon auf abschließende Worte vorbereitete, die gemeinhin zum Ende hin gefunden werden, sollte es anders kommen. Denn Marschall Achromejew sprach nun ein Thema an, das ihn offensichtlich sehr berührte. Er stehe – das betonte er nachdrücklich – voll und ganz hinter der Entwicklung, wie sie zwischen dem deutschen Bundeskanzler und dem sowjetischen Generalsekretär bei dessen Besuch im Juni vereinbart worden sei. Er habe als junger Soldat das Ende des Zweiten Weltkrieges erlebt. Damals habe er sich nicht vorstellen können, jemals wieder ein auskömmliches Verhältnis zum deutschen Volk finden zu können. Dennoch habe er nach dem Krieg die deutsche Sprache erlernt und sich mit Deutschland beschäftigt. Heute könne er für sich sagen, dass es in dem gemeinsamen Buch der Geschichte beider Völker nicht nur dunkle Seiten gebe. Während vieler Jahrhunderte hätten die Deutschen immer wieder deutlich gemacht, wie sehr die Russen auf ihre Hilfe zählen konnten. Dieses Bild solle in Anbetracht der objektiven Schwierigkeiten, in die sein Land geraten sei, für ihn auch in Zukunft bestimmend sein.

## Admiral Crowe – Pendant im Pentagon

Dieselben Gründe, die zu dem Gedankenaustausch mit Marschall Achromejew führten, mögen wenige Monate zuvor auch den amerikanischen Generalstabschef, Admiral William Crowe, veranlasst haben, mit mir ein ungewöhnlich langes Gespräch in Washington zu führen. Um dieses Gespräch hatte ich nicht gebeten. Crowe wünschte mich zu sprechen aufgrund meines Verhaltens während der NATO-Übung Wintex/Cimex im Frühjahr 1989, die auf meine Bitte hin von Bundeskanzler Helmut Kohl abgebrochen wurde – ein nie zuvor in der Geschichte der NATO-Mitgliedschaft Deutschlands vorgenommener Schritt.

Die Wintex/Cimex-Manöver fanden seit 1968 alle zwei Jahre statt. Dabei ging man davon aus, dass nach einem mutmaßlichen Angriff des Warschauer Pakts mit konventionellen Truppen ein atomarer Erstschlag vonseiten des Westens zu erfolgen hatte. Während des Verlaufs werden verschiedenen Spitzenbeamten der zuständigen Ministerien besondere Rollen übertragen. Im Frühjahr 1989 übernahm ich die Rolle des »Bundesministers der Verteidigung«. Mir zur Seite stand »Staatssekretär« Hans-Joachim Hildebrand, als »Generalinspekteur der Bundeswehr« der Luftwaffengeneral Jürgen Schnell und als »Chef des Stabes« der Heeresgeneral und spätere Chef der Führungsakademie der Bundeswehr Klaus Reinhardt. Unsere »Regierungsgeschäfte« übten wir im streng geheimen Bunker im Ahrtal aus. Die Besonderheit bestand darin, dass Verfahren zur Entscheidungsfindung zwar erprobt wurden, aber Manövertruppen sich keinesfalls tatsächlich im Lande bewegten. Die deutsche Öffentlichkeit bekam folglich von der Übung nichts mit.

Wir, die Verantwortlichen der NATO-Übung, kannten uns bereits von der ministeriellen Arbeit, als wir unsere Betonzellen bezogen und die Bunkertore sich hinter uns schlossen. Wir verstanden uns auf Anhieb, obwohl wir uns in unterschiedlichen Funktionen zuvor, z. B. im Rahmen von Untersuchungsausschüssen, nicht immer freundlich begegnet waren. Es herrschten ein hohes Maß an Sachlichkeit und ein angenehmer Umgang untereinander. Für zwei Wochen sollten wir hier die Verteidigung des Bündnisgebietes und damit vor allem unseres eigenen Landes konventionell und nuklear planen. Diese Abläufe waren zuvor durch militärische und zivile Mitarbeiter aus den verschiedenen Nationen vorbereitet worden. Gewöhnlich wurden sie dann wenige Wochen oder Monate nach Übungsende in einem deutschen Nachrichtenmagazin oder einigen ausgewählten Tageszeitungen publiziert. Das musste auf unserer Ebene stets bedacht werden. Aus dem realen Bundesministerium der Verteidigung mischte sich niemand in unsere Arbeit ein. Auf der Hardthöhe war man froh, wenn man nicht im kalten Bunker sitzen musste, und neidete uns nicht die Verantwortung. Die Übung begann für mich mit einer Überraschung. Im großen Besprechungsraum des Bunkers lief alles nach Drehbuch, das aber war auf Englisch verfasst, und auch wir sollten Englisch sprechen. Meine erste Amtshandlung war also, auf das Gerichtsverfassungsgesetz hinzuweisen, das Deutsch als Amtssprache bei uns festlegt. Selten habe ich so unmittelbare Zustimmung erfahren. Bis heute muss man damit leben, dass Personen in öffentlichen Ämtern ihre unzulängliche Kenntnis der englischen Sprache gern am lebenden Objekt erproben. Der ehemalige Verteidigungsminister Georg Leber wurde hier immer als abschreckendes Beispiel herangezogen, denn nach einem Crash-Kurs pflegte er auch schwierige Verhandlungen in Washington nicht mithilfe der gemeinhin hervorragenden Dolmetscher zu führen, sondern nutzte das, was er für Englisch hielt. Angeblich war das vor allem bei Rüstungsgeschäften stets zum Nachteil für Bonn.

Zahlreiche nächtliche Telefongespräche in die USA mit dem dortigen »übenden Verteidigungsminister« machten mehr als alles andere deutlich, dass wir unsere Aufgabe nicht als ein pures Durchwinken von Entscheidungen ansahen. Denn diese betrafen durchaus höchst unterschiedliche nationale Interessen. Das galt auch für die Auswahl von Zielen und den Einsatz nuklearer Waffen. Aus den Erkenntnissen des jeweils letzten Manövers dieses Art – in diesem Fall

1987 – wurde im NATO-Hauptquartier in der Nähe von Brüssel, in Mons, das Szenario für die nächste Übung erstellt. Daran wirkten oberste Militärs der Bundeswehr in vollem Umfang mit. Sie hatten nun Dresden und Potsdam als Ziele angegeben. Das führte zu meiner Weigerung, entsprechenden Verfahrensschritten zuzustimmen. Denn ich konnte überhaupt kein Verständnis dafür aufbringen, dass die deutschen Offiziere offenbar nichts dabei fanden, deutsche Städte als Ziel eines Atomwaffenangriffs zu empfehlen.

Was bei Großübungen gemeinhin übersehen wird: Wir führten zunächst konventionell und anschließend nuklear Krieg. Jedem Manöver vorgeschaltet waren Informationen und Diskussionen im sogenannten »Gemeinsamen Ausschuss« über die Annahme, was oder wer auslösender Faktor für die auf einen Krieg zusteuernde Entwicklung sein könnte. Dabei wurden alle Delegierten auf Wunsch der NATO zuvor auf »Herz und Nieren« überprüft. Um auch nur eine Presseschau bei einem Vortrag im NATO-Hauptquartier in Brüssel erleben zu können, wird jeder deutsche Abgeordnete einer Sicherheitsüberprüfung unterzogen, so auch vor Sitzungen des »Gemeinsamen Ausschusses«. Diese Verpflichtung galt übrigens nicht für amerikanische Senatoren oder Mitglieder des Repräsentantenhauses. Was auf der deutschen Seite zu peniblen Untersuchungen führte, hatten Kongressmitglieder auf ihren Schreibtischen liegen, wenn sie ins Amt gewählt wurden. Schon Besprechungen über Annahmen, wie ein Konflikt entstehen und sich im Vorfeld auswirken könnte, waren höchst geheim. Als Grundmuster schien vorgegeben, den Balkan auszuwählen, da sich das Unheil hier am besten entwickeln könne. Darüber hinaus plante man, riesige Flüchtlingsströme quer durch unser Land ziehen zu lassen, weil sich die Menschen aus südlichen Staaten in der Bundesrepublik in Sicherheit bringen würden, soweit jedenfalls die grundlegende Annahme. Davon gingen Bundesregierung und NATO-Spitze damals aus.

Wir, die Verantwortlichen des deutschen Parts von Wintex/Cimex, waren bei allen Abläufen der Übung involviert. Das galt für die

Beratungen des im Bunker tagenden »Gemeinsamen Ausschusses« wie auch für die Übung selbst. Und wir fühlten uns ungeachtet der Übungssituation als Deutsche angesprochen und haben entsprechend gehandelt, als die Atomschläge gegen Dresden und Potsdam einkalkuliert wurden. Über Waldemar Schreckenberger, den Bundeskanzler (üb), bat ich Helmut Kohl, die Bundesrepublik an diesem Teil der Übung nicht mehr zu beteiligen. Das geschah umgehend, und die Entscheidung wurde anschließend durch den *Spiegel*-Redakteur Alexander Szandar und Alfred Dregger öffentlich gemacht.

## Ziemlich gute Freunde: Achromejew und Crowe

Während ich einige Tage später an einem Freitagnachmittag bei Swisttal in der Nähe von Bonn auf die A 61 auffuhr – das war der normale Weg nach Hause –, erreichte mich über das Autotelefon der Anruf eines Referatsleiters aus dem Führungsstab des Verteidigungsministeriums. Der amerikanische Generalstabschef, Admiral William Crowe, so teilte er mir mit, würde es begrüßen, bei meinem nächsten Besuch in Washington zu einem Gespräch mit mir zusammenkommen zu können. Interessant, dachte ich nur, denn hätte ich von mir aus darum gebeten, wäre ein Treffen vermutlich nicht ins Programm aufgenommen worden, obwohl ich Crowe von einem früheren Besuch kannte. Der Anrufer ließ nun keinen Zweifel daran, was der Grund für das Gespräch sei.

Crowe hatte im Pentagon darum ersucht, unser Gespräch unter vier Augen führen zu können. Das war deshalb verständlich, weil sensibelste Themen, etwa die geplanten Strategien im Zusammenhang mit nuklearen Waffen auf deutschem Territorium, behandelt wurden. Ich bat darum, meinen Dolmetscher hinzuziehen zu können. Der junge Mann sollte später zitternd am ganzen Körper den Raum verlassen, weil »das Eingemachte« in den bilateralen Beziehungen auf den Tisch gepackt worden war. Denn der Admiral nahm sich

Zeit und erläuterte die gesamte Strategie der Sowjetunion gegenüber. In dem mehrstündigen Gespräch wich also auch er deutlich von der in Washington üblichen Gepflogenheit ab, es bei höflichen Kurzgesprächen zu belassen.

Ich hatte keinen Zweifel daran, dass beide militärischen Schlüsselpersönlichkeiten, Crowe und Achromejew, sich bei ihren Treffen genauso offen austauschten, wie das jetzt im Pentagon mit mir geschah. Gegen Ende des Gesprächs wurde deutlich, welch hohe Wertschätzung Crowe für den russischen Marshall empfand. Er freute sich sichtlich auf seine nächste Begegnung mit ihm in Moskau. Kurz vor unserem Gespräch – ausgerechnet während der Wintex/Cimex-Großübung – waren beide Herren mit ihren Ehefrauen für zwei Wochen durch die Sowjetunion gereist, und Achromejew hatte seinem amerikanischen Kollegen weite Teile des Riesenreiches gezeigt. Die Reise und die herzliche Atmosphäre untereinander beeindruckten Admiral Crowe noch immer, wie ich feststellen konnte. Man wolle sich gemeinsam der Verantwortung stellen, die beide für die Welt empfanden, so betonte er mir gegenüber. Beim anschließenden Treffen mit Achromejew in Moskau, bei dem wir die europäischen Probleme bis in den globalstrategischen Bereich hinein gründlich besprachen, stellte der Marschall mit einigem Erstaunen fest, wie gut ich doch auf das Gespräch mit ihm vorbereitet sei, woraufhin ich ihn von Crowe grüßte und von unserer Zusammenkunft erzählte. Wo hat es das schon gegeben, dass in einem für Washingtoner Verhältnisse sehr ausführlichen Gespräch ein amerikanischer Generalstabschef mich, einen deutschen Abgeordneten, wenn auch »zweiten Mann der Bonner Hardthöhe«, mit aller Sorgfalt auf das Gespräch mit Marschall Achromejew vorbereitete?

Crowe war bekannt dafür, militärische Kopfbedeckungen aus aller Herren Länder zu sammeln. Er liebte es, für Erinnerungsbilder mit ausländischen Besuchern mit diesen Hüten, darunter jüngste sowjetische Neuerwerbungen, zu posieren. Mit seiner schweren Figur unter einer sowjetischen Fellmütze entsprach er fast eher dem Bild, das man sich gemeinhin von einem Offizier der Roten Armee macht, als dies für Marschall Achromejew galt. Dass zwischen den beiden Spitzenmilitärs eine so deutliche Sympathie herrschte, lag vielleicht auch daran, dass beide ähnliche Ziele verfolgten. Admiral Crowe betonte, seinen Enkeln eine lebenswerte Welt hinterlassen zu wollen. Diesen Wunsch hegte auch sein sowjetischer Kollege. Beide gingen davon aus, dass der sich nur erfüllen kann, wenn es zu einem offenen Dialog und einer fairen Wahrnehmung von Interessen auf beiden Seiten komme.

Beide Herren legten ihre Strategien offen vor mir auf den Tisch. Ihre Waffenarsenale konnte ich indes in ihrer Wirkung nur einschätzen. Wir hatten unsere Panzer, aber diese Mächte, die beide Gentlemen repräsentierten, hatten die strategischen Waffen. Da Deutschland keinerlei Zugang zum interkontinentalen Arsenal besaß, war das für mich eine andere Welt, und im Einsatzfall würde es das Ende bedeuten. Während Wintex/Cimex war offenkundig geworden, dass

Achromejews »Widerpart«: US-Generalstabschef Admiral William J. Crowe (li.) vor seiner Sammlung militärischer Kopfbedeckungen

die Vereinigten Staaten, Meister von Koalitionen für Kriegszwecke, an der Bundesrepublik Deutschland als Faktor im Bündnisgefüge NATO als Gegenpart zum Warschauer Pakt interessiert waren. Bemühungen einzelner europäischer Staaten um Bewegungsspielraum gegenüber Staaten des Warschauer Paktes waren nicht erwünscht oder vorgesehen. Das mochte anders aussehen, wenn es im amerikanischen Interesse lag. Der »Vorhof Europa« musste unter ihrem Einfluss stehen, daran ließ Admiral Crowe bei aller Jovialität keinen Zweifel. Dennoch: Sowohl der amerikanische Admiral als auch der sowjetische Marschall konnten durchaus Vertrauen vermitteln. Beide erweckten bei mir den Eindruck, dass man sie ruhig gewähren lassen könne, ohne dass Schlimmes geschähe. Durch Vertrauen eben – auf beiden Seiten.

Und heute? Eine Generation weiter standen wir 2015 nach dem vom Westen unterstützten Putsch in Kiew und den weiteren Entwicklungen in der Ukraine kurz vor dem Ausbruch eines europäischen Krieges. Ende der 80er-Jahre waren die Signale anders gestellt. Das Treffen zwischen Ronald Reagan und Michail Gorbatschow 1986 in der isländischen Hauptstadt Reykjavik sollte sich als entscheidender Durchbruch in den Beziehungen zwischen den beiden Weltmächten herausstellen. Es ging um die Beseitigung der beiden höchst umstrittenen Raketensysteme SS-20 und Pershing II, die eine gewaltige militärische Hochrüstung auf beiden Seiten hervorgerufen hatten. Es war Marschall Achromejew, der bei den Gesprächen hinter seinem Generalsekretär gesessen und wesentlich dazu beigetragen hatte, ein für beide Seiten befriedigendes Ergebnis zu erzielen.

Bei den in jener Zeit in Wien geführten Abrüstungsverhandlungen kam immer wieder die von sowjetischer Seite gestellte Frage auf, warum nicht auch die maritime Kapazität beider Seiten in die Verhandlungen einbezogen würde. Als Marineoffizier war es Admiral Crowe natürlich auf den Leib geschneidert, das maritime Rückgrat mit der geographischen Lage der USA zu erläutern. In Moskau war es übrigens nicht anders, wenn die Funktion von Landstreitkräften für die Kontinentalmacht Sowjetunion begründet wurde. Ich hatte gerade in Moskau erwartet, in eine intensive Diskussion über die sich daraus ergebenden Probleme auf dem Feld der Abrüstungsbemühungen sowohl auf dem konventionellen Sektor als auch bei den strategischen Waffen einbezogen zu werden. Verständlich war die sowjetische Sorge, dass die Vereinigten Staaten als Seemacht relativ ungeschoren aus den Verhandlungen herausgingen, während die Potenziale der Sowjetunion über die Abrüstung konventioneller Waffen zurechtgestutzt würden. Das Thema wurde von Marschall Achromejew zwar angesprochen, aber nicht vertieft und ganz und gar nicht spektakulär behandelt. Und ich war nicht daran interessiert, diese Überlegungen in den Mittelpunkt zu stellen. Sie waren wenige Jahre später ohnehin obsolet, als sich der Warschauer Pakt von selbst auflöste. In Moskau aber machten wir uns noch Gedanken darüber, welche Mechanismen zwischen Warschauer Pakt und NATO entwickelt werden müssten, um jenes Maß an Vertrauen herzustellen, das in Bezug auf die Nuklearwaffen bereits erreicht worden war.

## Nationale Interessen – auch innerhalb der NATO?

Von hohen Offizieren der NVA, welche Wintex/Cimex damals aufklärten, habe ich später gehört, wie sehr meine Haltung und die folgende Reaktion des Bundeskanzlers vonseiten der Staaten des Warschauer Paktes als regelrechte »Bombe« empfunden worden waren. In der NVA kam damit zum ersten Male der Eindruck auf, dass für Bonn durchaus auch nationale deutsche Kriterien in der NATO eine Rolle spielen würden. Das mag gleichfalls ein Aspekt bei der Zusage, in Moskau mit Marschall Achromejew zusammentreffen zu können, gewesen sein. Und auch für Admiral Crowe war meine Sicht und die daraus resultierende konsequente Entscheidung bezüglich der NATO-Übung kein Problem, er akzeptierte die Präferenz nationaler Belange. Was hätte er sonst auch sagen sollen? Ich hatte im Übrigen nie daran gezweifelt, wie meine Bewertung der Lage in den Vereinigten Staaten gesehen würde. Während meiner Gespräche mit

Mitgliedern des US-Kongresses und hochrangigen Regierungsvertretern habe ich immer wieder erfahren, wie ergebnisorientiert und interessenbezogen man in Washington war. Das konnte man von deutschen Teilnehmern an derartigen Gesprächen nicht unbedingt sagen, sie legten die Karten nicht auf den Tisch und ließen nationale Interessen häufig außen vor.

Trotz natürlich inzwischen vieler Handlungsmöglichkeiten verfügt die deutsche Politik infolge der nachwirkenden bedingungslosen Kapitulation des Jahres 1945 nicht über das volle Maß an Souveränität. Für manchen Politiker oder Beamten bedeutete das, dass sie einem amerikanischen Gesprächspartner nicht unbefangen gegenüberzutreten vermögen, so mein Eindruck nach zahlreichen Dienstreisen vor allem mit Bundestagsangehörigen, die etwa als Soldaten den Zweiten Weltkrieg und die Kapitulation miterlebt hatten, hier konnte man deutliche Unterschiede bei den Kollegen ausmachen. Die Älteren schienen geradezu erleichtert zu sein, von den ehemaligen Kriegsgegnern wieder respektiert zu werden. Die Jüngeren, vielfach in den USA ausgebildet, waren den Vereinigten Staaten gegenüber ohnehin zugeneigt. Vor allem Angehörige der Luftwaffe schwärmten von der technologischen Leistungsfähigkeit der amerikanischen Industrie.

In den USA wurde es also begrüßt, wenn deutsche Gäste offen über die eigenen nationalen Interessen sprachen. Oft genug hatte ich erlebt, wie aufgeschlossen amerikanische NATO-Oberbefehlshaber wie etwa General Bernard W. Rogers oder General John R. Galvin gegenüber deutschen Belangen waren. Bei der Bundeswehr hingegen wurde eigenständiges deutsches Regierungshandeln wie der Abbruch von Wintex/Cimex offenkundig als störend empfunden. Man fürchtete um die eigene Position in den eingefahrenen Gesprächsrunden mit den Partnern aus Übersee. Aber war es nicht eigentlich die Aufgabe der deutsche Offiziere, die in die integrierten Stäbe des Bündnisses entsandt worden waren, nationale Interessen in die Entscheidungen einzubringen, statt darauf zu hoffen, dass der amerikanische Partner ihnen dies abnehmen würde? Auch wenn es in der Sicherheitspolitik historisch erklärbare Gründe für ein zögerliches Verhalten gegeben haben mag – nach meinem Verständnis hatten unsere Partner in der Großübung einen Anspruch darauf, rechtzeitig auf die deutschen Interessen aufmerksam gemacht zu werden. Nur so konnte verhindert werden, dass Entscheidungen seitens der NATO immer wieder zu einem innenpolitischen Streit in Deutschland führten, in dessen Folge das Bündnis teilweise handlungsunfähig wurde.

In Washington wie in Moskau war die Darlegung nationaler deutscher Interessen eine gute Grundlage meiner Gespräche, das galt auch für die Begegnung mit Valentin M. Falin, von 1971 bis 1978 russischer Botschafter in Bonn. Zum Zeitpunkt meines Besuches Ende September/Anfang Oktober 1989 war er im Zentralkomitee für die gesamte internationale Arbeit der KPdSU bis weit in den Regierungsapparat hinein zuständig.

Heute wälzen sich endlose Autoschlangen auf dem Weg vom »Metropol-Hotel« zum Moskwa-Fluss an dem Gebäudekomplex vorbei, in dem Teile der Moskauer Stadtverwaltung untergebracht sind. Damals war dort der Sitz des Zentralkomitees der KPdSU. Ein großes schmiedeeisernes Tor und strikte Kontrollen halten noch immer ungebetene Gäste fern. Dort, wo früher triste Straßen zwischen diesem Gebäude und der Rückfront des Kaufhauses »Gum« das ganze Stadtviertel bestimmten, glänzen nun elegante Geschäfte in gut ausgeleuchteten Fußgängerzonen. Moskau hat sich zum gelobten Land für modebewusste, finanziell gut ausgestattete Zeitgenossen gewandelt. Davon hätte man seinerzeit nicht zu träumen gewagt.

Mit ausgesuchter Höflichkeit und in der für ihn so typisch nachdenklichen Haltung begrüßte uns Falin in seinen Räumen der etwas düsteren Machtzentrale. Walter Breil und ich empfanden es als ein gutes Zeichen, durch Zufall an den Aufzügen einen alten Bekannten von unserem ersten Besuch, zwei Jahre zuvor, begrüßen zu können: Viktor Wassiljew war vom Komitee für europäische Abrüstung und Zusammenarbeit in die internationale Abteilung des Zentralkomitees gewechselt. Seine vielfältigen Kontakte zu deutschen Politikern aus allen Lagern waren beeindruckend. Jeder, der sich aus Bonn in Richtung Moskau in Bewegung setzte, kannte ihn. 1987 war er unser Reisebegleiter nach Leningrad gewesen. Vor der Rückreise mussten wir auf dem Bahnsteig etwas auf den Zug Richtung Moskau warten und unterhielten uns.

Der sowjetische Vordenker und Diplomat Valentin M. Falin

Der Besuch des weltberühmten Mariinski-Theaters war eine wahre Freunde gewesen, die Niederlegung des Kranzes auf dem riesigen Gräberfeld mit den Opfern der deutschen Belagerung hingegen nur mühsam zu ertragen. Von diesen beiden Erlebnissen noch tief beeindruckt, standen wir dort und blickten in die Zukunft. Ich sagte, dass man wohl in wenigen Jahren von Leningrad nach Paris mit dem Zug würde fahren können. Es kam nicht ganz so, weil Leningrad wieder seinen alten Namen St. Petersburg erhielt.

Heute sind die Beziehungen zu unserem großen Nachbarn wieder kompliziert geworden – zumindest werden sie von westlicher Seite so dargestellt. Ähnlich, wie die Deutschen gegen Ende des Ersten Weltkrieges nach dem »Vierzehn-Punkte-Plan« des amerikanischen Präsidenten Woodrow Wilson auf einen fairen Frieden gehofft und sich stattdessen Versailles eingehandelt hatten, wurde Russland nicht nur eine Wohnung im »gemeinsamen Haus Europa« verwehrt, es soll gleichsam durch eine sich von der Ostsee bis zum Schwarzen

Besuch des deutschen Gräberfelds nahe Moskau im Jahr 1987 (vorne v. li.: Udo Ehrbar, Bernd Wilz, Willy Wimmer)

Meer quer über den Kontinent erstreckende Staatengruppe von seinen westeuropäischen Nachbarn im amerikanischen Interesse abgetrennt werden. Das war jedenfalls die klare Botschaft bei einer vom amerikanischen Außenministerium Anfang Mai 2000 in der slowakischen Hauptstadt Bratislava organisierten Konferenz, an der Regierungschefs sowie Außen- und Verteidigungsminister aus den Staaten Ost- und Mitteleuropas teilnahmen, auch ich war dabei.

Die Botschaft schien klar: In Zukunft sollte es auf dem europäischen Kontinent ein amerikanisch dominiertes »Vorfeld« gegen die Russische Föderation geben. Der Führungsspitze aus dem Washingtoner State Department ließ keinen Zweifel daran, wie dieses auszusehen habe: Zunächst sollte jeder über Jahrhunderte manifestierte russische Einfluss auf dem Balkan beseitigt werden. Über den Internationalen Strafgerichtshofes in Den Haag, dessen Statut die Vereinigten Staaten selbst nicht beigetreten waren, sollte ihr Rechtssystem in Westeuropa verankert werden, obwohl Westeuropa doch seine Wurzeln diesbezüglich im römischen Recht hat. Die amerikanischen Redner machten deutlich, wie sie sich Europa vorstellten: Demnach sollte eine rote Linie von den baltischen Staaten quer über den Kontinent ins ukrainische Odessa und von dort ins türkische Diyarbakir, der kurdischen Hauptstadt in Anatolien, verlaufen. Alles das, was sich westlich davon befände, sei amerikanisches Einflussgebiet, Wirtschafts- und Gesellschaftsordnung sowie Jurisdiktion eingeschlossen. Schöne neue Welt, an die wir beide, Viktor Wassiljev und ich, damals auf dem Bahnsteig in St. Petersburg nicht denken konnten.

1989 aber bestimmte noch Hoffnung die Gedanken über die Zukunft. Eine größere Offenheit als im Gespräch mit Valentin Falin war für ein Treffen dieser Art kaum möglich. Oft genug blickten Walter Breil und ich uns an und fragten uns, ob wir uns wirklich in einer realen Welt befanden. Die Unverstelltheit bei einem solch mächtigen sowjetischen Gesprächspartner erschien uns unwirklich. Dabei zeichnete sich das Gespräch ebenso durch Sachlichkeit und Offenheit aus. Wir mussten nicht mutmaßen und das Gesagte deuten, Falin schilderte uns die Probleme seines Landes im Detail: wie gering die Überlebenschancen der Sowjetunion als staatlichem System noch waren. Zunächst stellte er die Entwicklung an der südlichen Grenze der Sowjetunion, von Afghanistan bis hin zu den weitgehend muslimischen Gegenden im Kaukasus, nachvollziehbar dar. Bemerkenswert waren dabei vor allem seine Überlegungen zum Umweltschutz, die zeigten, dass die UdSSR bereit war, globale Verantwortung zu übernehmen. Besorgt wie schnörkellos äußerte er sich sowohl über die rund fünfzig Millionen Chinesen, die sich auf der Suche nach Arbeitsmöglichkeiten auf Wanderschaft im eigenen Land befanden, als auch die Migration nach Norden, Richtung Russisch-Fernost. Falin rechnete in Zukunft mit gut dreihundert Millionen Menschen, die im Norden des eurasischen Kontinentes bessere Lebensbedingungen vorzufinden hofften.

Das Gespräch war beileibe nicht arm an Überraschungen. Ich hätte niemals damit gerechnet, zu hören, in welchem Umfang die sowjetische Führung über Jahrzehnte Krieg gegen das eigene Volk geführt hatte. Heute stünden von der nuklearen Sicherheit bis zum Schutz der tropischen Regenwälder global relevante Themen von einer Bedeutung an, auf die man einfach nicht vorbereitet sei. In der Vergangenheit habe Moskau im Ringen mit dem Westen ausschließlich auf die militärische Karte gesetzt. Jetzt wolle man sich den dringenden innen- und außenpolitischen Fragen anderweitig nähern. Falins Ansicht nach seien nach dem Zweiten Weltkrieg einzig Japan und Deutschland sinnvoll mit ihren Ressourcen umgegangen. Nur diese beiden Länder könnten von sich behaupten, sich der militärischen Landesverteidigung ebenso wie den innerstaatlichen Notwendigkeiten bis hin zur Gesundheitsvorsorge gestellt zu haben. Der große Vorzug sei es gewesen, international auf Zusammenarbeit mit anderen setzen zu können.

Falin gab unumwunden zu: Was sollte man mit dem »Gebilde DDR« unter diesen Umständen überhaupt noch anfangen? Sollte es wie ein Mühlstein weiter um den Hals der Sowjetunion liegen, ein Hindernis auf dem Weg zum Westen, von dem sich Moskau Hilfe erwartete, um die eigenen Probleme lösen zu können? Die DDR – gleichsam ein sowjetisches Kuba in Mitteleuropa? Jeder konnte sehen, wie die demokratische Entwicklung in Polen, Ungarn und der Tschechoslowakei verlief. Geographisch über Hunderte von Kilometern von der Sowjetunion entfernt, liege die DDR wie eine Insel in Mitteleuropa. Sie war nicht mehr die westliche Grenze ihres Imperiums. Die hatte sich in den dazwischenliegenden Ländern bereits aufgelöst. Für Falin gab es keine Garantie mehr, was die Existenz der DDR anbetraf, so äußerte er sich eindeutig auf meine Fragen. Und er betonte, wie sehr er eine gedeihliche und einvernehmliche Entwicklung in dieser Frage erhoffe.

Im Herbst 2013 traf ich Valentin Falin wieder. Bei einer Rede in der Freien Universität Berlin über die Herausforderungen der Zukunft konnte ich mich bei ihm dafür bedanken, dass er wenige Tage vor den Demonstrationen in Leipzig und anderen Städten mir gegenüber in deutlichen Worten über das bevorstehende Ende der deutschen Teilung gesprochen hatte.

## Quo vadis, Germania?

Meine erstaunte Reaktion auf seine Worte hatte Marschall Achromejew seinerzeit zu der Frage veranlasst, ob mich der Bundeskanzler nicht über seine Vereinbarungen mit Generalsekretär Gorbatschow bei dessen Bonn-Besuch im Juni 1989 unterrichtet habe. Ich musste diese Frage verneinen. Kohl hatte niemandem davon berichtet, auch nicht den Mitgliedern seines Kabinetts, denn sonst wäre jede Information mit diesem Inhalt in Windeseile verbreitet worden. Auch als ich in der nächsten Kabinettsitzung nach meiner Rückkehr von den Moskauer Gesprächen berichtete, ging der Bundeskanzler zügig über die sensationellen Nachrichten zu den erwartbaren deutschen Entwicklungen hinweg. Er wird seine Gründe gehabt haben, und ich kann ihn noch heute verstehen.

Die Geschichte hat Kohl in seinem Ziel, die Einheit Deutschlands wiederherzustellen, eindeutig recht gegeben, der von ihm eingeschlagene Weg erwies sich im Nachhinein als der richtige. Jedem, der sich an diese für Deutschland so entscheidenden Monate erinnert, wird noch präsent sein, wie sich der Weg zur Einheit über nationale und internationale Ereignisse geradezu zwangsläufig ergab, obwohl aus England, Frankreich und der jüdischen Weltgemeinschaft auch Bedenken angemeldet worden waren, bevor es zur Unterzeichnung des »Zwei-plus-Vier-Vertrages« kam. Und die britische Premierministerin Margaret Thatcher versuchte eine britische Truppenstationierung in Ostdeutschland an ihre Zustimmung zu knüpfen.

Die Stimmung in Moskau unterschied sich im Herbst 1989 gänzlich von der in Bonn. Vielen Menschen bei uns kam das, was sich abzeichnete, völlig unwirklich vor. In Moskau hingegen schien das Thema »deutsche Einheit« bereits durch zu sein, und es kam jetzt darauf an, die Zukunft zu gestalten. In den Monaten nach meinem Besuch hatte ich nicht den geringsten Zweifel daran, dass die Abläufe in der noch bestehenden DDR von sowjetischer Seite wohlwollend betrachtet wurden. Nichts sollte das stören, was zwischen Gorbatschow und Kohl vereinbart worden war. Bis heute kann ich nur mutmaßen, welche Überlegungen über das hinaus, was Achromejew und Falin äußerten, in Moskau noch eine Rolle spielten. Rechnete man damit, dass ein wiedervereinigtes Deutschland fortan im westlichen Bündnis eine andere Rolle spielen würde als die des an der amerikanischen Küchenschürze zappelnden Kindes? Moskau jedenfalls hat nicht nur der staatlichen Einheit Deutschlands die Tore geöffnet, sondern auch einen Beitrag dazu geliefert, die alte europäische Staatenwelt zu reanimieren und damit an die Politik vor dem Zweiten Weltkrieg anzuknüpfen. Helmut Kohl jedenfalls wollte, wie einst Reichskanzler Bismarck, für andere Staaten, bis hin zu Israel und Iran, ein »ehrlicher Makler sein«. Das galt erst recht für die Russische Föderation. Über beinahe 25 Jahre lang haben beide Staatsführungen einen großen Beitrag zur europäischen und globalen Stabilität geliefert. Eine Entwicklung, die erst mit den öffentlichen Erklärungen des amerikanischen Vizepräsidenten Jo Biden über Sanktionen gegen Russland als Zwangsmaßnahmen gegen die EU-Europäer im Jahre 2014 ein jähes Ende gefunden hat.

Bei einem Abendessen des KSZE-Botschafters in Wien wenige Tage nach meiner Rückkehr berichtete ich von meinen Gesprächen in Moskau und fand niemanden überrascht, auch nicht Peter Steglich, KSZE-Botschafter der DDR. Uns allen war gut bekannt, dass sich die in der DDR stationierten sowjetischen Truppen während der Ausreise der Bürger, die sich in Prag, Budapest und Warschau in unsere Botschaften geflüchtet hatten, ruhig verhalten hatten und keinerlei Präsenz zeigten, auch nicht bei den gewaltigen Demonstrationen in weiten Teilen der DDR. Angeblich habe die Führung der Roten Armee in Moskau die ostdeutschen Sicherheitsorgane unmissverständlich wissen lassen, dass ein Eingreifen in die Entwicklung nicht geschätzt werde. Die Veränderungen in Deutschland und in ganz Europa waren augenfällig. Der Wille dazu lag in der Luft, man konnte ihn geradezu mit Händen greifen. Auch in den eigenen Reihen der CDU wurde es turbulent. Besonders schmerzlich kam das in der Vorbereitung des Bremer Parteitages im Sommer 1989 zum Ausdruck, der zum einen bestimmt war vom Versuch, sich des Bundeskanzlers zu entledigen, zum anderen von der Öffnung der österreichisch-ungarischen Grenze für Zehntausende von Flüchtlingen aus der DDR.

Was war eigentlich im Vorfeld dieses Parteitages los? Über meine Funktion als Vorsitzender des Parteibezirkes Niederrhein ergaben sich enge Kontakte zu anderen Vorsitzenden und entsprechende Treffen in Bonn, soweit diese Kollegen dem Bundestag angehörten. Frühzeitig erfuhren wir, welche Führungspersonen den Sturz des Bundeskanzlers betreiben wollten. Ganz offen versuchte eine Gruppe um Heiner Geißler das Wiedervereinigungsgebot aus dem Grundgesetz zu entfernen. Nicht nur dass damit Konzepte ähnlich der Anerkennung der DDR-Staatsbürgerschaft seitens der SPD verfolgt wurden, wir empfanden das Vorhaben als Anschlag auf die mögliche Wiedervereinigung und handelten entsprechend: Als erster Kreisverband überhaupt formulierten wir Anträge gegen diese Absicht.

Kurze Zeit später sprach ich mit der in Freiburg erscheinenden *Südwest Presse* über meine Einschätzung, was die weitere Zukunft Geißlers betraf. In weiten Teilen der deutschen Öffentlichkeit wurde der Generalsekretär für so bedeutend gehalten, dass Bundeskanzler Helmut Kohl es wohl nicht wagen würde, ihn aus seinem Amt abzulösen. Ich aber widersprach der Ansicht, dass seine Position unerschütterlich sei. Der Chefredakteur hingegen hielt den CDU-Generalsekretär für unersetzlich. Der Zufall wollte es, dass ihm mitten in unser Gespräch hinein eine Eilmeldung von *dpa* vorgelegt wurde. Der Bundeskanzler teile mit, dass der Generalsekretär sein Amt verlieren werde. So konnte man sich irren.

## Eine Rede sorgt für Aufsehen

Das deutsche »Territorialkommando Nord« war in einer ehemals britischen Kaserne in Mönchengladbach zu Hause. Die Lage war gut ausgesucht. Die Gebäude lagen sehr verkehrsgünstig an der Autobahn, die aus Roermond in Holland nach Düsseldorf führt. Das war nicht alles. Es war die beste Wohngegend, »Am Bunten Garten«, in der sich die Briten niedergelassen hatten. Bei einer Veranstaltung der *Westdeutschen Zeitung,* zu der mich der damalige Mönchengladbacher Chefredakteur Wolfgang Radau eingeladen hatte, konnten wir der Kasernenanlage einen angemessenen Namen in Aussicht stellen. Wir wollten vor dem Hintergrund der wieder und wieder aufflammenden Diskussion über Kasernennamen aus der Zeit der beiden Weltkriege zum Ausdruck bringen, wie sehr es mit der hiesigen Bevölkerung verbunden war. »Niederrhein-Kaserne« war unser Vorschlag, und der wurde schließlich akzeptiert. Herr Radau übte als Reserveoffizier begeistert beim Territorialkommando Nord. Ihm behagte allerdings immer weniger, dies in der Uniform des Heeres machen zu sollen. Er wollte unbedingt Soldat der Luftwaffe sein, und wir haben ihn »umwidmen« können. So war er noch aufgeschlossener für die Belange der Bundeswehr.

Im September 1989 feierte das Territorialkommando Nord sein 40-jähriges Bestehen. Dazu wurde zu einer festlichen Veranstaltung in den großen Saal der imposanten »Kaiser-Friedrich-Halle« eingeladen. Der Presseoffizier Oberstleutnant Jochen Cholin, der später globaler »Reisemarschall« von Bundeskanzler Kohl werden sollte, hatte bei mir wegen eines Vortrages angefragt, und gern stellte ich mich in meiner alten Heimatstadt Mönchengladbach als Redner zur Verfügung. Vor der Bundestagswahl 1980 hatte ich das Angebot aus dem benachbarten CDU-Kreisverband Neuss-Grevenbroich angenommen, als deren Kandidat anzutreten, nachdem die Wahlkreise in der Region neu gegliedert worden waren. In Zukunft bestand mein Wahlkreis, in dem ich dann gewählt wurde, aus den Städten und Gemeinden Rommerskirchen, Grevenbroich, Jüchen, Korschenbroich, Kaarst und Meerbusch.

Der Niederrhein und Soldaten – das war so eine Sache. Die Querelen rührten noch aus dem Deutschen Kaiserreich, wo man unter Bevormundung gelitten hatte, weil man sich eher Frankreich zugehörig fühlte, da die Region als Ergebnis der Französischen Revolution und Osterweiterung einen beachtlichen zivilisatorischen Sprung gemacht zu haben glaubte. Bis heute gilt der »Code Napoléon« am Niederrhein für eine Reihe von Rechtsgebieten, und die Industrie- und Handelskammern führen ihre heutige Existenz auf damalige französische Entscheidungen zurück. Wenn wir in Deutschland heute von »Sozialer Marktwirtschaft« reden, soweit davon nach dem angelsächsischen »Shareholder Value« nach 1995 noch etwas übriggeblieben ist, dann geht das auf den Einfluss französischen Denkens bei uns zurück.

Nach dem Zweiten Weltkrieg waren es die Briten, die zu einer engen Verbindung zwischen der örtlichen Bevölkerung, Stadtverwaltungen, Polizeidirektionen, Vereinen und dem Militär beitrugen. Das offene Zugehen militärischer Dienststellen auf die Menschen in der Umgebung war für Deutsche ungewohnt und neu, wurde aber gerne angenommen. Man fühlte sich schnell verbunden, und zahlreiche Städtepartnerschaften, die einen regen deutsch-englischen Besuchsverkehr zur Folge hatten, sprechen für ein erfolgreiches Konzept des Miteinanders.

Nun also gab sich hier die »ganze Stadt« die Ehre und feierte mit, der große Saal war überfüllt. Mit meiner Rede erhielt ich dort, wo man mit positiven Äußerungen sonst eher zurückhaltend war, ungewöhnlichen Zuspruch. Die Menschen waren froh, endlich einmal aus meinen politischen Reihen jemanden reden zu hören, der sich nicht mit der Vergangenheit beschäftigte, sondern einen großen Wurf in die Zukunft wagte. Was hatte diese Reaktionen ausgelöst? Meine Forderung danach, wegen der offenkundigen Bewegung in Europa die deutsche Teilung zu beenden. Wieder in einem Staat mit dem Namen »Deutschland« leben zu wollen. Es gab beachtlichen Beifall für meine Aussage, dass *»besonders unsere jungen Mitbürger die*

*Teilung Europas und auch Deutschlands gründlich satt haben. Sie – die jungen Menschen – sind für ein modernes Europa freier Menschen. Sie halten das zwangsweise Trennen von Menschen für überholt, für anachronistisch, für einen Dinosaurier des zu Ende gehenden zwanzigsten Jahrhunderts.«*

Offensichtlich wurde meine Rede von den Anwesenden als lang ersehnter Durchbruch empfunden, was die Zukunft der Bundesrepublik Deutschland betraf. Das galt vor allem für den letzten Absatz: *»Wenn der Eiserne Vorhang schmilzt, wird auch in der deutschen Geschichte ein neues Kapitel beginnen. Ich möchte dazu ergänzen: Dann wird auch in der europäischen Geschichte ein neues Kapitel beginnen. So weit ist es noch nicht. Doch können wir in Osteuropa Tendenzen sehen, dass sich dort pluralistische, politische Systeme entwickeln, die die Kommunikation und Kooperation mit den Staaten des Westens begünstigen. Das Zulassen dieser Prozesse durch die Sowjetunion, ja die Beteiligung der östlichen Vormacht an dieser Entwicklung gibt uns Aufschluss über die Ernsthaftigkeit dieses politischen Wollens. Ich meine, wir sollten diesem Prozess vertrauen und ihm Unterstützung gewähren. Ein Erfolg dieses Prozesses wäre ein Erfolg für Europa und könnte epochale Bedeutung gewinnen. Sicherlich müssen wir das Bemühen anerkennen, die Veränderungen in Osteuropa kontrolliert und nicht eruptiv ablaufen zu lassen. Dabei hilft die seit Jahren erfolgreich praktizierte Politik, vertrauensbildende Maßnahmen zwischen Ost und West vertraglich zu vereinbaren und zu praktizieren. Dabei sollten wir nicht vergessen: Kontrollierte und vertraglich vereinbarte Abrüstung, so wichtig und erstrebenswert sie auch ist, kuriert nur an den Symptomen. Natürlich ist es nicht abwegig, wenn Sicherheitspolitiker immer wieder darauf verweisen, dass auch eine Sowjetunion, die sich einem Wandel zu mehr Offenheit und pluralistischen Strukturen unterworfen hat, doch schließlich eine nach Dominanz strebende Großmacht bleiben werde.«* Abschließend fragte ich meine Zuhörer: *»Wohin kommen wir, wenn wir solche Gedanken zu Ende führen? Wenn dieser Konflikt verschwindet, sehe ich keine Begründung mehr für das Aufrechterhalten der europäischen Teilung ... Grenzen können entfallen.«*

Am 3. Oktober 1990 war es so weit. Deutschland fand seine Einheit wieder, diesmal zwischen Niers und Oder. Heute, eine Generation weiter, müssen wir uns fragen, was wir daraus gemacht haben bzw. was wir zugelassen haben.

# Armeen lösen sich auf

## Aufhören mit dem Abhören

Welche Entwicklung sich im Sicherheitsbereich abzeichnete, wurde im Anschluss an meine Moskau-Reise, bei einem Informationsbesuch im Hauptquartier der National Security Agency (NSA), dem inzwischen hinlänglich bekannten größten Auslandsgeheimdienst der Vereinigten Staaten, in Fort Meade Mitte November 1989 deutlich. Wir benötigten eine gute Stunde von Washington aus, um die Einrichtung zu erreichen. Ein Mitarbeiter des Bundesnachrichtendienstes (BND) begleitete mich. Beim Treffen mit dem Befehlshaber der NSA zeigte sich, wie vertrauensvoll und herzlich beide Herren miteinander umgingen, offenbar kannte man sich. Wir sprachen natürlich über die Ereignisse in Europa, den Fall der Berliner Mauer und die offenkundige Zurückhaltung von NVA und sowjetischen Streitkräften in der DDR, der sogenannten »Westgruppe der Truppen in Deutschland«.

Da ich durchaus einen partnerschaftlichen Austausch mit den Verbündeten gewohnt war, sprach ich als Erstes die Konsequenzen der Grenzöffnung für die Spionageinstallationen entlang der innerdeutschen Grenze an, denn ich hielt sie fortan für überflüssig. Einige Monate zuvor hatte ich mir im niedersächsischen Helmstedt, unweit der Autobahn Richtung Berlin, einen solchen Turm angesehen, von wo aus das Territorium des Warschauer Paktes abgehört wurde: der gesamte Funkverkehr der NVA sowie der sowjetischen Streitkräfte. Die gründliche »Aufklärung«, die übrigens beiderseits der innerdeutschen Grenze stattfand, führte dazu, dass man aus den Funkgewohnheiten sogar auf die Person des Funkers schließen konnte, der gerade abgehört wurde. Zahlreiche Fernsehdokumentationen haben sehr anschaulich vermittelt, wie sehr es z. B. bei den Übungsmanövern, aber auch beim täglichen Austausch von Informationen, darauf ankam, das Verhalten des potenziellen Gegners richtig einschätzen zu können.

Im Januar 2015 traf ich bei einer Veranstaltung in der Berliner Urania den wichtigsten DDR-Agenten in den Reihen der NATO, Rainer Rupp. Wir nahmen mit Oskar Lafontaine, dem Schauspieler Rolf Becker und dem Chefredakteur der *Jungen Welt*, Arnold Schölzel, vor rund zweieinhalbtausend Zuhörern an einer Diskussion teil. Rupp war seinerzeit offenbar Dreh- und Angelpunkt dabei, was für Schlussfolgerungen der Warschauer Pakt aufgrund von aus den Panzerschränken entwendetem geheimstem Material zu ziehen vermochte. Welche Konsequenzen hatte das darauf, einen bestimmten und entweder auf den Krieg oder auf den Frieden gerichteten Willen zu unterstellen? Wir wussten davon, dass jemand für die andere Seite tätig sein musste. Die in den Osten geschafften Papiere waren so brisant und von einer derartigen Güte, dass nur ein Spion auf der allerhöchsten Ebene infrage kam. Rainer Rupp hatte aufgrund seiner Funktion in der Politischen Abteilung des NATO-Hauptquartiers Zugriff auf die geheimsten strategischen Dokumente des westlichen Bündnisses. Dadurch konnte er Mutmaßungen der sowjetischen Seite über Pläne eines atomaren Erstschlags der NATO gegen die Sowjetunion und ihre Verbündeten entgegenwir-

■ *Ehemaliger Horchposten der Bundeswehr im Landkreis Gifhorn*

ken. Rupp wusste genau, was die NATO mit ihrem Potenzial im Ernstfall zu leisten in der Lage war. Er wusste aber auch darum, dass es keinerlei Überlegungen in Richtung eines Angriffs gab.

Die Abhöreinrichtungen wurden früher von beiden Seiten auch dazu benutzt, militärisch die Muskeln spielen zu lassen. Mit schöner Regelmäßigkeit überflogen sowjetische Hubschrauber die innerdeutsche Grenze und steuerten die Abhörtürme an. Eigentlich wäre es Aufgabe westlicher Abfangjäger gewesen, sie entweder zu vertreiben oder zur Landung zu zwingen. Schlimmeres wäre auch möglich gewesen. Das aber wollte man gar nicht, so waren die Abfangjäger zum Beispiel an der holländischen Grenze, auf dem britischen Fliegerhort in Elmpt bei Roermond, stationiert. Um etwa an den Abhörturm bei Ehra im niedersächsischen Landkreis Gifhorn zu gelangen, mussten sie zunächst quer durch die Bundesrepublik fliegen. Das verschaffte den sowjetischen Piloten genügend Zeit, nach ihrer Demonstration vorhandener Fähigkeiten rechtzeitig wieder eigenen Luftraum zu erreichen.

## Tunnelblick in Fort Meade

Meine Frage in Fort Meade, wie es denn nun mit dem Abhöranlagen weiterginge, löste ein mittelschweres Erdbeben aus, das monatelang nachwirken sollte. Was ich nicht wusste: Die NSA hatte längst eigene, natürlich geheime Pläne in der Schublade. Da nachzubohren wurde wohl als Fauxpas empfunden. Bei den Gesprächen drängte sich mir auch der Eindruck auf, dass sich die Dynamik der europäischen Ereignisse im weit entfernten Washington sehr viel langsamer vermittelte. Wir waren unmittelbar an den rapide ablaufenden Entwicklungen in der Mitte unseres eigenen Landes beteiligt. Wir sahen es in den Nachrichtensendungen und konnten es in den Zeitungen verfolgen, mit welcher Geschwindigkeit das abgebaut werden konnte, was Deutschland und die Deutschen jahrzehntelang voneinander getrennt hatte.

Natürlich wurde die Entwicklung in Deutschland und Europa auch in den amerikanischen Medien behandelt, neben Radio und Fernsehen in Tageszeitungen wie der *New York Times* oder der *Washington Post*. Beide Zeitungen repräsentierten aber nicht den gesamten Kontinent, und die in den amerikanischen Bundesstaaten erscheinenden Blätter setzten andere Schwerpunkte. Das galt auch für die Fernsehnachrichten. Selbst vom Hauptquartier der NSA aus schien man die Abläufe in Europa mit einer gewissen Distanz zu betrachten und gar nicht zu bemerken, dass sie eine eigene Dynamik entwickelt hatten. Das galt auch für die Abhöreinrichtungen an der innerdeutschen Grenze, die aus meiner Sicht und in Abstimmung mit den polnischen Behörden im noch bestehenden Warschauer Pakt an die polnische Ostgrenze verlegt werden sollten, um von dort aus die Sowjetunion aufzuklären.

Neben anderen Teilen der Welt war auch Europa auf unglaublich vielen Bildschirmen der NSA präsent. Einen »Frühwarnraum« hatte ich nie zuvor gesehen: groß wie ein Fußballfeld, von wo aus die Überwachung offenbar jedes neuralgischen Ortes stattfand. So wurde z. B. »in Echtzeit« über »live« geschaltete Fernsehaufnahmen wiedergegeben, was gerade in der Lübecker Bucht geschah, wo die Seegrenzen zwischen der Bundesrepublik und der DDR aneinanderstießen. Waren dort Schiffe der Volksmarine ausgelaufen? War etwas ungewöhnlich? Sensoren, die an europäischen Küsten installiert worden waren und Bilder in bester Fernsehqualität aufnahmen, zeigten militärisch interessante Geschehnisse auf. Jahre später wurde über versteckt angebrachte Kameras an der libanesischen Küste berichtet, sie dienten wohl dazu, die Gegend lückenlos zu überwachen, um keine Überraschung erleben zu müssen.

Jedenfalls war in Fort Meade die Welt gleichsam zugeschaltet, um eine sofortige Reaktion seitens der Vereinigten Staaten zu ermöglichen. In Washington bekam ich ohnehin einen Eindruck davon, was es heißt, über »Intelligence« zu sprechen. Da gab es große Unterschiede im Denken: In den USA wie auch in Großbritannien wurde allergrößter Wert auf Informationen über den Gegner gelegt. Dafür entwickelte man immer ausgefeiltere technische Mittel, um Absichten und Fähigkeiten möglich wirklichkeitsnah aufzuklären. In Deutschland hatte das längst nicht eine solche Priorität. Doch profitierten wir natürlich aus der Zusammenarbeit mit den stets gut informierten Bündnispartnern.

## Zum Schutze von Mütterchen Russland

Als verteidigungspolitischem Sprecher der CDU/CSU-Bundestagsfraktion war mir in den Jahren 1985 bis 1988 an einem engen Informationsaustausch mit den USA gelegen. Deshalb fuhr ich einmal jährlich mit allen Mitgliedern der Arbeitsgruppe Verteidigung zu einem Arbeitsbesuch nach Washington, dort standen uns Minister, Kongressmitglieder oder hohe Beamte regelmäßig für Gespräche zur Verfügung. Auch Jahre später kann es nicht hoch genug eingeschätzt werden, in welchem Umfang uns hier wichtige strategische Erkenntnisse zugänglich gemacht wurden, z. B über sowjetische Streitkräfte und strategische Planungen sowie Weltraumfragen, wie wir es in dieser Vielfalt und Tiefe aus Bonn nicht kannten. Diesem Zweck dienten auch die Informationsbesuche beim Strategischen Bomberkommando in Omaha/Nebraska, bei NORAD oder dem Weltraumkommando in Colorado Springs sowie dem kalifornischen Vandenberg. Es kam mir in erster Linie darauf an, Informationen im globalen Maßstab gewinnen zu können, um die eigene deutsche Einstellung zu den Entscheidungen im Deutschen Bundestag, der Regierung gegenüber und damit im Bündnis der NATO auf eine möglichst realistische Grundlage zu stellen.

Vieles kündete Ende der 80er-Jahre von einer neuen Qualität in den Beziehungen beider Weltmächte. Doch welche Auswirkungen würde das auf Europa, vor allem auf uns mit sich bringen? Bei langen Gesprächen zwischen dem CDU-Fraktionsvorsitzenden Alfred Dregger und Präsident Ronald Reagan, bei denen auch ich anwesend war, klang immer wieder eine besondere Sorge der deutschen Diplomaten an: Was würde geschehen, wenn die USA und die Sowjetunion ein sogenanntes »Kondominium« – eine gemeinsame Herrschaft – über Europa errichten sollten und uns damit jede Entwicklungsmöglichkeit nähmen? Dem stand entgegen, dass die Gesprächspartner uns in all ihre Überlegungen einzubeziehen schienen.

Im Sommer 1988 wurden wir direkt nach der Landung auf dem Dulles-Airport in Washington, wo der Bundesrepublik Deutschland ein eigenes Abfertigungsgebäude mit einem rechtlichen Sonderstatus zur Verfügung steht, zunächst ins Hauptquartier der CIA nach Langley gefahren, einem Vorort der Hauptstadt Washington. Dort erwartete uns ein großes Aufgebot aus der Führungsspitze der Organisation. Zwar wurde gleich zu Beginn des Briefings betont, dass ein letzter Abschluss der nachfolgenden Bewertung noch nicht vorliege, doch die wesentlichen Erkenntnisse bezüglich der sowjetischen militärischen und politischen Pläne in Europa könne man uns dennoch

Ronald Reagan mit Ehefrau Nancy auf Besuch 1991: Übergabe eines Teilstücks der Berliner Mauer für seine Gedenkbibliothek

vortragen. Was dann folgte, widersprach eigentlich in allem der Grundannahme für unsere Verteidigungsbemühungen in Europa: Kein Wort mehr von der »gewaltigen Durchschlagskraft der sowjetischen Streitkräfte in Europa«, wie in der Pentagon-Publikation »Soviet Military Power« noch postuliert! Nein, nun hieß es, die UdSSR sei in Mitteleuropa seit Ende des Zweiten Weltkrieges rein defensiv aufgestellt. Ihr Vorgehen diene allein dem »Schutz von Mütterchen Russland« und sei als Konsequenz aus dem Vorgehen von Napoleon und Hitler gegenüber Russland zu werten.

In Washington ging man offenbar sehr ungezwungen mit der Vergangenheit um. In den Pentagon-Fluren, die wir auf dem Weg zum Büro des amerikanischen Verteidigungsministers Caspar Weinberger durchschritten, siegte die Wehrmacht auf allen Gemälden. Vermutlich hatte man im Zweiten Weltkrieg alle Gemälde als Erinnerung an den Kriegsgegner mitgehen lassen.

Die erstaunlichsten Informationen erhielten wir dann noch bei einem Besuch im Weißen Haus, wo Walter Breil und ich mit Mitgliedern des Nationalen Sicherheitsrates zusammentrafen, darunter Jack Matlock, dem späteren amerikanischen Botschafter in Moskau. Die Zusammenarbeit zwischen den Vereinigten Staaten und der Sowjetunion, so vernahmen wir, sei wesentlich enger, als man jemals zu träumen gewagt hätte: Gemeinsam werde in Washington daran gearbeitet, eine neue und zeitgemäße sowjetische Verfassung zu erarbeiten, darin waren bürgerliche Rechte enthalten, wie es dem internationalen Niveau entsprach, einschließlich Rede- und Glaubensfreiheit. Damit nicht genug: Sogar die Tagesordnung des Zentralkomitees der KPdSU werde im Weißen Haus erstellt!

Kaum waren wir in Bonn gelandet, hörten wir von dem, was sich hier zwischenzeitlich abgespielt hatte. Unmittelbar nach Ende der Veranstaltung bei der CIA sei der Generalinspekteur der Bundeswehr, Admiral Dieter Wellershoff, über die sensationellen Informationen unterrichtet worden. Da sich der amerikanische Botschafter in Bonn, Richard Burt, zu dieser Zeit in München zu einem Opernbesuch aufgehalten habe, habe ihn der Generalinspekteur umgehend in der Loge aufgesucht, um zu fragen, ob die Vereinigten Staaten den Wehrwillen in der Bundesrepublik in Luft auflösen wollten.

In den 80er-Jahren bestimmten tiefe Zweifel an der Zuverlässigkeit der USA in Fragen der europäischen Sicherheit das politische Bonn. In besonderer Weise schlug das beim Gipfeltreffen in Reykjavik im Jahr 1986 durch. Die Informationen aus Washington waren für viele in hohem Maße verdächtig: Wie konnten nur Glaubenssätze, an denen wir im Bündnis stets festgehalten hatten, so schnell und undramatisch über Bord geworfen werden? Mit welcher Politik der USA war für die Zukunft zu rechnen? Und an welche neuen Gesprächspartner werde man sich gewöhnen müssen? Fragen über Fragen, die uns gestellt wurden, die aber eigentlich an den amerikanischen Bündnispartner gerichtet waren.

Die neue Weltsicht bekam immer größere Bedeutung. Das, was wir in Washington gehört hatten, stellte ein Teil des Puzzles dar, das zusammengesetzt schließlich die Einheit Deutschlands und das Ende des Kalten Krieges abbildete. Daneben zeigte mir der Besuch in Washington noch etwas anderes: In den angelsächsischen Ländern gibt es ein ausgeprägtes Bedürfnis danach, sich in Kenntnis zu setzen über andere Länder und Gesellschaften. Dass hierauf größter Wert gelegt und viel Engagement hineingesteckt wird, zeigt sich auch an der Begriffswahl »Intelligence«. In Deutschland hingegen ist der Terminus »Aufklärung« mit einem negativen Beigeschmack verbunden. In der Struktur unserer Nachrichtendienste kommen wir nicht weg von dem, was wir aus der kaiserlichen Kavallerie übernommen haben.

## »Ein Obervolta mit Nuklearraketen«

Nach Gorbatschows Vereinbarungen mit Bundeskanzler Kohl nahm die Strömung, welche letztlich zur Einheit führte, zusehends Fahrt auf, beschleunigt durch die Montagsdemonstrationen sowie das sogenannte »Zehn-Punkte-Programm zur Überwindung der Teilung Deutschlands und Europas«, welches Helmut Kohl am 28. November 1989 im Deutschen Bundestag verkündete.

Das Leben ist oft genug von dem bestimmt, was gemeinhin Zufall genannt wird. So erfuhr ich von den Plänen, wie der Weg zur Einheit geebnet werden sollte, wenige Tage vor deren Verlautbarung, und zwar auf der Geburtstagsfeier des Botschafters von Singapur in Bonn Siddique im Keller eines chinesischen Restaurants. Eingeladen waren neben meiner Frau Renate und mir viele andere deutsche sowie internationale Gäste, unter anderem auch der außenpolitische Berater des Bundeskanzlers, Horst Teltschik, welcher sich aber arg verspätete. Als er endlich eintraf, erfuhr ich den Grund: Er hatte mit dem Bundeskanzler das Regierungsdokument erstellt, das dann in die Weltgeschichte eingehen sollte. Bonn war eben klein, und man kannte sich.

Im Februar 1990 erklärte sich die Sowjetunion nach einem Treffen von Präsident Bush und Generalsekretär Gorbatschow in Washington mit der NATO-Mitgliedschaft eines wiedervereinigten Deutschlands einverstanden. Schon bei meiner Rede in der Kaiser-Friedrich-Halle in Mönchengladbach im September 1989 hatte ich zum wieder und wieder auftauchenden Zweifel an der Glaubwürdigkeit des proklamierten politischen Kurses der Sowjetunion ausgeführt: *»Aber können wir heute nicht die berechtigte Frage stellen, ob es in Osteuropa, in der Sowjetunion Ereignisse gibt, die tiefgreifender Natur sind und so die Möglichkeit einer neuen Ordnung in Europa in Aussicht stellen? Ereignisse, die nicht auf Zufall beruhen, sondern auf nüchterner und kluger Beurteilung der eigenen Interessen? Heutzutage hört man immer wieder Zweifel, ob Gorbatschow die Macht behält. Man hört Ansichten, nach denen er mit seiner neuen Politik unmethodisch vorgehe und letztlich zu wenig Unterstützung aus den eigenen Reihen erhalte. Dem möchte ich meine eigene persönliche Erfahrung entgegenhalten. Vor zwei Jahren führte ich politische Gespräche in Moskau mit Politi-*

*kern und Wissenschaftlern. Ich muss heute feststellen, dass die damals vorgebrachten Ankündigungen umgesetzt sind oder sich in der Verwirklichung befinden. Meines Erachtens spricht somit einiges dafür, dass die heutige Entwicklung in der Sowjetunion langfristig angelegt und zudem nicht alleine auf Gorbatschow zurückzuführen ist. Er wurde Generalsekretär, weil die Partei das so wollte – und er blieb Generalsekretär, weil es dafür offenbar ausreichend Unterstützung gibt. Wenn wir davon ausgehen – und ich glaube, wir müssen das –, dass der Wandel in der Sowjetunion deshalb stattfindet, weil es ohne ihn für das Land auf Dauer keine Perspektive gibt, dann ist dieser Wandel Staatsraison. Er ist somit an einer einzigen Person nicht festzumachen.«*

Wenige Tage später war das die Substanz meiner Gespräche mit Achromejew und Falin in Moskau. Sie sagten nichts anderes. Ausdruck der sowjetischen Interessen ist auch der Brief, den der Generalsekretär beim Weltwirtschaftsgipfel in Paris im Juni 1989 Bush zukommen ließ. Darin bat er, in Zukunft zu den Treffen hinzugezogen zu werden. Hieraus konnte nur ein Schluss gezogen werden: Die Sowjetunion war willens, die Pfade des politischen wie militärischen Antagonismus zu verlassen. Pfade wohlgemerkt, die uns zuvor durchaus um unsere Existenz hätten bringen können. Zu den Hintergründen, warum die Sowjetunion zu diesen epochalen Änderungen bereit war, gab es vor allem zwei Theorien, einmal die durch Helmut Schmidt öffentlich vorgetragene Einschätzung, was die aktuelle wirtschaftliche Lage der einstigen Weltmacht anging. Für ihn war die Sowjetunion »*ein Obervolta mit Nuklearraketen*«, also ein unterentwickeltes, nichtsdestotrotz hochgerüstetes Land. Das war wenig schmeichelhaft, aber letztlich korrekt. Aus dem Fernen Osten erreichten uns zudem Nachrichten, an denen die sowjetische Führung unmöglich vorbeigehen konnte. Japan kündigte an, in die Entwicklung der »fünften Computergeneration«, d. h. strategischer Informationssysteme einsteigen zu wollen. Damit drohte die ohnehin marode Wirtschaft der Sowjetunion vollends von den Entwicklungen abgehängt zu werden. Auch das mag eine Wegmarke im Entscheidungsprozess der UdSSR gewesen sein.

## Peter der Große ist zurück

Gut 26 Jahre später, während der Olympischen Winterspiele in Sotchi 2015, wurde deutlich, welchen Rückschritt es in der politischen Entwicklung auf dem euro-asiatischen Kontinent gegeben hat. War zuvor im Westen nicht die Frage behandelt worden, wie lange sich Präsident Putin wegen der sich häufenden Demonstrationen nicht nur in Moskau im Amt werde halten können?

Wegen der Entwicklung in der Ukraine zeigte man Präsident Putin im Juni 2015 die kalte Schulter und hatte ihn gar nicht erst zum Weltwirtschaftsgipfel auf Schloss Elmau in den bayerischen Alpen eingeladen. Die Beziehungen zwischen den führenden Industrienationen wurden aufgrund der westlichen Interessenlage auf das Niveau von 1989 herabgestuft, wie sie vor dem Brief Gorbatschows an Bush bestanden. Antagonismus war wieder angesagt, aber der kam diesmal vonseiten des Westens, der sich mit den Sanktionen gegen Russland dem amerikanischen Druck gebeugt hatte, wie der amerikanische Vizepräsident Jo Biden triumphierend verkündete. Die Wirkung jedoch war eine andere als erhofft. Die russische Bevölkerung schloss sich hinter ihrem Präsidenten zusammen, Meinungsumfragen zeigen eine breite Unterstützung für Putin. Man verglich Wladimir Putin dort sogar mit Zar Peter dem Großen, dessen Staatskunst legendär ist.

## »Bedrohung« oder »Lage«?

Man fragt sich doch, ob wir überhaupt noch bereit und fähig sind, uns ein eigenständiges Bild der Lage zu erarbeiten, statt Einschätzungen gleichsam gebrauchsfertig zu übernehmen. So wird auch im deutschen Sprachgebrauch ständig das Wort »Bedrohung« im Munde geführt, alleine deshalb, weil die angelsächsische Welt im Bündnis das so vorgibt. Alles ist eine Bedrohung – was schnell zur Kriegsreife gebracht werden kann, wenn Washington beschließt, es zum Krieg kommen zu lassen. Zur deutschen militärischen Tradition hat es immer gehört, sich ein objektives Bild der »Lage« zu machen. Bereits in der Zeit des Kalten Krieges fiel die Wahl der Worte ins Gewicht: »Bedrohung« oder »Lage«? Dahinter stehen ganze Philosophien. Heute, gut ein Vierteljahrhundert später, will man aus den eigenen und fremden Archiven eigentlich wissen, mit welchen Geschehensabläufen wir es in dieser Zeit zu tun hatten. Dafür gibt es einen guten Grund: weil wir die uns geschenkte Chance zum Aufbau einer europäischen Friedensordnung gnadenlos vertan haben und in der Folge wieder in einem Kalten Krieg zu stehen scheinen. Die Frage steht im Raum, ob und wann der nächste europäische Krieg den Menschen Hoffnung und Leben nimmt. Aus Washington waren bereits deutlich drohende Worte zu vernehmen, falls man sich der amerikanischen Politik entgegenstellen sollte: Deutschland müsse schon wissen, wo es seine Güter würde verkaufen können, etwa die mittelständischen Weltmarktführer oder die leistungsfähige chemische Industrie. Das alles hat als »Wink mit dem Zaunpfahl« zu gelten.

Auf der anderen Seite stellen wir allerdings auch bei der Russischen Föderation fest, in welchem Umfang die Archive geöffnet werden. Jüngst haben wir im Interview des russischen Staatspräsidenten Putin mit einer großen deutschen Tageszeitung lesen können, dass aus Anlass des Gespräches Protokolle über Unterredungen zwischen dem sozialdemokratischen Vordenker Egon Bahr mit Valentin Falin an deutsche Journalisten übergeben worden sind. Das wird nach allen Gepflogenheiten bedeuten, diese Protokolle demnächst abgedruckt zu sehen.

Wissenschaftlern stehen die russischen Archive seit einiger Zeit zur Verfügung, was für die Einschätzung der Vorgeschichte und des Verlaufs des Zweiten Weltkrieges eine große Rolle spielt. Nicht auszuschließen ist, dass die Bereitschaft, die Dokumentensammlungen zu öffnen, mit den sich erneut in Europa herauskristallisierenden Konfliktlinien mehr zu tun hat, als manchem in Berlin und Washington lieb sein dürfte. Müssen wir uns nach dem »Krieg der Sterne« und dem »Krieg der Welten« jetzt auf einen »Krieg der Archive« einstellen? Einen Vorgeschmack lieferten bereits im Verlaufe der krisenhaften Entwicklung in der Ukraine Veröffentlichungen, die die polnische Politik in der Vorkriegszeit betrafen und eine angeblich polnische Weigerung, gegen Hitler ein Bündnis mit Stalin abzuschließen, belegten. Es betrifft Polen auch bei der aktuellen Auseinandersetzung darüber, welche Anstrengungen die Vereinigten Staaten in Europa unternehmen, um faktisch eine »Mauer« aus gefügigen Staaten in einer tiefgreifenden Abwehrhaltung zu Russland zu etablieren. Das wird in direktem Kontext zur polnischen Politik seit Marschall Pilsudzki und seinen Bemühungen um eine Politik des »Intermariums«, d. h. eines Staatengürtels zwischen der Ostsee und dem Schwarzen Meer, unter polnischer Kontrolle und als politische Funktion gegenüber der Sowjetunion und dem Deutschen Reich gesehen.

## Wer steuerte die Prozesse am Ende der DDR?

Es ist kein rein akademisches Interesse, wenn heute Aufschluss über Fragen im Prozess, der zur Wiedervereinigung führte, gefordert wird. Dazu zählt auch, zu welchen Kräften in der damaligen DDR die ehemalige Sowjetunion noch einen Zugang hatte. Übte Moskau steuernden Einfluss auf Entscheidungsträger in der DDR aus? Über welche Strukturen in der DDR wäre eine Zusammenarbeit überhaupt noch möglich gewesen? Die Entwicklung im Spätherbst 1989 machte es notwendig, zwischen dem »Krieg der Sterne« und der Kanalisation in Osterrode/Harz alles im Blick zu haben.

Manche der Fragen konnte ich später mit einem Entscheidungsträger aus der Führung der Nationalen Volksarmee besprechen. In jener Zeit der Veränderung sei man sich darüber im Klaren gewesen, nur noch einen sehr eingeschränkten Einfluss auf die Soldaten zu haben. Die gesellschaftliche Entwicklung sei an der Armee nicht vorbeigegangen. Wenn noch nicht einmal die Hälfte der unterstellten Einheiten zur Verfügung stehe, verbiete sich von vornehrein und unabhängig von allen anderen Überlegungen ein Einsatz. Die Armee war in den Monaten nach dem Fall der Berliner Mauer ihren Befehlshabern »abhanden gekommen«, das verbot es geradezu, sie im innenpolitischen Zusammenhang einzusetzen. Anders als im fernen China, wo auf dem »Tian'anmen-Platz« Soldaten der chinesischen Volksbefreiungsarmee aus den Grenzprovinzen gegen Pekinger Demonstranten in aller Härte vorgingen, konnte in der DDR niemand Truppen heranziehen, die den Demonstranten auf den Straßen so fremd waren wie in Peking. Vielmehr hätten sich Nachbarn, Freunde, Familienmitglieder und Bekannte gegenübergestanden, und das wollte niemand.

Darüber hätten wir in den entscheidenden Monaten 1989 und 1990 in Bonn gerne mehr gewusst, um es in die Rechnung einzubeziehen. Andererseits erfuhr ich noch Ende August 1990 bei einem Truppenbesuch auf dem NVA-Standort Eggesin in Mecklenburg-Vorpommern von dem Übungsgeschehen auf der Ostsee mit Namen »Nordwind«, das atomare Einsätze gegen Ziele in Norddeutschland beinhaltete. Wir bereiteten die Wiedervereinigung vor, und Kräfte in der NVA den Nuklearkrieg gegen uns! Das konnte nach Lage der Dinge nur mit dem Wissen und der Zustimmung durch den zuständigen Minister für Abrüstung und Verteidigung, Rainer Eppelmann, geschehen sein. Besonders pikant war, dass die NVA zu dem Zeitpunkt ohne die westdeutsche D-Mark gar nicht mehr existiert hätte. Zur gleichen Zeit berichtete eine Gruppe von hohen Beamten aus dem Bonner Verteidigungsministerium von Beobachtungen, die sie bei einem Besuch militärischer Liegenschaften im Harz gemacht hatten. Auf dem Flugplatz Marxwalde, dem heutigen Neuhardenberg, war das Transportgeschwader stationiert, das Passagiere aus dem DDR-Regierungsbereich beförderte. Die Beamten waren dort in unterirdischen Anlagen auf voll aufmunitionierte Panzer gestoßen, die mit laufenden Motoren auf den Einsatzbefehl warteten.

Die noch vorhandenen Strukturen der NVA waren ein Faktor, den wir sehen mussten. Das galt gerade für die Zeit der immer schneller werdenden Strömung in Richtung »Einheit«. Offiziere der NVA sprachen offen über die Herausforderungen, als ich bei einer Begegnung in Leipzig das erste Mal mit einer Gruppe von ihnen reden konnte. Beim Geschäftsführer der CDU Leipzig, meinem späteren Kollegen im Deutschen Bundestag Walter Rau traf ich auf neue Mitarbeiter aus dem Westen sowie andere, deren vorheriger Arbeitgeber die Stasi war und die nun entweder Einfluss suchten oder einen Arbeitsplatz mit neuer Perspektive. Für die Begegnung mit mir hatten es die NVA-Offiziere vorgezogen, in Zivil zu erscheinen, denn wegen der in Leipzig herrschenden unklaren Lage schien es wohl zu diesem Zeitpunkt nicht zweckmäßig, das CDU-Parteibüro zu einem Gespräch mit dem westdeutschen Parlamentarischen Staatssekretär Willy Wimmer in Uniform zu betreten.

Die Offiziere berichteten mir nun davon, dass während der Montagsdemonstrationen in Leipzig, deren Bilder um die ganze Welt gingen, zwar militärische Befehle zum Einsatz der Truppen im Innern von der Regierung gegeben worden waren, doch sei man beim Militärbezirk Leipzig der Ansicht gewesen, dass dies nicht im Einklang mit der Verfassung stehen würde. So sei der Einsatz unterblieben. Waren in jenen Stunden vielleicht auch die Verbindungen zum sowjetischen Oberkommando genutzt worden, um eine Entwicklung einzuhegen? Gab es andere staatliche Einrichtungen in der DDR, die in enger Abstimmung mit den »Freunden« das verhinderten, was in Peking als Menetekel wirkte und den Absprachen zwischen Gorbatschow und Kohl zuwidergelaufen wäre? Aufschlussreich dürfte heute zudem die Antwort auf die Frage danach sein, wer in diesen bewegten Zeiten Einfluss auf die Bildung von Parteien und Gruppen genommen hatte. Geschah dies auch mit dem Ziel, einen Übergang von bisherigen Strukturen der DDR zu einem neuen Zustand zu finden? Steuerten gar die zivilen und militärischen Nachrichtendienste die Entwicklung? Ganz interessant war zudem die Frage, wo plötzlich und unerwartet die Millionen deutscher Fahnen ohne das DDR-Symbol herkamen.

## Neue Herausforderungen auf dem Weg zur Einheit

Mein Besuch im Hauptquartier der NSA sah auch ein Treffen mit dem Luftwaffengeneral James A. Abrahamson vor, der im Pentagon für das Konzept »Krieg der Sterne« verantwortlich war. Uns beide traf das Schicksal, »Washington flu«, eine Magen-Darm-Infektion, durchleiden zu müssen, sodass unser Gespräch nur recht kurz ausfiel. Inhaltlich war es leicht skurril: Einerseits wurde offenbar ohne jede Einschränkung ein Konzept weiterverfolgt, mit dem der Krieg in den Weltraum ausgelagert werden sollte, andererseits erlebten wir in Europa und Deutschland Dinge, mit der die bisherige Welt ins Wanken gebracht wurde. Noch wusste niemand, ob der Prozess uns einer besseren Welt näher bringen würde.

Nach meiner Rückkehr erlebte ich in Osterrode im Harz, wo ich die Ansprache beim feierlichen Gelöbnis der dortigen Bundeswehreinheit halten sollte, die Dynamik vor Ort. Die Mauer in Berlin war gerade gefallen, die Welt anders geworden, und ich hatte den Eindruck, dass sie nicht mehr in den alten Zustand zurückzuversetzen war. Trabbis machten ein Durchkommen schwer, denn Hunderte an Zuschauern aus dem östlichen Teil des Harzes wollten dabei sein. Im Übrigen würden die Verwaltungen dies- und jenseits der noch bestehenden Staatsgrenze bereits eng zusammenarbeiten, vor allem auf dem Gebiet der Kanalisation und der Infrastruktur. Die Deutschen, so mein Eindruck, würden sich das nicht mehr nehmen lassen.

Der November 1989 war ebenso zwiespältig wie die Monate zuvor und danach. Die Demonstrationen in Leipzig und Dresden zeigten, dass es in Deutschland um etwas ging. Das politische Bonn aber und das publizistische Westdeutschland? Da galten wohl noch andere Prioritäten. Der Eindruck, dass die Einheit gleichsam vor der Türe stand, war hier nicht vorhanden. Im Land selbst und erst recht im Ausland glaubten viele nur an Lippenbekenntnisse diesbezüglich, wie sich in Bemerkungen der Staats- und Regierungschefs der NATO noch heute herauslesen lässt. Jahrelang hatten führende Mitglieder der Bundesregierung davon geredet, nicht die Einheit Deutschlands, sondern Europas sei anzustreben. Vermutlich sahen sie in der momentanen Entwicklung für beide deutschen Staaten eher die Chance, unter einem europäischen Dach ein gedeihliches Nebeneinander finden zu können. Demgegenüber gab Helmut Kohl trotz aller Zurückhaltung die Wiedervereinigung als glasklares Ziel vor.

Der NATO-Oberbefehlshaber und amerikanische General Bernard W. Rogers verwendete gerne ein Bild, das die grundlegenden Veränderungen in Europa und Deutschland wiedergab: Auch die Bewohner eines von Hochwasser bedrohten Gebietes seien bereit, den zu ihrem Schutz gebauten Damm zu vernachlässigen, wenn das Hochwasser ausbleibe. Wir hatten mit der NATO diesen Damm erbaut und gehofft, er werde uns vor Unbill bewahren. Nun erlebten wir eine ganz andere Flut, und zwar diesseits des Damms. Die Rede des Bundeskanzlers vor dem Deutschen Bundestag machte den Weg frei für »politische Naturgewalten«: die Demonstrationen und den Fall der Mauer am 9. November 1989. Die Signale in Deutschland und Europa waren von diesem Tage an auf Selbstbestimmung und ein demokratisch-pluralistisches System eingestellt. Bei dieser allgemeinen Lage hatte man seitens der politischen Führung unseres Landes nur die Möglichkeit, auf dem Scheitelpunkt der Welle zu reiten, um nicht von der Woge erschlagen zu werden.

Die Deutschen strebten zur Einheit. Nicht alle hörten dabei das anhebende Donnergrollen, welches die Dynamik begleitete. In einer solchen Lage kam es für mich darauf an, auf die Grundfragen eines geeinten Deutschlands Einfluss zu nehmen, die innere und äußere Struktur im Sicherheits- und Verteidigungsbereich, vor allem als dann die Einheit schneller verwirklicht werden konnte. Die bestehenden Strukturen sollten dem mehr und mehr deutlich artikulierten Selbstbestimmungsrecht der Nation nicht im Wege stehen. Infrage stand meines Erachtens vor allem die Position Deutschlands in der NATO unter veränderten politischen Gegebenheiten. Dazu suchte ich vor allem das Gespräch mit den Chefredakteuren führender deutscher Tageszeitungen. Ich hatte über Jahre hinweg festgestellt, wie vertrauensvoll dort schwierigste Fragen erörtert werden konnten, und wollte die Zusammenarbeit auch auf das Gebiet einer vorausschauenden Sicherheitspolitik erstrecken, worin ich durch den Bundesminister der Verteidigung Gerhard Stoltenberg unterstützt wurde. Administrative Entscheidungen, die sich aus der dynamischen Entwicklung ergaben, traf Stoltenberg dank großer Umsicht mit dauerhaften Ergebnissen. Es stellte sich heraus, in welchem Maße es von Vorteil war, dass er als langjähriger Finanzminister stets die Auswirkungen von Entscheidungen mitbedachte.

Als Parlamentarischer Staatssekretär und Mitglied des Deutschen Bundestages war ich in der hierarchischen Struktur des Bundesministeriums eigentlich ein Fremdkörper, denn entgegen den Gepflogenheiten im öffentlichen Dienst hatte ich die Freiheit, eigene Schwerpunkte meiner Arbeit setzen zu können. Der Gesamtbereich der deutschen und globalen Sicherheitspolitik gehörte stets dazu. So war mir ein sehr großer eigener Handlungsspielraum eingeräumt in allen damit zusammenhängenden Fragen, was sich bei dem dynamischen Prozess, der in zunehmender Geschwindigkeit ablief, als sehr positiv erwies. Jetzt galt es, das konzeptionell auszufüllen und auf deutsche Interessen hin zu gestalten, was sich sicherheitspolitisch dabei ergab. Da konnte ich auf Joachim Sobotta von der *Rheinischen Post* in Düsseldorf ebenso zählen wie auf Jens Feddersen von der *Neuen Rhein/Neuen Ruhr Zeitung* in Essen oder Wolfgang Radau, der bei der *Westdeutschen Zeitung* in Düsseldorf für diesen Themenbereich verantwortlich und der Bundeswehr gegenüber sehr aufgeschlossen war.

Über Jahrzehnte waren uns die militärischen Potenziale, die sich in Zentraleuropa gegenüberstanden, mehr als geläufig. Die Frontlinie verlief mitten durch unser Land. Schon alleine die Verwendung des Begriffes »Zentralfront« sagte fast alles über die tatsächliche Lage aus.

Ich fand bei meinen journalistischen Gesprächspartnern Verständnis dafür, dass sich die Rolle Deutschlands in Europa mit dem eben stattfindenden Umbruch grundlegend verändern musste. Denn in der Folge sei unser Land bald nur noch von befreundeten Staaten umgeben, und die europäische Sicherheit werde in Zukunft wohl von einer »*Zusammenarbeit zwischen San Francisco und Wladiwostok*« bestimmt, wie die *Rheinische Post* titelte. Letzteres Bild wurde wenig später vom amerikanischen Außenminister Jim Baker verwendet, der allerdings »*zwischen Vancouver und Wladiwostok*« eine Zone verbesserter internationaler Sicherheit feststellte. Vor den Pressevertretern sprach ich zum ersten Mal darüber, in Zukunft Politik nur auf der Grundlage eines »*erweiterten Sicherheitsbegriffes*« seitens unseres Staates vertreten zu können, denn darauf käme es in Zukunft an. Da sich die Welt für uns nun offener gestalte, so meine Sicht der Entwicklung, müsse dies in unser staatliches Handeln einbezogen werden und unser Augenmerk auf soziale, kulturelle, technologische und ökologische Möglichkeiten der Friedenssicherung lenken. Bis zu diesem Zeitpunkt war Sicherheit hier allein militärisch definiert worden. Meiner Ansicht nach sollte in Europa nun die militärische Komponente zurücktreten, damit sich stattdessen zwischenstaatliche Beziehungen entfalten konnten, bei denen andere Prioritäten gesetzt werden, wie etwa zwischen Holland und Belgien oder Italien und der Bundesrepublik Deutschland der Fall. Vom Umweltschutz über Investitionsprogramme bis zur Bildungspolitik sollte die Zusammenarbeit reichen. Damit war der Begriff der »erweiterten Sicherheitspolitik« geboren, der für viele Jahre die Politik der Regierung Kohl bestimmen sollte.

Nach den Presseveröffentlichungen über meine Vorstellungen fiel man in der Regel im Verteidigungsministerium über mich her, weil all das, was auf Veränderung ausgerichtet war, bedeutete, von jahrzehntelang eingefahrenen Mustern Abschied nehmen zu müssen. Außerdem wurde jede konzeptionelle Veränderung auch sofort daraufhin untersucht und behandelt, welche personalpolitische Auswirkung sie für einen selbst oder andere haben könnte. Noch im

Sommer 1991, nach den Abrüstungsgesprächen in Wien, hatte ich große Schwierigkeiten, den Führungsstab der Streitkräfte zu einer Untersuchung der Lage in Jugoslawien zu veranlassen. Oberstleutnant Riedl von der österreichischen Staatspolizei, der für meinen Schutz in Wien verantwortlich gewesen war, hatte mich ausführlich über die kritische Entwicklung auf dem Balkan unterrichtet, die später das gesamte Jahrzehnt bestimmen sollte. In der NATO war man indes ungeachtet der Entwicklung noch voll auf die Sowjetunion fixiert. Diejenigen, die damit betraut werden sollten, die von mir angeforderte Untersuchung zu erstellen, waren begeistert. Sie durften endlich mal etwas anderes im Blick haben als sowjetische Panzer.

## Unfreiwillige Liebe: Die Sowjetunion braucht die NATO

In jenen Wochen war es wichtig, unveränderliche und variable Elemente des Umbruchs im staatlichen und zwischenstaatlichen Handeln auseinanderzuhalten, um zu Stabilität und Berechenbarkeit der Entwicklungen beitragen zu können. Hier ging es primär um eine Neuaufstellung der NATO.

Wir mussten aus meiner Sicht vor allem darauf hinwirken, dass mit der Emanzipation von Staaten in Mittel- und Südosteuropa, die noch an den Warschauer Pakt gebunden waren, nicht ein Destabilisierungsprozess des Kontinents eingeleitet wurde. Um das zu verhindern, müsste eine Stabilitätsgarantie insbesondere vonseiten der Vereinigten Staaten im sowjetischen Interesse liegen. Eine Auflösung der NATO als Bedingung für die Auflösung des Warschauer Paktes wäre hier nicht sinnvoll gewesen. Mit dem Abzug der amerikanischen Truppen käme der UdSSR in einer Zeit der Verunsicherung der Ansprechpartner abhanden. Aus dieser Sicht benötigte die Sowjetunion die NATO als wesentlichen Stabilisierungsfaktor in Europa. Die Vereinigten Staaten waren Führungsmacht und gleichzeitig die Klammer des westlichen Verteidigungsbündnisses. Dabei war es von fast untergeordneter Bedeutung, ob diese Klärungsprozesse innerhalb oder außerhalb der NATO durchgeführt werden sollten. Es war die Präsenz der Vereinigten Staaten in Europa, die für die Sowjetunion zählte.

Es war kein Geheimnis, dass in großem Umfang Stimmung gegen ein wiedervereinigtes und damit in den Augen anderer wiedererstarktes Deutschland gemacht wurde. Aus meiner Sicht musste die Sowjetunion ein Interesse daran haben, die Existenz der NATO nicht gefährdet zu sehen. Schließlich konnten nur die Vereinigten Staaten eine Garantie dafür geben, dass der Westen aus der Veränderung in Europa keine einseitigen Vorteile zog und sich weiter der Stabilität und dem Ausgleich verpflichtet fühlte. Durch den Umbruch in den Ländern Mittel- und Südosteuropas hatte das europäische Vorfeld seinen Sicherungscharakter eingebüßt. Damit hatte der Warschauer Pakt ausgedient. Die Lasten waren politisch, militärisch und ökonomisch zu groß geworden und mussten abgeschüttelt werden, nicht anders waren die Worte meiner Gesprächspartner in Moskau zu verstehen. Die rasant fortschreitende Entwicklung machte es erforderlich, ein vorausschauendes Konzept für den Fall zur Hand zu haben, dass die Geschichte eine Lösung der deutschen Frage schneller als gedacht einfordern würde.

In Moskau stellte man sich bereits die Frage, ob es nicht geboten und sinnreich wäre, die in Mittel- und Osteuropa stationierten Truppen hinter die eigenen Grenzen zurückzuziehen. Entsprechende Anfragen aus der Tschechoslowakei, aus Polen und Ungarn lagen schon vor. Die militärpolitische Bedeutung der DDR schwand dahin, weitaus wichtigere Prozesse traten in den Vordergrund, welche von nun an höchste Priorität erhielten, denn sie sollten es der Sowjetunion erlauben, über politische, gesellschaftliche und vor allem ökonomische Reformen Anschluss an die dynamische Entwicklung der westlichen Welt zu finden. Nichts anderes hatte man mir in Moskau gesagt. Ein Deutscher konnte unter diesen veränderten Umständen nur die Frage stellen, warum die Einheit Deutschlands nicht möglich sein und die Beibehaltung des NATO-Vertragsgebietes als Stationierungsraum der verbündeten Streitkräfte nicht denkbar sein sollte.

Warum sollten die Stationierungsgebiete für Truppen des NATO-Verteidigungsbündnisses nicht überdenkbar sein? Warum, so musste doch gefragt werden, konnte nicht auf absehbare Zeit der östliche Teil Deutschlands als Gebiet frei von alliierten Truppen, aber mit Stationierungsrechten für begrenzte deutsche militärische Kontingente garantiert werden? Es waren ja ohnehin militärische Reduzierungen als Folge des Wiener Abrüstungsprozesses zu erwarten. Leider dachten vor allem die Vereinigten Staaten und Großbritannien anders und versuchten im direkten Kontakt mit den neuen Landesregierungen, ihre Truppen auch auf dem Gebiet der ehemaligen DDR zu stationieren.

Im Januar 1990 hatte sich der Deutschlandberater Gorbatschows und Sekretär des Zentralkomitees der KPdSU, Nikolai S. Portugalow, auf die Frage danach, wann die Wiedervereinigung komme, wie folgt öffentlich geäußert: *»Wenn das Volk der DDR die Wiedervereinigung will, dann wird sie kommen. Wir werden uns in keinem Fall gegen diese Entscheidung stellen. Wir werden uns nicht einmischen.«* Das war eindeutig. Es war eine gute Gelegenheit, sich an das zu erinnern, was der ehemalige Ministerpräsident der DDR, Otto Grotewohl, anlässlich der Aufnahme der DDR in den Warschauer Pakt erklärt hatte. Grotewohl sprach damals die nationalen Interessen des deutschen Volkes unmissverständlich an: *»Die DDR sieht nach wie vor die Wiedervereinigung Deutschlands auf friedlicher und demokratischer Grundlage als ihre und des ganzen deutschen Volkes Hauptaufgabe an und wird alles tun, um die Wiedervereinigung Deutschlands zu beschleunigen. Bei der Unterzeichnung des vorliegenden Vertrages über Freundschaft, Zusammenarbeit und gegenseitigen Respekt geht die Regierung der Deutschen Demokratischen Republik davon aus, dass das wiedervereinigte Deutschland von den Verpflichtungen frei sein wird, die ein Teil Deutschlands in militärpolitischen Verträgen und Abkommen, die vor der Wiedervereinigung abgeschlossen wurden, eingegangen ist.«*

Wenn dies alles so war, konnte mittels vertraglicher Abmachungen und Garantien im Sinne einer Einbettung in den gesamteuropäischen Prozess die Einheit aus sicherheitspolitischen Gründen schwerlich verneint werden – trotz und gerade wegen der Mitgliedschaft Deutschlands in der NATO. Es war gerade diese Mitgliedschaft, die der Sowjetunion die Einbettung Deutschlands in einen Staatenverbund garantierte, dessen erklärte Politik in Vergangenheit und Gegenwart der gesamteuropäischen Stabilität verpflichtet war. Dabei spielte es für diese Grundeinstellung fast keine Rolle, dass sich auch die NATO ihrerseits auf der Grundlage des bald zu erreichenden Status quo den veränderten Zeiten würde anpassen müssen. Darunter wurde allgemein verstanden, die tatsächliche Dichte alliierter Truppenpräsenz den Forderungen der in Wien stattfindenden Abrüstungsverhandlungen anzupassen.

## Transatlantische Beziehungen auf Augenhöhe?

Ende Februar 1992 führte der damalige enge Vertraute von Bundesaußenminister Hans-Dietrich Genscher, später Botschafter unseres Landes in Japan und Indien, Frank Elbe, in einer großen deutschen Tageszeitung Überlegungen aus, die auch ich als europäische Perspektive sah. Danach sollten die künftigen Beziehungen zwischen Washington und Brüssel vom *»Prinzip der gleichen Augenhöhe«* bestimmt sein, wodurch die gemeinsame transatlantische Politik auf eine andere wirtschaftspolitische und sicherheitspolitische Grundlage gestellt würde. Am Abend des Tages, an dem wir alle den großen Aufmacher dazu lesen konnten, wurde Elbe durch den neuen Außenminister Klaus Kinkel aus seiner Beraterfunktion entlassen.

Das, was Elbe zum Ausdruck gebracht hatte, entsprach dem, was in langen Gesprächen mit ihm, Walter Breil und mir im Verteidigungsministerium erörtert worden war. Zudem sahen wir seine Worte in der Tageszeitung als eine Art »politisches Vermächtnis« von Hans-Dietrich Genscher an. Dieses Denken und die damit verbundenen

Konzepte stießen in Bonn allerdings auf scharfe Abneigung derjenigen, welche weiterhin auf ihren Vorrang pochten.

In der Vergangenheit konnte man sehen, in welchem Maße die Europäische Gemeinschaft und später die Europäische Union auf eine grundlegende Dominanz der Vereinigten Staaten zugeschnitten wurde. Auch in Zusammenhang mit den Diskussionen über den Austritt des Vereinigten Königreiches aus der Europäischen Union und dem Ergebnis des Referendums vom 23. Juni 2016 wird allzu schnell vergessen, in welchem Maße Großbritannien für diese Entwicklung die Verantwortung getragen hat. Nun scheint es im britischen Interesse zu liegen, die von der EU als »Wertegemeinschaft« wahrgenommene Friedenspflicht aufzukündigen.

Die gegen Russland verhängten anlasslosen Sanktionen nach dem Putsch in der Ukraine vom Frühjahr 2014 gegen die freigewählte Regierung von Präsident Viktor Janukowitsch durch den Westen machen deutlich, welchen verhängnisvollen Weg die EU inzwischen eingeschlagen hat. Der amerikanische Vizepräsident Jo Biden verkündete in schöner Offenheit, dass es seiner Regierung darum gegangen sei, mit den Sanktionen die Beziehungen zwischen der EU und der Russischen Föderation zu vergiften und »den Europäern den Arm auf den Rücken zu drehen«.

## Mediale Wahrnehmung gestern und heute

Infolge meiner Denkschrift an Bundeskanzler Kohl lautete die Schlagzeile der *Welt am Sonntag* vom 7. Januar 1990: »*Nationale Streitkräfte zwischen Elbe und Oder*«. Heinz Vielain, der Bonner Chef der Zeitung, war in der Bundeshauptstadt, wie man es heute formulieren würde, bestens vernetzt und verfügte etwa über exzellente Verbindungen ins Kanzleramt oder die Führungsspitze der CDU/CSU-Bundestagsfraktion. Man kam an ihm nicht vorbei, wenn es um seriöse Information ging. Es gab seinerzeit in Bonn eine Handvoll Journalisten, die als Gesprächspartner gesucht waren, zumal die Zahl der zur Verfügung stehenden Medien sehr viel geringer war als heute. Der Hang zum »schnellen Coup«, der später das publizistische Umfeld des Politzirkus in Berlin so bestimmen sollte, war damals längst nicht so ausgeprägt, es kam vor, bestimmte aber nicht die Berichterstattung. Alleine der Pressezirkel um Joachim Sobotta agierte auf der höchsten Stufe sachlicher staatspolitischer Kompetenz. Hier trafen sich die Chefredakteure der bedeutendsten Regionalzeitungen der Bundesrepublik. Wer nichts zu sagen hatte, erhielt keine Einladung. So einfach war das.

Mit besagtem Artikel in der *Welt am Sonntag* rückte die Frage nach einer einheitlichen deutschen Armee in der NATO in den Fokus der Öffentlichkeit. Die Reaktionen im Verteidigungsministerium sowie seitens der Mitarbeiter aus den Streitkräften kamen wie immer prompt. Von allen Seiten wurde ich darauf angesprochen. Das war durchaus verständlich, denn die Menschen wollten auch für sich persönlich wissen, wohin die Reise ging. Sie konnten sich an zehn Fingern abzählen, in welchem Maße die zeitgleich in Wien stattfindenden Abrüstungsverhandlungen auf die Gesamtstärke der Bundeswehr Einfluss haben würden. Es war bekannt, in welchem Maße die Teilnehmerstaaten darauf drängten, die Lasten der Verteidigungsanstrengungen zu reduzieren und damit in bedeutendem Umfang die Größe nationaler Streitkräfte zur Disposition zu stellen, ohne die eigene Sicherheit zu gefährden. Die Gesellschaften waren nicht mehr bereit, die enormen Militärausgaben zu schultern, weil einfach das Geld ausging. Für die militärischen und zivilen Mitarbeiter der Bundeswehr war absehbar, dass es tiefe Einschnitte im Personalhaushalt und damit eine Reduzierung der Personalstärken geben musste. Jetzt tauchte für die Kenner der Szene und diejenigen, die aufmerksam alle Informationen verfolgten, noch Fragen nach der Zukunft der NVA mit ihren gut 170 000 Soldatinnen und Soldaten auf. Konkurrenz und Abbau, wohin man blickte. Sollte die eigene Karriereplanung scheitern? Musste man gar die Armee verlassen? Angst und Nervosität war überall zu spüren.

*Entwurf des »Jägers 90« (später »Eurofighter 2000«): der Journalisten Liebling in den frühen 1990ern*

Im Januar 1990 stürzten in der Redaktion der *Welt am Sonntag* Fragen auf mich ein, die ich in diesen Wochen kaum verstehen konnte: In Deutschland »ging der Zug ab«, die Herren wollten wissen, welches neue Kaliber für den Kampfpanzer »Leopard II« und seine modernisierte Kanone vorgesehen sei und wann denn der neue »Leopard III« käme. In Hamburg nicht unverständlich war die Frage nach möglichen neuen Fregatten. Schließlich lag es am Wasser, und Fregatten waren hier wichtig. Wichtiger offensichtlich als die Veränderungen in Deutschland und die am weiteren Horizont aufblitzende Wiedervereinigung. Ganz heftig wurde es immer, wenn etwas zum »Jäger 90« gesagt werden musste, weil das so etwas wie ein Lieblingskind für vermutlich jeden Journalisten gewesen ist. Dabei spielten nicht nur die ungeheuren Kosten für diese Rüstungsprojekte eine Rolle, wie ich als Berichterstatter meiner Fraktion aus dem »Tornado-Untersuchungsausschuss« in der Legislaturperiode nach 1980 erfahren konnte. Europäische Rüstungsprojekte waren der US-Industrie ein Dorn im Auge, weil sie eine unliebsame Konkurrenz darstellten.

Nicht nur bei diesem Pressebesuch hatte ich den nachhaltigen Eindruck, dass in jenen Wochen und Monaten oft genug zwei Welten aufeinanderprallten: auf der einen Seite die unter den gegebenen Umständen nun wirklich marginalen Fragen nach Panzerkanonen oder Schiffsneubauten, die noch aus den alten Verhältnissen herrührten, auf der anderen Seite die Herausforderungen einer neuen Zeit, die sich zwar zunehmend Platz verschafften, vielen aber trotzdem noch verborgen blieben. Bis heute haben manche es nicht begriffen, wie an der fortdauernden Propaganda und dem NATO-Abwehrverhalten gegenüber der Russischen Förderation festgestellt werden kann. Vieles, wenn nicht alles, läuft noch immer nach der altrömischen Prämisse: Karthago muss zerstört werden, weil es Karthago gibt.

Früher waren die großen deutschen Zeitungen sowie die in Rundfunk und Fernsehen geführten Diskussionen in politischer Hinsicht von einem Pluralismus der Meinungen geprägt. Nach dem Umzug nach Berlin 1999 änderte sich das grundlegend. Die langjährig zu einem Themenbereich wie der Sicherheits- und Verteidigungspolitik arbeitenden Journalisten, die ein hohes Ansehen genossen, wurden verdrängt, und es machte sich die schnelllebige Meldung breit. Die heutige Presselandschaft muss alleine schon deshalb unter die Lupe genommen werden, um zu prüfen, ob dieses »Sturmgeschütz« der Demokratie noch immer funktionstüchtig ist oder dem »Embedded Journalism« Platz gemacht hat. Dieser bestimmt meines Erachtens heute die mediale Wirklichkeit. Als Erstes blieb dabei die Meinungsvielfalt auf der Strecke. Nachdem die Bundesrepublik Deutschland wie andere Staaten auch durch die NATO-Pressestelle in den Krieg gegen Jugoslawien 1999 hineingetrieben worden war, machte diese Form Schule. Statt Wert auf sichtbare Unabhängigkeit zu legen, renommiert man mit Mitgliedschaften in der »AtlantikBrücke« oder ähnlichen Formationen. Das Aufkommen russischer Medien auf dem globalen Pressemarkt, in denen die ehemals vorhandene Meinungsfreiheit westeuropäischer Gesellschaften wieder auflebt, wird seitens der NATO und der EU genutzt, genau diese Meinungsvielfalt durch Verbote oder Druck jedweder Art zu beseitigen. Vermutlich hat Joseph Goebbels, was die Gefügigkeit angeht, größere

Schwierigkeiten gehabt, sich der deutschen Presse entgegenzustellen, als dies heute für NATO und Europäische Union gilt.

## Stolperstein NATO-Mitgliedschaft

Gegen meine Forderungen nach einer NATO-Mitgliedschaft des wiedervereinigten Deutschland wurde sowohl vonseiten der FDP, unseres Koalitionspartners in der Bundesregierung, als auch der oppositionellen SPD schweres Geschütz aufgefahren. Der liberale Abgeordnete Olaf Feldmann erklärte am 31. Januar 1990 im Pressedienst seiner Partei, dass sie in hohem Maße verantwortungslos seien, und warnte davor, dass damit die Tür zur Wiedervereinigung zugeschlagen werde, bevor diese sich ganz habe öffnen lassen.

Einen Tag zuvor hatte der sozialdemokratische Verteidigungspolitiker Gernot Erler öffentlich seine Ansicht über meine Vorstellungen mitgeteilt, nämlich dass ich von allen guten Geistern verlassen sei. Ohne eine neue europäische Friedensordnung könne es keine deutsche Einheit geben. Im Übrigen würde ich wohl von »einer bedingungslosen Kapitulation Moskaus« träumen, wenn ich vorschlüge, alliierte Soldaten in der alten Bundesrepublik stehen zu lassen und zugleich – wie Kollege Erler sich ausdrückte – »*die Sowjets aus der DDR rauszuschmeißen*«. Fulminant für mich wurde es durch einen Artikel im *Kölner Stadt-Anzeiger* über eine Veranstaltung im benachbarten Krefeld. Bundesaußenminister Hans-Dietrich Genscher hatte dort erklärt, derjenige würde »*die Tür für ein vereintes Deutschland zuschlagen, der die NATO-Grenze bis zur Oder ausdehne*«. Bekanntlich ist es anders gekommen: Die Tür blieb auf, die Einheit kam, die NATO blieb, und der Warschauer Pakt löste sich auf.

Die unterschiedlichen Beurteilungen bezüglich einer gesamteuropäischen Friedensarchitektur für die Zukunft waren auch Gegenstand monatelanger Diskussionsprozesse im Bundesministerium der Verteidigung. Es sollten »sicherheitspolitische Perspektiven für ein neues Europa« entwickelt werden, denn diese seien für die Zukunft Europas äußerst wichtig. Dabei meinten einige Mitglieder der Führungsspitze noch im Februar 1990, die Einheit Deutschlands nur über Zwischenschritte erreichen zu können. Über eine »Vertragsgemeinschaft« wurde ebenso nachgedacht wie über »konföderative Strukturen«. Entsprechende Papiere verschwanden bald in den Schubladen ...

Obwohl sich die Sowjetunion dem Prozess, der uns die staatliche Einheit brachte, in keiner Weise widersetzte, war man sich in der Beurteilung dieses Landes überhaupt nicht einig, ein Konsens nicht in Sicht. In der NATO bestanden Planungen zu einer »schnellen Eingreiftruppe«, denn dort ging man schon damals von einem Szenario aus, das uns gut 25 Jahre später nach dem westlichen Putsch in der Ukraine in einen europäischen Krieg hätte führen können oder demnächst führen wird. In der Führungsspitze wurde behauptet, dass sich die Sowjetunion nach einer Periode der Schwäche erholen und dem Westen gegenüber wieder bedrohliche Fähigkeiten entwickeln könnte. Die amerikanische Präsenz in Europa wurde dabei definitiv an die Machtbalance zur Sowjetunion gebunden.

## CDU in West und Ost:
### Der steinige Weg der Annäherung

Eigentlich wusste ich im Januar 1990 kaum, wo mir der Kopf stand. Die ungeheure Arbeitsintensität, die auf die Führungsspitze des Verteidigungsministeriums und damit auch mich in jener Zeit zukam, war das eine. Die Auslandsreisen zu den Abrüstungs- und Rüstungskontrollgesprächen nach Wien oder Genf sowie die intensiven Besuche in den Vereinigten Staaten, der Sowjetunion, Südkorea, Japan oder Pakistan waren das andere. Mehrere Teams waren für die Fahrten mit den Dienstwagen und die Sicherheit zuständig. Walter Breil suchte dabei die Arbeitsbelastung für mich im Zaum zu halten. Das galt auch für Bemühungen, über die Vereinbarungen zwischen der

CDU-Ost und der CDU-West gestaltenden Einfluss auf die Chancen der CDU bei den Volkskammerwahlen am 18. März 1990 zu nehmen. Wie so vieles in dieser im wahrsten Sinne des Wortes »wilden Zeit« hing alles davon ab, dass man sich kannte, miteinander »konnte« und eine gemeinsame Zielvorstellung hatte. Diesbezüglich hatte ich Zweifel an einem in gewisser Weise unerwarteten Gesprächspartner, dem damaligen stellvertretenden Ministerpräsidenten der DDR in der Regierung Hans Modrow, Lothar de Maizière aus Ost-Berlin.

Alfons Kranz, der Verlagsleiter der *Neuss-Grevenbroicher Zeitung*, der mich noch jüngst bei meinem Besuch in Moskau begleitet hatte, hatte bei mir nachgefragt, ob ich zu einem Gespräch mit dem Vorsitzenden der CDU in der DDR, Lothar de Maizière, bereit sei, den er in Ost-Berlin über einen Industriekontakt kennengelernt hatte. Das Interesse an der CDU-Tageszeitung *Neue Zeit* wiederum war für Kranz Grund genug gewesen, sich auf den Weg nach Berlin zu machen. Wirtschaftlich zeichneten sich neue Perspektiven in Deutschland ab, und da musste man dabei sein. Jedenfalls hätte de Maizière ihm sein Leid geklagt, dass niemand aus der Führungsspitze der westdeutschen CDU mit ihm über die weitere Entwicklung beider Schwesterparteien reden wolle. Dabei stehe die erste freie Wahl in der DDR für den 18. März fest und werde für den weiteren Weg der politischen Entwicklung von entscheidender Bedeutung sein.

Die Gesprächsanfrage war als solche nicht ungewöhnlich. Warum sollte ich mich in meiner Funktion als Vorsitzender der CDU Niederrhein nicht mit dem Vorsitzenden der Ost-CDU treffen? Die CDU Niederrhein zählte seinerzeit gut 35 000 Mitglieder und war unter den westdeutschen Bezirksverbänden ein Schwergewicht. Vermutlich hatten wir weitaus mehr Mitglieder als die gesamte damalige Ost-CDU. Doch war es so, dass mit de Maizière in Bonn niemand etwas im Sinn hatte. So selbstverständlich waren die Dinge dann doch nicht. CDU-Generalsekretär Volker Rühe hatte gegenüber der Ost-CDU einen klaren Kurs der Distanzierung eingeschlagen. Das galt in besonderem Maße für den erst frisch ins Amt gewählten de Maizière. An ein Gespräch der beiden war nicht zu denken. Da Rühe aber eine enge politische Verbindung zu seinem ostdeutschen Kollegen Martin Kirchner pflegte, entstand der Eindruck, dass einflussreiche Kreise der westdeutschen CDU auf eine Spaltung der ostdeutschen Schwester setzten. Es sollte offenbar eine Trennungslinie zu denjenigen gezogen werden, die über Jahre schon in der Ost-CDU ihre politische Nische gefunden hatten, obwohl die an die Einheitspartei SED gekettet war, und zu denen eben auch Lothar de Maizière zählte. Daneben gab es eine wachsende Zahl neuer Mitglieder, die erst nach dem Fall der Mauer zur CDU gefunden hatten.

Ich besprach mich mit dem Vorsitzenden der CDU des Kreises Neuss, Hans-Ulrich Klose, dem damaligen Vizepräsidenten des Landtages in Düsseldorf. Klose stammte selbst aus dem Osten, genauer: der Stadt Fürstenwalde, und war als junger Mann in den Westen geflohen. Als Christ nahm er eine führende Position in der Evangelischen Kirche des Rheinlandes ein. In Fragen, die Deutschland und die Position der CDU in diesen Kontext betrafen, zogen wir an einem Strang. Das hatte sich noch kurz zuvor gezeigt, als wir im Kreisverband gegen Heiner Geißler mit seiner Haltung zum Wiedervereinigungsgebot in der eigenen Verfassung zu Felde gezogen waren. Über meinen langjährigen Gesprächspartner aus der Jungen Union Rheinland, Michael Roik, ließ ich zudem Helmut Kohl über das beabsichtigte Treffen informieren, woraufhin der Bundeskanzler mich bat, ihn auf dem Laufenden zu halten.

Die Lage in Deutschland spitzte sich von Tag zu Tag mehr zu. Dazu trug in erster Linie der anschwellende Strom von Menschen bei, die über die offene Grenze nach Westdeutschland kamen, sodass bei uns die Turnhallen zur vorläufigen Unterbringung knapp wurden. Politisch gesehen war die Ost-CDU angesichts des bevorstehenden Wahlkampfes in einer sehr schwierigen, wenn nicht aussichtslosen Lage. In der Bundesrepublik hatten sowohl die SPD als auch die

Liberalen deutlich gemacht, mit wem sie in der noch bestehenden DDR zusammenarbeiten wollten. In der westdeutschen CDU konnten sich viele nicht vorstellen, gegen eine CDU in der DDR Wahlkampf zu führen, mit der uns gemeinsame Wurzeln verbanden und deren Schicksal schon schwer genug gewesen war. Das alles musste ich im Blick haben, als ich mich auf ein Treffen mit dem Vorsitzenden der Ost-CDU einließ.

Zuvor aber kam es noch zu einem Eklat: In Neuss war Rita Süssmuth zu Hause, obwohl sie ihren heimischen Wahlkreis im niedersächsischen Göttingen hatte. Mit ihr sollte mich einige Jahre später eine intensive internationale politische Arbeit verbinden. Sie war ein überaus prominentes Mitglied der Gruppe innerhalb der CDU, die Monate zuvor auf dem Bremer Parteitag den Sturz des Bundeskanzlers als Parteivorsitzendem geplant hatte. Kranz ließ mich nun wissen, dass der Ehemann Hans Süssmuth an meinem Gespräch mit de Maizière teilnehmen wolle. Dann würde es das Treffen eben

Lothar de Maizière und Willy Wimmer bei der Neusser Pressekonferenz am 27. Januar 1990

nicht geben, war meine Antwort. Es schied für mich alleine schon deshalb aus, weil der Name Süssmuth im Zusammenhang mit dem Putschversuch gegen Helmut Kohl stand, den ich nicht düpieren wollte, zumal er meinem Treffen mit de Maizière zugestimmt hatte. Es konnte ohnehin schlimm genug kommen. Dafür hatte schon der Gast aus Ost-Berlin mit einer geradezu erpresserischen Pressepolitik gesorgt: Er zog alle ihm zur Verfügung stehenden Register, um ein Drohszenario aufzubauen, falls das Treffen nicht zustande käme, obwohl ich längst zugesagt hatte. So etwas hatte ich noch nicht erlebt, und ich konnte mich über ein derartiges Verhalten nur wundern. Normalerweise wäre es Anlass genug gewesen, meine Zusage wieder zurückzuziehen. Die Zeiten waren aber nicht »normal«. Ich erfuhr über Michael Roik, in welchem Umfang de Maizière die westliche Presse nicht nur auf das Gespräch aufmerksam gemacht und zu einer Pressekonferenz im Anschluss eingeladen hatte, sondern, so ließ er unter die Leute bringen, er wolle das endgültige Scheitern seiner Bemühungen gegenüber der Gesamt-CDU und die unabsehbaren Folgen für die Volkskammerwahlen verkünden. Übliche Gepflogenheiten waren das jedenfalls nicht, die er an den Tag legte. Diplomatisch waren sie in keinem Falle. Was wollte Lothar de Maizière bei dem Gespräch mit mir eigentlich bewirken?

Das alles entwickelte sich zu Dramatik pur. Mit meiner Gesprächszusage stand ich plötzlich auf nationaler Ebene wie unter einem Brennglas. Wir hatten uns in Neuss kaum begrüßt, als de Maizière zu einem einstündigen Telefonat mit Heiner Geißler im Pressehaus verschwand. Es ging, wie ich später erfahren habe, um den Text einer durch de Maizière vorbereiteten Presseerklärung. Darin sollte dem Bundeskanzler nicht nur die Verantwortung für die ungeheure Ausreisewelle angelastet werden, er zerstöre mit seiner Haltung zur CDU-Ost auch jede Wahlchance für die Volkskammerwahl. Wurde hier erneut ein Sturz des Bundeskanzlers vorbereitet? Jedenfalls wird daran deutlich, wie wenig es bestimmten Zeitgenossen, mit denen Lothar de Maizière zusammenzuarbeiten schien, um die Nation ging.

Als wir uns dann in der vierten Etage des schmucklosen Zweckbaus der *Neuss-Grevenbroicher Zeitung* trafen, machte mein Gegenüber keinen Hehl daraus, in welcher Situation er sich befand. Er stehe wegen der Haltung der Parteispitze mit dem Rücken zur Wand. Vor allem schmerze ihn, dass Generalsekretär Rühe in aller Öffentlichkeit über führende Mitglieder der Ost-CDU hergefallen sei, ohne jemals ein Gespräch mit ihnen zu suchen. Am folgenden Montag sei eine Sitzung des Hauptvorstandes vorgesehen, und dort werde er seinen Rücktritt erklären, wenn unser Gespräch kein verwertbares Ergebnis fände. Das aber konnten wir uns aus meiner Sicht überhaupt nicht leisten. Für Deutschland stand zu viel auf dem Spiel. Die CDU wurde ohnehin angegriffen auf ihrem Weg, sich der Schwester in der ehemaligen DDR zu nähern. Nachdem der politische Gegner in Bonn, vornehmlich die SPD, wieder und wieder die Verknüpfung von Ost-CDU mit der SED anprangerte, hatte Walter Breil entgegengehalten, dass die ersten Initiativen zum Zusammenschluss von Sozialdemokraten und Kommunisten in der Sowjetischen Besatzungszone von der SPD ausgegangen seien. Die Kommunisten hatten diese Vorschläge sogar zunächst abgelehnt. Auf dem Vereinigungsparteitag im Jahre 1946 in Ost-Berlin wurde dann das Fundament für die spätere Entwicklung gelegt, der SED konnte sich in der Folge keine Partei entziehen, auch nicht die Ost-CDU. Diese historischen Zusammenhänge bestimmten meine Haltung ebenso wie das Ziel, das es zu erreichen galt: die baldige Einheit der Nation, unseres deutschen Vaterlandes. Breil und ich verstanden sehr wohl die persönliche Befindlichkeit vieler Mitglieder, die in den schwierigen Verhältnissen der DDR zur CDU gestanden hatten. Sie traf es sicher mehr als schmerzlich, wenn sie von Rühe in der Art und Weise angesprochen wurden, wie es sich die Sozialdemokraten als die eigentlichen Verursacher des Paktes mit den Kommunisten angewöhnt hatten.

Um zu einer gemeinsamen Basis zu kommen, musste nun ausgelotet werden, ob die Ost-CDU bereit war, sich zu den gemeinsamen politischen Wurzeln der Christdemokraten zu bekennen. Unter Bezugnahme auf die sich eröffnenden Chancen einer Vereinigung der beiden christdemokratischen Parteien, sagte de Maizière in der anschließenden Pressekonferenz, dass »*es die immer noch hundertvierzigtausend Mitglieder der CDU in der DDR nicht verstünden, wenn wir das jetzt alles wegwerfen würden*«. Wir sahen das ebenso. Der Weg in die Zukunft konnte nur ein gemeinsamer sein, das wurde im Verlauf des Gesprächs klar.

## Erster gemeinsamer Wahlkampf

Den kommenden Wahlkampf vor Augen, diskutierten de Maizière und ich, wie es um die Bereitschaft der Ost-CDU bestellt sei, mit anderen Parteien zusammenzuarbeiten, die jüngst aus der Taufe gehoben worden waren, wie dem »Demokratischen Aufbruch« – welche später mit der Ost-CDU fusionierte – und der rechtskonservativen »Deutschen Sozialen Union«; beide schienen kaum über die notwendige organisatorische und konzeptionelle Kraft zu verfügen, um den Wahlkampf bestehen zu können. Noch aber betonten führende Mitglieder der »Deutschen Sozialen Union«, eigentlich den Sozialdemokraten näher zu stehen. Nach aktuellen Umfragen waren die Sozialdemokraten die kommenden, haushoch gewinnenden Sieger dieser Wahl. Da musste man sich in Stellung bringen.

Wir behandelten alle offenen Fragen bis hin zu einer organisatorischen Verbindung der drei Parteien. Dabei mussten wir sehen, dass nur die Ost-CDU über eine organisierte Basis auf dem gesamten Territorium der DDR verfügte. Am Ende fanden wir auch den Namen für eine Wahlkampfallianz: »Union der Mitte«. Eine Woche später stieg aber die »Allianz für Deutschland« in den Volkskammerwahlkampf ein und ging schließlich siegreich aus ihm hervor. Das Diskussionspapier aber, das de Maizière uns zu Beginn vorgelegt hatte und von dem er seinen Rücktritt abhängig machen wollte, gab es nicht mehr. Stattdessen konnte ich am nächsten Tag einen Konzeptentwurf an Bundeskanzler Kohl weiterleiten.

*Wichtige Entscheidungen vor der ersten freien Volkskammerwahl in der DDR: Kanzler Helmut Kohl mit Alfons Kranz (Mitte) und Willy Wimmer*

Vor einer endgültigen Entscheidung zum gemeinsamen Wahlkampf glühten allerdings die Telefondrähte zwischen dem Neusser Pressehaus und dem Wohnhaus des Bundeskanzlers in Oggersheim. Kohl hatte mich gebeten, ihn über die Entwicklung des Gespräches zu unterrichten, wenn es aus meiner Sicht Sinn machen sollte. Das war nun der Fall. So berichtete ich ihm, dass es de Maizière vor dem Hintergrund der anstehenden Sitzung des Hauptvorstandes seiner Partei um alles oder nichts gehe. Er bitte um ein Gespräch mit Kohl und betont, dass er nicht mit leeren Händen nach Ost-Berlin zurückkehren könne. Die Antwort war eindeutig: Der Bundeskanzler bat mich, Herrn de Maizière herzlichst zu grüßen und ihm für die kommende Woche ein offizielles Gespräch in Aussicht zu stellen. Überhaupt habe er die abwehrende Haltung im Adenauer-Haus gegenüber der Ost-CDU nicht verstehen können.

Das Eis war gebrochen, das konnten wir anschließend auch der Presse vermitteln. Lothar de Maizière betonte, wie sehr den Menschen in der DDR an einer »Union der Mitte« gelegen sei. Er ging zu einer Zeit, als alle in Deutschland an einem Wahlsieg der Sozialdemokraten glaubten, davon aus, dass sich die neue christdemokratische Parteienformation als tragfähig für die Volkskammerwahl herausstellen, ja die Allianz »stärkste Kraft im Parlament« werden könne, und genau das war die Überzeugung von Breil und mir. Wir sollten recht behalten. Da störte uns schon nicht mehr, was wir am Montag, den 29. Januar 1990 über einen Auftritt Volker Rühes auf einem Kreisparteitag in Wesel am Niederrhein lesen konnten, der zeitgleich zu unserem Gespräch stattfand: Die *Rheinische Post* wies darauf hin, dass er »*offenbar noch in Unkenntnis der Mitteilungen von Neuss*« Vertreter der Ost-CDU, die als Gäste teilnahmen, an die frühere Zusammenarbeit mit der SED erinnert habe und jede Zusammenarbeit ablehnte.

Der heutige Chefredakteur der *Neuss-Grevenbroicher Zeitung* Ludger Baten hatte damals über die Ergebnisse des Treffens im Pressehaus

Prominente Christdemokraten aus Ost und West trafen sich im Pressehaus

## Neuss – ein Meilenstein auf dem Weg zur „Ost-Union der Mitte"?

Neuss. Lothar de Maizière in der Offensive. Der Vorsitzende der Ost-CDU hat bürgerlich-liberale Organisationen wie den Demokratischen Aufbruch (DA) und die DSU aufgefordert, gemeinsam mit seiner Partei eine „Union der Mitte" in der DDR zu bilden. Diese gebündelte Kraft, so de Maizière vor Journalisten im Julian-Raum des Swissotels, könnte bei den Wahlen am 6. Mai mit dem realistischen Ziel antreten, „stärkste politische Kraft" zu werden: „Wählerpotential ist vorhanden".

Offensichtlich wurde de Maizière bei seinen intensiven Gesprächen zuvor, die er im NGZ-Pressehaus persönlich und zum Teil auch telefonisch führte, von führenden bundesdeutschen CDU-Politikern auf seinem Weg bestätigt. Noch in dieser Woche wird de Maizière mit Bundeskanzler Helmut Kohl zusammentreffen. Diese „Union der Mitte" hätte wohl beste Aussichten, im Wahlkampf als „Schwesterpartei" durch die Bundes-CDU unterstützt zu werden.

Gemeinsam mit de Maizière trat der Vorsitzende der CDU-Niederrhein, Staatssekretär Willy Wimmer MdB aus Jüchen, an die Öffentlichkeit. Wimmer, der nach eigenen Aussagen in „niederrheinischer Mission" an den Verhandlungen teilgenommen hatte, begrüßte den „vorwärts gerichteten Schritt in Richtung Union der Mitte". Für ihn sei die Ost-CDU ein „klassischer Partner". Christdemokraten in Ost und West verfügten, so Wimmer, über die gleichen politischen Wurzeln.

Lothar de Maizière kam gegen 15.30 Uhr, begleitet von seiner Mitarbeiterin Sylvia Schultz, auf dem Düsseldorfer Flughafen an. Mit dem metallicgoldenen Mercedes des Frankfurter PR-Beraters Ulrich W. Schamari – er hatte zur Pressekonferenz ins Swissotel eingeladen, die er auch leitete – ging's zum Neusser Pressehaus an der Moselstraße. Die Maizière hatte NGZ-Verlagsleiter Alfons Kranz als Gastgeber für das politische Treffen gewonnen. Beide stehen seit einer persönlichen Begegnung Mitte des Monats, die in Ost-Berlin stattfand, in Kontakt. Schwere Limousinen auf dem Hof des Hauses und die Wagen-Kolonne der Maizière-Delegation vor dem Haus ga-

ben Hinweise auf die hochkarätigen Gesprächspartner, die an der Kaffeetafel in der vierten Etage zusammensaßen. Für ein Exklusiv-Gespräch mit der NGZ-Redaktion blieb noch Zeit (siehe nebenstehenden Beitrag).

Auch ein Fernseh-Team des Südwestfunks fand den Weg zur Moselstraße. Wechselte später aber ohne Bilder und Statements zum Swissotel, wo im dichtgefüllten Raum Julian um kurz nach 19 Uhr de Maizière und Wimmer sich den Fragen der Journalisten stellten. 45 Minuten dauerte das Frage-und-Antwort-Spiel. Dann zog sich der 49jährige DDR-Politiker auf sein Zimmer zurück.

Später traf er sich mit bundesdeutschen Gästen in Le Petit Paris zum Abendessen. Gestern flog er nach Ost-Berlin zurück. Verhandlungen mit Ministerpräsident Hans Modrow über die Bildung einer Übergangsregierung, an der sich unter bestimmten Voraussetzungen auch die Opposition beteiligen will, standen an. De Maizière ging gestärkt in diese Verhandlungen. Neuss war für ihn eine Reise wert.

**Ludger Baten**

Artikel von Ludger Baten in der Neuss-Grevenbroicher Zeitung vom 29. Januar 1990 aus erster Hand berichtet. Die Verbindungen zur Presse waren seinerzeit wirklich sehr vertrauensvoll. In den Moskauer Gesprächen mit Achromejew und Falin war von meiner Seite mehrfach darauf hingewiesen worden, welche Vorteile es biete, wenn die Presselandschaft pluralistisch sei und eine von freier Meinungsäußerung geprägte Gesellschaft widerspiegele. Diese Grundeinstellung machte es wenige Monate später möglich, einem herausragenden Journalisten der »anderen Seite« gegenüber die Dinge, um die es ging, fair ansprechen zu können. Es war Ekkehard Beisker von der *ADN,* der Nachrichtenagentur der DDR, der den Gesamtbereich der Sicherheitspolitik verantwortlich leitete. Über das journalistische Handwerk, das er beherrschte, gab es nicht den geringsten Zweifel, ebenso wenig bei seinen Kollegen, die ich kennenlernen konnte. Beisker war aber auch sachlich auf der Höhe der Zeit und konnte unsere Überlegungen einordnen, obwohl wir im wahrsten Sinne des Wortes »aus einem anderen Land« kamen. Dabei mussten wir etwas feststellen, was wir nie in unsere Überlegungen einbezogen hatten: Natürlich, in Ost und West sprach man Deutsch. Uns war mangels Erfahrung aber nie in den Sinn gekommen, in welchem Umfang wir Dolmetscherdienste benötigten, damit der Sinn dessen, was wir sagten, vom Gegenüber wirklich verstanden wurde. Die Deutschen hatten sich bei gemeinsamer Sprache auseinandergelebt.

## Berufung in den engeren Zirkel des Bundeskanzlers

Der Tag in Neuss mit seiner engen Zusammenarbeit mit Bundeskanzler Kohl hatte für mich weitreichende Folgen. Kohl hatte mich im Dezember 1988 und damit fast vierzehn Monate vor dem Gespräch mit de Maizière während eines politischen Besuchs in Brasilien im Hotel in Sao Paulo angerufen und gefragt, ob ich vom Vorsitz der Arbeitsgruppe Verteidigung in das Amt des Parlamentarischen Staatssekretärs des Bundesministers der Verteidigung wechseln würde. Er stellte mir dazu zwei Fragen, die ich in seinem Interesse beantworten konnte, beide galten meiner Unabhängigkeit, was mögliche Verbindungen zu Nachrichtendiensten oder der Rüstungsindustrie betraf. In dieser Zeit waren personalpolitische Entscheidungen für die Bundesregierung nach allgemeinem Urteil davon bestimmt, in welcher Nähe man zum sogenannten »Küchenkabinett« stand, der Runde engster persönlicher Mitarbeiter um den Bundeskanzler. Dazu zählte ich bis dahin keinesfalls. Ein israelischer Gesprächspartner, mit dem mich später die politische Arbeit in Berlin – übrigens zusammen mit Helmut Kohl – wieder zusammenführen sollte, gab mir seine Einschätzung zu meiner Ernennung wieder: Danach hatten viele von Kohls bisherigen Personalentscheidungen dazu beigetragen, großen Unmut in der Fraktion entstehen zu lassen. Die Fraktion fühlte sich mehr und mehr übergangen. Das war zuletzt bei der Entscheidung über die Nachfolge des ausscheidenden Verteidigungsministers Manfred Wörner der Fall. Nach dessen politisch äußerst unglücklichem Auftreten im »Kießling-Untersuchungsausschuss« war es nur auf den Bundeskanzler zurückzuführen gewesen, ihn weiter im Amt zu belassen. Ich hatte die Untersuchung damals zu verantworten, sie fand nach allgemein gültigen rechtsstaatlichen Regeln statt. Das Ergebnis war nicht von Rücksichtnahme geprägt. Es führte dazu, General Günther Kießling zu rehabilitieren, soweit das überhaupt möglich sein konnte.

Als die NATO Manfred Wörner als Generalsekretär nach Brüssel holte, überraschte die Entscheidung über seine Nachfolge das politische Bonn. Der neue Verteidigungsminister Rupert Scholz war zwar ein hoch angesehener Verfassungsrechtler und ein Berliner dazu, aber Verteidigungspolitiker? Allein die Frage zu stellen, hieß, sie zu verneinen. Man fragte sich also nach dem Sinn dieser Benennung. Das bestimmte das Umfeld meiner Ernennung, denn es gab ein immer deutlicher vernehmbares Murren in der Bundestagsfraktion über Personalentscheidungen von Helmut Kohl. Einige Führungsleute in den Ministerien kamen von »draußen« und erwiesen sich mangels parlamentarischer und fachlicher Erfahrung durchweg als Belastung. Das war auf dem Gebiet der Verteidigungspolitik nicht anders.

In den darauffolgenden Jahren bis fast zu meinem Ausscheiden aus dem Deutschen Bundestag im Jahre 2009 habe ich in der ungewöhnlich engen Zusammenarbeit mit dem Bundeskanzler die Erfahrung machen können, die schon das Neusser Ereignis bestimmte: Kohl war an Ergebnissen interessiert und nannte vor jeder Angelegenheit, bei der seine Überlegungen zu berücksichtigen waren, stets seine Eckpunkte. Im Übrigen hatte ich freie Hand, ob in Teheran, Jakarta, Neu Delhi, Peking oder Tokio.

Mit Lothar de Maizière habe ich mich vor den Wahlen zur Volkskammer noch einmal in Berlin zusammengesetzt. Er schlug vor, das Gespräch nicht in der Hauptgeschäftsstelle der Ost-CDU am Berliner Gendarmenmarkt zu führen. Stattdessen gingen wir in den gegenüberliegenden »Französischen Dom« und suchten das Café in der Turmspitze auf. Dort berichtete ich ihm über den eingeleiteten Abzug sowjetischer Atomwaffen aus Ostdeutschland.

## Nicht zuwarten – gestalten!

Wenige Tage nach dem Gespräch in Neuss traf ich den CDU-Kandidaten des Wahlkreises Vogtland Bertram Wieczorek, später wie ich Parlamentarischer Staatssekretär beim Minister für Abrüstung und Verteidigung der noch bestehenden DDR, der im vogtländischen Auerbach als Chefarzt einer Rehabilitationsklinik tätig war. Unsere Begegnung hätte denkwürdiger nicht sein können. Einige Wochen zuvor hatten wir uns in Grevenbroich zum ersten Male gesehen, beim Neujahrsempfang, zu dem mein langjähriger Gegenkandidat im Bundestagswahlkreis, der Grevenbroicher Bürgermeister Hans-Gottfried Bernrath, die Repräsentanten der Stadt eingeladen hatte. Bernrath hat äußerst verdienstvoll für seine Stadt gewirkt und als Vorsitzender des Innenausschusses im Deutschen Bundestag die sprichwörtlich letzte Partnerschaft mit einer Stadt in der DDR geschlossen, nämlich Auerbach. Der große Saal im Kloster Knechtsteden war völlig überfüllt. Begeisterung war zu spüren, weil eine erste

Delegation aus Auerbach anwesend war, und es kam Jubel auf. An der Spitze stand Wieczorek, der etlichen Grevenbroicher Freunden bereits bekannt war, weil sie ihn nach Aufnahme der Städtepartnerschaft als Vorsitzenden einer großen Bürgerinitiative im Vogtland schon getroffen hatten. Dazu zählte Claudia Paal ebenso wie das Kreistagsmitglied Clemens Stappen oder der Landtagsabgeordnete Peter Daners. Man kannte sich und stellte uns einander vor. Die Chemie stimmte, und ich informierte Bertram Wieczorek über die Gespräche in Moskau sowie den Abzug der sowjetischen Atomwaffen. Er lud mich ein, am 2. Februar 1990 auf dem Marktplatz in Auerbach zu den Vogtländern zu sprechen.

Die Reise war für mich der Aufbruch in eine ferne Welt. Mit einer Maschine der Bundesluftwaffe sollte es von Köln/Bonn in die bayerische Grenzstadt Hof gehen, um von dort aus nach Auerbach zu fahren. Der Veranstaltungsbeginn war auf 19 Uhr festgesetzt. Die Reise verlief dramatisch. Wir waren bereits über Hof, als der Pilot uns mitteilte, dass wir dort nicht landen können. Stattdessen sollten wir nach Nürnberg weiterfliegen und Fahrzeuge nutzen, um an die Grenze zu kommen. Die organisatorischen Fähigkeiten bei der Bundeswehr waren herausragend, aber auch die Länderpolizeien bewiesen ihre Zuverlässigkeit, wenn wir deren Hilfe benötigten, was oft genug vorkam bei Fahrten über Land. Die Polizei des Freistaates Bayern aber war etwas ganz Besonderes. Umsicht, Effizienz, klares Auftreten, sehr gute Umgangsformen – das zeichnete bayerische Polizisten nach meiner Erfahrung aus. An jenem Nachmittag, als wir »auf heißen Kohlen saßen«, gab es einmal mehr Grund, die bayerische Polizei zu loben. Sie nahm uns mit auf eine wilde Fahrt von Nürnberg aus in Richtung Hof. Eigentlich gab es viele Kilometer vor der Stadt schon kein Durchkommen mehr, die Bundesstraße war sprichwörtlich verstopft. So befuhren wir mit hohem Tempo die Gegenspur, erkannten unterwegs unsere Grevenbroicher Freunde an den Kennzeichen und schafften es irgendwie zur Grenze. Polizei und Bundesgrenzschutz, eine Eliteformation, hatten mit den ostdeutschen Kollegen dort schon alles vorbereitet. Auch die von uns mitgeführten Waffen und Funkgeräte verzögerten keinesfalls den Grenzübertritt. Ein Wagen der Volkspolizei wartete bereits, der uns über Straßen, deren Fahrbahndecken uns neu waren, nach Auerbach brachte. Auch bei Folgebesuchen in die DDR stand uns stets ein Begleitfahrzeug der Sicherungsgruppe aus dem Innenministerium zur Verfügung und lotste uns zum Ziel.

Es war fast dunkel, als wir Auerbach erreichten. Der Ort war von großbürgerlichen Bauten geprägt, die noch aus der Zeit einer blühenden Textilindustrie stammten. Daneben bestimmten große Trabantensiedlungen das Stadtbild. In der vierten Etage eines dieser Häuser erwartete uns Wieczorek mit seiner Familie. Bevor es zum Marktplatz ging, wurden wir mit Kaffee und Kuchen bewirtet.

Es war schon merkwürdig, als wir in unseren gepanzerten Mercedeslimousinen an das Ende des gewaltigen Demonstrationszuges heranrollten, der den Marktplatz zum Ziel hatte. Die Volkspolizei fuhr voran. Sie hatte keinerlei Mühe damit, uns zur Stadtmitte zu geleiten. Transparente und große Fahnen in den deutschen Farben waren in großer Zahl auszumachen. Als wir dann die Fahrzeuge verließen, war der örtliche Chef der Volkspolizei anwesend. Wir begrüßen uns sehr freundlich, und ich hatte nach den Ereignissen des Tages jeden Grund, mich für die Hilfe durch seine Polizisten zu bedanken. Der Marktplatz war hell ausgeleuchtet, und es stand eine leistungsstarke Lautsprecheranlage zur Verfügung. Im November 1989 hatte man angefangen, auf die Straße zu gehen. Hier musste es gewesen sein, wo der Funke von Tausenden Bürgerinnen und Bürgern auf den jungen Chefarzt Dr. Wieczorek aus dem Rehabilitationszentrum übersprang. An diesem Abend schien das ganze Vogtland auf den Beinen zu sein. Die Volkspolizei schätzte die Zahl der Teilnehmer auf gut 50 000 Menschen, jung wie alt. Nach Wieczorek reichte man mir das Mikrofon. Ich sagte genau das, was ich in dieser Stunde empfand: dass es für uns in Deutschland nur noch ein gemeinsames Handeln geben werde. Ich erinnerte an ein am Ende des Zeiten Weltkrieges geflügeltes Wort: »*Wer aus dem Elend zurückkam, der war um seine besten Jahre gebracht. Wir haben nicht vergessen, dass auf zwölf Jahre Nationalsozialisten fünfundvierzig Jahre unter den Rotsozialisten folgten. Um was ist eigentlich hier im Vogtland derjenige gebracht, der heute sechzig Jahre alt ist?«*

Die regionale Presse berichtete in den nachfolgenden Tagen über die machtvolle Demonstration. Sie schrieb auch darüber, wofür ich bei meinen Ausführungen den stärksten Beifall erhielt, nämlich als ich auf die Haltung meiner Partei in der Staatsbürgerfrage zu sprechen kam: »*CDU und CSU haben die deutsche Teilung nie akzeptiert. Bis in die jüngste Zeit wurde das Ansinnen anderer Parteien, eine doppelte Staatsbürgerschaft einzuführen, mit Erfolg bekämpft.*« Ich setzte vorbehaltlos auf die baldige staatliche Einheit, obwohl viele Menschen einen womöglich langen Prozess erwarteten. »*Die deutsche Einheit ist nicht mehr aufzuhalten, und ich freue mich auf den Tag, an dem sie verwirklicht ist!*« Der Beifall auf dem Platz schwoll nochmals an, vor allem als ich feststellte, dass wir alle bei der Frage danach, aus welchem Land wir stammten, in Zukunft nur noch sagen wollten: »*Aus Deutschland.*« Von der Bühne aus sah ich in ein wogendes Meer aus schwarz-rot-goldenen Fahnen. Selbst die SED hatte sich kooperativ gezeigt, denn die Scheinwerfer, die den gesamten Platz ausleuchteten, wie auch die Lautsprecheranlage stammten aus ihren Beständen. Hier brauchte keine Polizei regelnd einzugreifen, es ordnete sich alles von selbst.

Von Besuch zu Besuch stellte ich fest, wie sich das Verhalten innerhalb der »staatlichen Organe« der DDR änderte. So war auch der Bericht über die Veranstaltung in Auerbach von der Volkspolizei korrekt weitergegeben worden. Das aber ließ sich den örtlichen CDU-Mitgliedern nur schwer vermitteln. Am Morgen danach fanden wir uns mit ihnen in einem Saal ein. Die Gemütslagen hätten unterschiedlicher kaum sein können. Wir aus dem Westen waren der festen Überzeugung, in Deutschland komme man endlich darüber weg, was uns so lange getrennt hatte. Die Mitglieder der Auerbacher CDU hingegen machten einen durch und durch verschüchterten Eindruck, was wir so gar nicht nachvollziehen konnten. Wenige Wochen später, während des Wahlkampfes, war davon nichts mehr zu spüren.

Anfang Januar 1990 zeigte man uns gegenüber beim Grenzübertritt noch das gewohnte Verhalten. Nur ja nicht freundlich sein! Seinerzeit hatte ich den Vorsitzenden der CDU Nordrhein-Westfalen und Bundesarbeitsminister Norbert Blüm gebeten, die jährliche Klausurtagung nicht vor Ort, sondern in der DDR stattfinden zu lassen, um die Breschen Richtung Osten größer werden zu lassen. Nicht zuwarten, war angesagt, wir mussten gestalten. So fanden wir uns an einem Ort ein, der die Sehnsucht nach einem geeinten Deutschland nicht besser verdeutlichen konnte: in der Wartburg bei Eisenach. Die Stimmung war grandios, und sie steigerte sich noch, als wir in Weimar dabei sein konnten, als die thüringische CDU aus der Taufe gehoben wurde. Hier hatte die hessische CDU unter Beweis gestellt, was nachbarschaftliche Unterstützung in kurzer Zeit bewirken konnte.

Für die Fahrt nach Eisenach hatten wir zuvor bei der Vertretung der DDR in Bonn für die gepanzerten Fahrzeuge und alles, was wir mitnehmen wollten, Genehmigungen beantragt. Die wurden in gewohnter Weise überprüft. Wenige Wochen später erlebten wir hautnah, in welcher Weise unsere Grenzschützer mit den Kollegen aus der DDR zusammenarbeiteten. Alles lief reibungslos, man war freundlich, lediglich die Funkgeräte in den Fahrzeugen mussten abgestellt werden, obwohl schon wenige Meter jenseits der Grenze kein Funknetz mehr zur Verfügung stand.

# Ab morgen Kameraden

## Erste Kontakte mit der NVA

Ostdeutschland wurde zu meinem bevorzugten Reiseziel, und damit kam auch ein erster Kontakt zu Soldaten der NVA zustande. Nach der Abstimmung über meine Zuständigkeiten in Zusammenhang mit der DDR und den dort ablaufenden Entwicklungen, die ich mündlich mit Verteidigungsminister Gerhard Stoltenberg getroffen hatte, bekam ich völlig freie Hand in der Frage, wie sich die Kontakte dort entwickeln und gestalten lassen konnten. Es war selbstverständlich, über Ereignisse und Bewertungen umgehend den Minister zu unterrichten. Bei meiner Arbeit gab mir mein ostdeutscher Kollege Bertram Wieczorek jegliche administrative Unterstützung.

Der Parteivorstand der CDU in der DDR hatte mich gebeten, eine Einheit in Zossen, südlich von Berlin, zu besuchen, ein Mitarbeiter begleitete mich dorthin. Der Weg führte uns über eine Landstraße am Flughafen Schönefeld vorbei. Während der Fahrt berichtete er mir davon, dass er seinen Wehrdienst im Wachregiment »Felix Dzerschinkij« abgeleistet hatte, also beim Ministerium für Staatssicherheit.

Der Unterschied zu einer vergleichbaren Kasernenanlage bei der Bundeswehr fiel sofort auf: Diese hier lag tief im Wald, weit von der Landstraße entfernt. Dazwischen befanden sich die Wohnhäuser der Soldatenfamilien. Es war eine abgeschlossene Welt, heruntergekommen dazu. Jetzt standen wir mit unseren Fahrzeugen, unverkennbar westdeutsche gepanzerte Limousinen, vor dem windschiefen Tor. Niemand vor Ort wusste scheinbar von dem Besuch – dazu noch aus dem Westen, die Wache war entsprechend konsterniert. Aber nachdem sich die Soldaten von dem Schreck erholt hatten, wurden wir sehr nett empfangen und in ein Zimmer geführt. Dort erschien ein sympathisch wirkender, ebenfalls völlig überraschter Major, der uns seinen Chef, einen Oberstleutnant ankündigte, welcher bald eintreffen werde. Uns fiel auf, dass es in diesem Zimmer eine Vorrichtung gab, mit der die Zimmertüre verplombt werden konnte. Auf Nachfrage wurde uns mitgeteilt, dass dies die übliche Praxis in militärischen Anlagen der DDR sei, die jeden Abend aus Sicherheitsgründen ausgeführt werde.

In der Tat ließ der Oberstleutnant nicht lange auf sich warten. Er begrüßte uns betont freundlich und bewies großes Geschick darin, in der folgenden Gesprächsrunde offenbar erheblich angetrunkene Soldaten so anzusprechen, dass eine Störung unterblieb. Obwohl die Situation in hohem Maße ungewöhnlich für ihn sein musste, ging er mit viel Fingerspitzengefühl vor. Er war ruhig und sachbezogen, ohne sich auch nur im Ansatz anzubiedern. So wie der Offizier verhielten sich uns gegenüber in den kommenden Monaten zahlreiche Angehörige der NVA. Sehr professionell, obwohl die Entwicklung absehbar war.

*Die baldige Einheit im Visier: Mit dem Hubschrauber unterwegs mit Bertram Wieczorek*

In der Zeit bis zum Tag der Wiedervereinigung gab es nur eine Ausnahme, wo die Lage in einer Kaserne zu eskalieren drohte: Wieczorek und ich wollten im August 1990 eigentlich eine Anlage im Süden der DDR besuchen. Bevor wir in den Hubschrauber steigen konnten, erreichten uns dramatisch klingende Meldungen: In einem der größten Standorte der NVA, dem mecklenburgischen Eggesin, drohte die Lage zu kippen. Dort gebe es erheblichen Unmut über die Entwicklung, und niemand konnte wissen, welche Formen das noch annehmen würde. Gemeinsam flogen wir mit dem Chef der Landstreitkräfte, General Horst Skerra, Richtung Ostsee, zur 9. Panzerdivision. Es war ein wunderbarer Flug nach Norden, fast in Baumwipfelhöhe über die Schorfheide und die Uckermark in die Einöde nach Eggesin, so wurde es dort empfunden. Wer an den Westen Deutschlands mit seiner dichten Besiedlung gewöhnt war, konnte über das, was wir auf diesem Flug sehen konnten, nur ins Schwärmen geraten. Schon bald nach dem Start waren gelegentlich noch Dörfer und kleine Städte auszumachen, schließlich nur noch vereinzelte Seen, landwirtschaftliche Nutzflächen und schier endlos erscheinende Wälder.

Wieczorek und mich erwartete die größte Herausforderung in jenen Monaten: Im großen Versammlungssaal empfingen uns Hunderte von Soldaten, die Stimmung war zum Zerreißen angespannt. Schnell stellte sich der Grund heraus – Eggesin war ein »schwarzes Loch«! Über Wochen hatte die Soldaten mit ihren Familien seitens des Ministeriums überhaupt keine Information über ihre weitere Zukunft erreicht. Auch die verfügbaren Zeitungen gaben nichts von dem wieder, was sich in Deutschland in Bezug auf die Streitkräfte entwickelte. Vermutlich lag der Grund darin, dass auch in Strausberg niemand so recht wusste, wohin die Reise gehen sollte. Für die Mehrzahl gab es keine berufliche Perspektive mehr in den Streitkräften, jedenfalls nicht mehr dieselbe wie bei Antritt ihres Dienstes als Berufssoldaten. Für diese Menschen und ihre Familien brachen die berufliche Ordnung und vielfach auch ihr Weltbild zusammen. Wieczorek und ich gaben nun präzise Auskunft. Die Soldaten sollten und mussten erfahren, was auf sie zukommen würde. Was sollten sie auch davon halten, wenn einerseits über Wiedervereinigung geredet wurde und Gerüchte über die Auflösung der NVA zu ihnen durchdrangen, andererseits vor ihren Augen beim Warschauer-Pakt-Manöver »Nordwind« atomare Einsätze gegen Ziele in Norddeutschland geübt wurden!

Während meiner Besuche bei den Truppen der DDR wurde mir mehr und mehr bewusst, was der Umbruch für die Menschen hier bedeutete: Im tiefsten Frieden, der für einen Angehörigen der Bundeswehr nicht nur ein freies Wochenende, sondern auch Ferien bedeutete, mussten die Soldaten der NVA und der sowjetischen Westgruppe in ständiger Alarmbereitschaft leben. Jederzeit, so sagte man mir, sei mit einem Einsatzbefehl zu rechnen gewesen. Da alle dort auch gewohnt hätten, sei das an und für sich kein Problem gewesen. Doch sogar am Wochenende habe man jede über zwei Stunden hinausgehende Abwesenheit melden müssen. Die Abschirmung von den westlichen Medien habe ein Übriges bewirkt. Etwas habe dann nachhaltig das Weltbild ins Wanken gebracht: Wegen der laufenden Abrüstungs- und Rüstungskontrollverhandlungen in Europa und den dadurch möglichen Besuchen in Kasernenanlagen der Bundeswehr sowie durch Gespräche mit den Offizieren aus der Bundeswehr in den Arbeitsgruppen bei den Abrüstungsverhandlungen habe man einen tatsächlichen Einblick in den Kasernenalltag der Bundeswehr erhalten. Das sei der Beginn dafür gewesen, das eigene Tun zu hinterfragen. Dadurch sei es der politischen und militärischen Führung in Ost-Berlin schwerer und schwerer gefallen, Entscheidungen durchzusetzen, was früher anstandslos geschehen sei.

## Deutschland – einig Vaterland?

Auf den großen Kundgebungen in der DDR wurde gern ein Zitat aus der Nationalhymne der DDR intoniert: »Deutschland, einig

Vaterland«.[8] Auch die SED-geführte Regierung von Hans Modrow erklärte dies nun zum Leitspruch und proklamierte kurz vor dem Wahltermin die Wiedervereinigung. Der ansonsten unabwendbare Konkurs mag eine, wenn nicht *die* entscheidende Triebfeder für die veränderte Einstellung gewesen sein. Da nun aber allgemein mit einem Wahlsieg der Sozialdemokraten gerechnet wurde, konnten sich die NVA-Soldaten, wenn sie mit mir sprachen, nicht sicher sein, ob ich ihre zukünftigen Perspektiven wirklich objektiv einzuschätzen in der Lage war, da meine Partei vielleicht später gar nicht mehr das Sagen haben würde. Durften sie also meinen Worten vertrauen, auch wenn sie mich auf ihrer Seite glaubten? Ihre Verunsicherung wurde noch dadurch potenziert, dass weite Teile der eigenen Bevölkerung die Soldaten mit dem SED-Regime gleichsetzte und ihr Mütchen gerade an ihnen zu kühlen bereit war.

Anders als vor allem nach der Volkskammerwahl von zahlreichen Beratern aus westdeutschen politischen Büros in Strausberg den neuen Amtsträgern nahegelegt wurde, vertrat ich die Ansicht, dass es die Bundeswehr nur als gesamtdeutsche Streitmacht geben könne. Den Soldaten der noch bestehenden NVA sollte der Wechsel ermöglicht werden. In jener Zeit war es allerdings schwierig, die Frage nach der psychologischen Befindlichkeit zwischen Elbe und Oder zu beantworten. Die jahrzehntelange Teilung spielte dabei eine ebenso große Rolle wie die Tatsache, dass viele Menschen die »staatlichen Organe« der DDR generell als Instrumente der Unterdrückung sahen. Im westdeutschen öffentlichen Dienst gab es eine große Zahl von Mitarbeitern, die in den Jahren nach 1945 die DDR verlassen hatten. Viele rechneten jetzt innerlich mit denen ab, die sie für die Sinnbilder ihres eigenen Schicksals ansahen. Emotionen also, wohin ich blickte. Nur mit kühlem Verstand schien es überhaupt möglich, eine vertretbare Lösung für eine gemeinsame Zukunft zu finden. Dabei waren für mich zwei Gesichtspunkte wesentlich: In dem Maße, wie wir

---

[8] *»Auferstanden aus Ruinen und der Zukunft zugewandt, lass uns dir zum Guten dienen, Deutschland, einig Vaterland«,* so lautet der Anfang. Text: Johannes R. Becher, Melodie: Hanns Eisler (1949).

uns rechtlich nachvollziehbar verhalten würden, umso eher schien es möglich zu sein, jenen eine Chance zu verschaffen, die auf das Zusammenwachsen des Landes setzten. Hohe Generale sagten mir dazu, dass sie in ihrem Leben ihre Chance gehabt hätten, die neue Entwicklung begrüßen und unterstützen würden, jetzt aber zur Seite treten wollten, um einer neuen Generation den Weg freizumachen.

Eine Einschränkung aber musste sein: Wer an der innerdeutschen Grenze als Angehöriger der Grenztruppen auf Menschen geschossen oder als Angehöriger der Staatssicherheit oder ähnlicher Dienste seine Landsleute bespitzelt hatte, dem sollte der Weg in die gemeinsame Bundeswehr verbaut sein, unabhängig von einer möglichen strafrechtlichen Verantwortlichkeit.

Was da in der Sache auf uns zu kam, zeigt ein Vergleich zwischen den beiden deutschen Armeen: Bezogen auf ihren Gesamtbestand, wies die NVA einen Anteil von 35 Prozent an Offizieren auf, bei der Bundeswehr betrug der Anteil des Offizierskorps jedoch nur 9 Prozent. So musste es niemanden wundern, bei der NVA Offiziere für jene Aufgaben verantwortlich zu sehen, die in der Bundeswehr Feldwebel übernahmen. Eine sachgerechte Anpassung der Dienstgrade schien demnach geboten.

## Eine neue DDR oder Wiedervereinigung?

Anfang April 1990 fuhr ich erneut nach Auerbach, wo die CDU mit Bertram Wieczorek bei der Volkskammerwahl inzwischen mit überwältigender Mehrheit hatte gewinnen können. Jetzt wollten wir gemeinsam mit Offizieren aus dem Wehrkreiskommando Auerbach zusammentreffen, um über das zu sprechen, was uns bewegte: Es war die Frage danach, wie es weitergehen sollte.

Da Wieczorek unvermittelt nach Berlin zum künftigen Ministerpräsidenten Lothar de Maizière gerufen wurde, fand ich mich alleine zu dem verabredeten Gespräch ein. Kommunikation lief in jener Zeit entweder ganz altmodisch via Brieftauben, über Stunden zuvor angemeldete Telefongespräche oder schlicht den Postweg. Wenn ein Termin dann nicht eingehalten wurde, saß man auf dem Trockenen. So ging es mir an diesem Tag. Dennoch hätte es für die weitere Entwicklung besser nicht laufen können: Wieczorek kehrte als Parlamentarischer Staatssekretär beim Ministerium für Abrüstung und Verteidigung nach Auerbach zurück, hatte also von nun an denselben Posten inne wie ich in Bonn. Der neue Verteidigungsminister Rainer Eppelmann, ehemals Pastor der Samariter-Kirche in Berlin-Friedrichshain, hatte als geistlicher Anwalt der Bürgerrechtsbewegung wesentlich auf die Entwicklungen in der DDR einwirken können. Darüber hinaus war er ein enger Freund von Bundesarbeitsminister Norbert Blüm. Das führte dazu, dass sich in seinem Ministerium Mitarbeiter wiederfanden, deren Namen in Bonn bekannt waren und zum persönlichen Umfeld oder Freundeskreises Blüms zählten.

■ *Einst Staatsfeind Nr. 1 in der DDR: der Vorsitzende des »Demokratischen Aufbruchs« und spätere Ost-Verteidigungsminister Rainer Eppelmann mit seinem Berater Egon Bahr (li.)*

In den kommenden Monaten hörte und las man Erstaunliches über die Pläne von Ministerpräsident de Maizière und seinem Minister Eppelmann aus Strausberg, wo sich das Verteidigungsministerium befand. Dazu zählte auch, die NVA nach einer Wiedervereinigung bis etwa Ende der 90er-Jahre erhalten zu wollen, wobei die Ministerpräsidenten der künftigen neuen Bundesländer an der Spitze der hier stationierten militärischen Einheiten stehen sollten. Diese Vorstellungen stießen bei uns auf Widerstand, wir empfanden sie als Hinweis darauf, dass der Weg zur Einheit in einer Weise erschwert werden sollte, wie wir es selbst bei Hans Modrow nicht erlebt hatten. Vorschläge und Ideen aus Eppelmanns Ministerium oder vonseiten des Ministerpräsidenten selbst wurden folglich zunehmend kritisch angesehen. Das galt in besonderer Weise, wenn sie auf Berater aus Bonn zurückzuführen waren. Waren hier Kräfte am Werke, die auf eine ganz andere Entwicklung der DDR hinarbeiteten? Uns kam es darauf an, möglichst schnell alle Hindernisse beiseite räumen zu können, die einer baldigen Wiedervereinigung im Wege standen. Jene Kräfte aber erweckten den Eindruck, dass sie an diesem Prozess überhaupt kein Interesse hatten und ein ganz anderes Ziel anvisierten. Sie wollten offenbar die Eigenstaatlichkeit der DDR möglichst lange erhalten.

Jahre später, gegen Ende meiner Zeit als Parlamentarier, habe ich während einer nächtlichen Zugfahrt von Leipzig nach Berlin durch puren Zufall bei einer Flasche Rotwein etwas über den Hintergrund dieses so befremdlichen Verhaltens erfahren. Ich kam von einer Diskussionsrunde über die Entwicklung, welche zur Wiedervereinigung führte, zu der ich gemeinsam mit einem aus Ostdeutschland stammenden Kollegen in die Leipziger Dependance des Bonner »Hauses der Geschichte der Bundesrepublik Deutschland« eingeladen gewesen war. Die Diskussionsteilnehmer aus der ehemaligen DDR zählten in den Jahren 1989 und 1990 ebenfalls zu jenen politischen und gesellschaftlichen Kräften, die es mit der Wiedervereinigung überhaupt nicht eilig hatten. Sie wollten sich damals in erster Linie von der SED-Herrschaft befreien. Nun vertraten sie die Auffassung, dass die innerdeutsche Entwicklung allein ihnen zugeschrieben werden müsse, wohingegen die westdeutschen Diskussionsteilnehmer, darunter auch ich selbst, auf die weltpolitischen Zusammenhänge und vor allem die Absprachen zwischen Helmut Kohl und Michail Gorbatschow im Juni 1989 und damit Monate vor den Demonstrationen in der DDR verwiesen.

Als ich meinen Reisebegleiter auf das ansprach, was uns damals so irritiert hatte und gegen den Strich ging, erklärte er mir in allem Freimut, worauf sich die Regierung de Maizière eigentlich eingestellt hatte: Man sei davon ausgegangen, dass es die DDR noch für lange Zeit geben würde, deshalb habe man sich im Kabinett in den Monaten nach der Volkskammerwahl unter anderem auch mit der Aufstellung einer Olympia-Mannschaft für die Sommerspiele 1996 in Atlanta beschäftigt. Der Zug fuhr demnach also völlig an dieser Regierung vorbei, und sie wussten nicht, wie kurz sie noch im Amt sein würden. Noch heute schaudert man bei dem Gedanken daran, was hätte geschehen können, wenn diese Pläne auch nur den geringsten Einfluss auf die Entwicklung hätten nehmen können. Nun, sie wussten es nicht besser, und das war unser Glück.

Noch in der Diskussionsveranstaltung hatte sich bei den Leipziger Gesprächspartnern eine gewisse Verbissenheit gezeigt. Sie nahmen für sich mit einer meines Erachtens völlig unberechtigten Haltung die alleinige Deutungshoheit für die damaligen Abläufe in Anspruch. Es musste aber doch möglich sein, alles vom Ergebnis her zu betrachten, und sich gemeinsam zu freuen, dass es zur staatlichen Einheit gekommen war, ohne die Rolle schmälern zu wollen, die jemand gespielt hatte. In Bonn war das Tagesordnung, in Leipzig fast zwei Jahrzehnte später noch immer nicht.

## Eine Welle der Verweigerung

Im Frühjahr 1990 blieben in der DDR die Wehrpflichtigen aus, den Einberufungsbefehlen leistete kaum noch jemand Folge. So waren mehr als 30 Prozent der im Vogtland gemusterten jungen Männer nicht bei der Truppe erschienen, sondern hatten von dem inzwischen eingeräumten Recht auf Wehrdienstverweigerung Gebrauch gemacht. Da es in der Kürze der Zeit kaum Ersatzdiensteinrichtungen gab, hatten wohl nicht wenige gehofft, auf diesem Weg überhaupt nicht »zur Fahne zu müssen«, wie es in der DDR so hieß.

Viele, mit denen ich sprach, zeigten Verständnis dafür, zu sehr wurde die NVA mit der SED gleichgesetzt. Während des Wehrdiensts war man zumeist weit weg von zu Hause, lebte außerhalb der Städte, und oft genug war nicht einmal ein Dorf in der Nähe. Nicht davon zu sprechen, dass die Grundausbildung in ihrer Härte mit der in der BRD nicht vergleichbar war. Es gab aber auch andere Stimmen. Sie erinnerten daran, wie oft man froh war, bei Versorgungslücken, etwa bezüglich der Kohleversorgung in harten Frostperioden, auf die stets zuverlässige NVA zurückgreifen zu können. Als in kalten Wintern alles zusammenzubrechen drohte, schufteten die Soldaten in eingefrorenen Bergwerken sowie im Tagebau und schafften die Kohle in die Kraftwerke. Brigadegeneral Andreas Wittenberg, Chef der in Dresden stationierten 7. Panzerdivision der Bundeswehr, zollte deshalb später den ehemaligen Soldaten der NVA wohltuenden Respekt.

Die Welle der Wehrdienstverweigerung traf die NVA zwar hart, aber sie sollte es verkraften. Oft vernahm ich einen Satz, der die Situation gut versinnbildlichte: Man wisse nicht so recht, von welchem Ort man in welche Richtung blicken solle. Verständnis fanden die Männer vor allem dann, wenn sie aus Sorge um den Arbeitsplatz gehandelt hatten. Viele erkannten auch, dass die junge Generation einen neuen Start wagen musste. Für die Älteren sei die Entscheidung über die Zukunft ohnehin vorbei, während die mittlere Generation es wohl am schwersten haben dürfte. Vor allem Offiziere jenseits der 50 stellten sich darauf ein, ihren Waffenrock bald an den Nagel hängen zu müssen. Das Ganze glich der berühmten Expedition, die das eigene Land zum Ziel hat, so wurde vonseiten hoher Offiziere geäußert. Sie wussten nicht, was auf den Umbruch für sie folgen würde. Sie konnten nicht mehr damit rechnen, ihre Karriere weiterführen zu können, weil es ihre Armee bald nicht mehr geben würde. Die meisten schlossen mit der NVA und der DDR ab und nahmen sich selbst aus dem Spiel.

## Auf Distanz zur NVA

Für mich kam es in jener Zeit darauf an, die Lebenswirklichkeit eines Landes zu erkunden, von dem wir zwar Satellitenbilder zur Angriffsoptimierung besaßen, aber sonst wenig wussten. Meine Begegnungen mit dem ehemaligen Feind wurden indes sowohl im Westen als auch im Osten zunehmend misstrauisch beäugt. Die meisten Politiker verließen den schönen Sessel im heimatlichen Bonn nicht, zumal unklar war, wohin die Reise gehen sollte. Nur ja nicht fraternisieren! So dachten viele wohl. Es gab Überlegungen zuhauf, es bei den gewohnten Abläufen zu belassen. Das änderte sich erst anlässlich der ersten Treffen zwischen den beiden Verteidigungsministern Stoltenberg und Eppelmann. Nicht auf der Hardthöhe, sondern auf dem Flughafen, vielleicht war da ja was ansteckend ... Noch zwei Jahre später hörte ich bei vertraulichen Gesprächen mit hochrangigen Bundeswehroffizieren, wie sehr man im Bonner Verteidigungsministerium angesichts meiner zahlreichen Besuche in der DDR hin- und hergerissen war zwischen heller Aufregung und dem berühmten Daumendrücken.

Die Dinge liefen jetzt mit großer Geschwindigkeit auseinander. In den westlichen Führungsstäben wurde an Regeln gearbeitet zu der Frage, wie man bei Kontakten zur NVA und ihren Einheiten zu reagieren habe – am grünen Tisch, also rein theoretisch natürlich, ohne jedes Wissen um die andere Seite, obwohl gerade das jetzt meines Erachtens dringend nötig war. Meine Bemühungen bewegten sich in eine ganz andere Richtung: Mir ging es darum, möglichst schnell in einem vereinten Deutschland zu leben. Das war jetzt die Chance unseres Lebens, und sie galt es zu ergreifen. So intensivierte ich die Kontaktaufnahme, um möglichst umfassend über die Interessenlage der Menschen in Ostdeutschland informiert zu werden.

Im militärischen Bereich des Bundesministeriums wurde ein deutlicher Unterschied zwischen Angehörigen von Armeen gemacht, mit denen sich die Bundeswehr im Bündnis befindet, und jenen, die letztlich zum Bereich des ehemaligen Gegners zählten. Noch zehn Jahre nach der Wiedervereinigung wurden ehemalige Offiziere der NVA, die in der Bundeswehr herausgehobene Funktionen innehatten, einer subtilen Überwachung unterzogen. Vertrauen sieht anders aus.

Bis 1992 dachte man nicht daran, feierliche Gelöbnisse in den neuen Bundesländern in der Öffentlichkeit auszutragen. Dabei hatte ich im Juli 1990 mit Generalen der NVA die Standorte festgelegt, an denen sie unmittelbar nach der Wiedervereinigung durchgeführt werden sollten, und mit der Vorbereitung die Verbindungskommandos der Bundeswehr mit der Aufnahme ihrer Tätigkeit beauftragt. Die distanzierte Haltung gegenüber den Soldaten der NVA blieb mir immer unverständlich. Das zeigte sich in aller Deutlichkeit in den Verhandlungen zum Einigungsvertrag: Die Zwischenergebnisse wurden mir jeden Abend vorgelegt. Mein Erstaunen wuchs: Man billigte der Ost-Berliner Verhandlungsdelegation nicht jene Rechte a priori zu, die für uns Westdeutsche selbstverständlich waren. Das fing bei der Aberkennung von beruflichen Leistungen an und hörte bei mangelnden Versorgungsleistungen nach dem Ausscheiden aus den Streitkräften auf. Ich bekam mehr und mehr den Eindruck, dass die Mitarbeiter von Minister Eppelmann in einer Weise über den Tisch gezogen wurden, die ich als verwerflich empfand. Oft genug riet ich der Ostberliner Delegation, abgeschlossene Verhandlungsbereiche neu aufzurollen. Lag es vielleicht an deren mangelnder Erfahrung? Auch das rechtfertigte nicht das Vorgehen ihnen gegenüber, die in wenigen Wochen Bürger und Wähler eines gemeinsamen Landes werden sollten.

Mit Bertram Wieczorek verband mich ein anderes Grundverständnis. Wir gingen davon aus, völlig gleichberechtigt die Interessen von

West und Ost zu vertreten. Dieses Verständnis sollte Monate später reife Früchte tragen, als es um die Frage ging, ob die NVA zum Ende 1990 folgenlos aufgelöst werden sollte oder ob es für Angehörige der NVA eine Zukunft in der Bundeswehr nach der Wiedervereinigung geben könnte.

Andere meinten, ihre Allianztreue dadurch unter Beweis stellen zu müssen, dass sie den künftigen Mitbürgern in jeder Hinsicht »eine kalte Schulter« zeigten. Doch das kam selbst in der NATO nicht gut an, wie ich aus einem Gespräch mit einem der Oberbefehlshaber erfuhr. Natürlich beobachteten die Verbündeten sehr genau, was sich auf deutschem Boden abspielte. Es gab eine »Messlatte«, welche anzeigte, wie »ritterlich« sich westdeutsche Militärs gegenüber den Angehörigen der NVA verhielten. Da gab es nicht viele positive Urteile.

Wieczorek und ich hatten uns jedenfalls vorgenommen, die Zeit zu nutzen. Wir wollten die Verantwortlichen von Bundeswehr und NVA auf der höchsten Ebene zusammenbringen, um Chancen eines gemeinsamen Weges auszuloten und Verantwortung für die Entwicklung hin zu einem Staat zu übernehmen. Einfach war das auf beiden Seiten nicht, das hatte sich schon bei meinem ersten Besuch am 7. Mai 1990 in Strausberg gezeigt. Eine Vorahnung dessen, was mich erwarten würde, hatte mir ein Mitarbeiter unseres eigenen Ministeriums schon zuvor vermitteln können. Friedhelm Krüger-Sprengel war ausgewiesener Rechtsexperte und ein strategisch denkender Kopf. Zwischen beiden Ministern war vereinbart worden, Krüger-Sprengel ins Strausberger Ministerium zu delegieren, um notwendige Prozesse der Anpassung einzuleiten. Dort stieß er nicht nur auf eine in hohem Maße abwehrende Haltung der anderen Mitarbeiter aus Bonn, derer sich Minister Eppelmann bediente. Sie hintertrieben nach Kräften jede Einflussnahme Krüger-Sprengels auf die Mitarbeiter. Erst als er nachdrücklich aufgrund der von ihm in seinem Arbeitszimmer vermuteten Abhöreinrichtungen Konsequenzen androhte, wurde eine sachgerechte Arbeit nach und nach möglich.

Auf dem Weg zum ersten offiziellen Besuch in Strausberg im Mai 1990: Willy Wimmer mit Walter Breil (li.). Mit dem Rücken zur Kamera: Heinrich Sobotta, Chefredakteur der Rheinischen Post

Die Vorgeschichte eines Ostbesuches am 26. September 1990 verschaffte mir einen Eindruck davon, wie gerne einige Personen Sand ins Getriebe streuten – und das hielt so lange an, wie es die DDR und die NVA noch gab. Ich hatte in der Nähe von Straubing Ernst Hinsken besucht, einen seinem Wahlkreis verpflichteten Kollegen, wie ich selten jemand kennengelernt hatte. Die Wahlergebnisse waren entsprechend und machten deutlich, welche Wirkung es hat, wenn ein Abgeordneter für die Menschen seiner Region da war. Hinsken ließ an seiner Bürgernähe keinen Zweifel aufkommen. Als Walter Breil und ich uns am nächsten Morgen auf dem Flugplatz Straubing einfanden, um von dort nach Perleberg zu fliegen, bekam ich wieder einmal die Obstruktion zu spüren, diesmal von beiden Seiten: Die vorgesehene Maschine war angeblich nicht flugfähig. Das hatten wir zuvor noch nie erlebt, doch wir wussten uns zu helfen und forderten Hubschrauber eines in der Nähe befindlichen Heeresfliegerregimentes an, die auch innerhalb kürzester Zeit auftauchten. Das verfügbare, aber unzureichende Kartenmaterial wurde auf der Betonpiste ausgebreitet, denn mit uns sollte es in ein unbekanntes Land, in die DDR gehen, zunächst bis Leipzig, wo wir neues Kartenmaterial zu erhalten hofften, was von total überraschten Mitarbeitern einer Einsatzeinrichtung des Flugplatzes halbwegs erfüllt wurde, denn derartige Karten waren bis dahin eigentlich streng geheim. Anschließend wurde uns die Genehmigung zum Weiterflug durch die NVA-Einsatzzentrale in Strausberg für über eine Stunde verwehrt. Zwar durften sich zu dieser Zeit unsere Flugzeuge und Hubschrauber durchaus schon im Luftraum der DDR bewegen, doch wollte man es uns wohl noch einmal zeigen und hielt uns bei laufenden Rotoren am Boden. Damit nicht genug: Nach dem Besuch in Perleberg durfte die inzwischen nachgeführte, wieder flugfähige DO-27 nicht über die innerdeutsche Grenze Richtung Frankfurt/Main fliegen. Für mehr als zwei Stunden mussten die Piloten auf der östlichen Seite kreisen, bevor es weiterging.

## Empfang in Strausberg

In Strausberg lief es einige Monate zuvor, beim ersten offiziellen Besuch im Ministerium Anfang Mai, ähnlich ab. Dieses hatte seinen Hauptsitz seit 1956 in der Kleinstadt, weil Berlin aufgrund des Vier-Mächte-Abkommens ausschied. Zudem verfügte Strausberg über einen Flughafen. Eine Nutzung der dortigen Piste war für ein Flugzeug der Luftwaffe offenbar nicht hinnehmbar, die Landung wurde uns verwehrt. Und der Flughafen Marxwalde, auf dem die sogenannte Regierungsstaffel der DDR stationiert war, blieb ebenso unzugänglich. Wohl oder übel mussten wir einen Umweg über Berlin-Schönefeld nehmen, um anschließend nach Strausberg zu fahren, wo uns ein wirklich überzeugendes und gut ablaufendes Besuchsprogramm erwartete. Ich hatte den Eindruck, dass die NVA nicht wusste, wie ich zu behandeln sei: Auf der einen Seite erlebte ich absolut korrektes und aufgeschlossenes, auf der anderen Seite immer wieder destruktives Verhalten – selbst dort, wo es eigentlich gar keinen Sinn machte.

Dabei war die Landung in Schönefeld etwas Besonderes. Wir waren die ersten Gäste von der Hardthöhe, welche mit einer Challenger-Maschine der Flugbereitschaft hier ankamen. Die Abfertigung fand in den der DDR-Regierung vorbehaltenen Räumen des Flughafens statt, das war Geschichte pur. Der Kommandeur der Einheit vor Ort wies uns auf die Entstehungsgeschichte des an sowjetische Vorbilder erinnernden Gebäudes hin, welches innerhalb weniger Wochen im Frühsommer 1945 extra für den Genossen Stalin wegen seiner Teilnahme an der Potsdamer Konferenz erbaut worden war. Während des Weiterflugs mit einem Hubschrauber der NVA bekamen wir erste Impressionen von der Umgebung Berlins mit ihren zahlreichen Seen, großflächigen Wäldern und Feldern, aber auch von hässlichen Zementwerken. Auf der rechten Seite tauchte die Skyline Berlins auf, und der Hubschrauber flog in Richtung der Seelower Höhen. Hier hatte gegen Ende des Zweiten Weltkrieges eine der verlustreichsten Schlachten auf deutschem Boden stattgefunden.

An Bord waren neben Walter Breil und mir die Chefredakteure führender Zeitungen aus Nordrhein-Westfalen, der Bonner Korrespondent der *dpa* Friedrich Kuhn sowie Gerhard Deckl von der *Augsburger Allgemeinen Zeitung*, der mich von unserem gemeinsamen Besuch in Moskau bis zum Winter 1992 in Neubrandenburg begleitete, wo er später für den dort erscheinenden *Nordkurier* verantwortlich war.

■ *Viel Fingerspitzengefühl beim Treffen im Verteidigungsministerium der DDR am 7. Mai 1990: Rechts neben Willy Wimmer Bertram Wieczorek, Generalleutnant Klaus-Jürgen Baarß und Friedhelm Krüger-Sprengel. Ganz links: Walter Breil*

In Strausberg wurden wir freundlich empfangen. Dazu hatte sich NVA-Admiral Theodor Hoffmann ebenso eingefunden wie der Chef des Hauptstabes, Generalleutnant Manfred Grätz, und der Bevollmächtigte für Militärreform, Generalleutnant Klaus-Jürgen Baarß. Die Herren sowie weitere Offiziere begrüßten uns vor einem aus Meißener Porzellan kunstvoll gefertigten Wandrelief, das die Großväter der kommunistischen Weltbewegung zeigte. Zum 3. Oktober 1990 sollte es bereits verhängt sein.

Viele Kommandeure der Bundeswehr, die nach der Wiedervereinigung Befehlshaber an ehemaligen Standorten der NVA wurden, bemühten sich, die spezifischen Erinnerungen im Bereich der Streitkräfte der ehemaligen DDR zu bewahren und ihnen in den neu geschaffenen militärischen Einrichtungen der Bundeswehr einen angemessenen Platz zuzuweisen. Wenn etwas im offiziellen Leben der NVA bedeutend gewesen war, erinnerte man weiter daran. Das galt auch für Gedenksteine und Verbandszeichen von Einheiten der Bundeswehr, in die Hinweise auf zuvor bestehende Einheiten der NVA aufgenommen wurden.

Am Nachmittag wurde uns das Operative Zentrum der NVA vorgestellt, dort kamen wir aus dem Staunen nicht heraus. Der Chefredakteur der *Rheinischen Post* fand auf einer begehbaren Reliefkarte auf dem Boden in den Abmessungen von 22 mal 8 Metern sofort seinen Wohnort Meerbusch bei Düsseldorf. Wolfgang Radau von der *Westdeutschen Zeitung* bewunderte die detaillierte Wiedergabe der Standorte deutscher und verbündeter Streitkräfte auf einer Leinwand. Auf diesem militärischen Kunstwerk kartografischer Art waren die gesamten Versorgungssysteme der Bundesrepublik plastisch wiedergegeben, ebenso Brücken und Unterführungen. General Beim, einer der Schöpfer dieser Anlage, stellte sie uns in allen Einzelheiten vor. Genau durchdacht, war damit die praktische Planung von Operationen möglich. Der Weg des Werks führte jetzt allerdings ins Museum.

## Der »wilde Osten«

Die Generale und Admirale in Strausberg waren ebenso offen wie souverän, sie berichteten uns, ohne etwas beschönigen zu wollen, von den Problemen: Die NVA war von Frust bestimmt. Die Motivation war erodiert, und Angst machte sich breit. Als Parteiarmee angesehen, zählten vor allem die Offiziere in den Augen der Bevölkerung zu den privilegierten Schichten im Staat. Das begrenzte sofort jedes Verständnis.

In den Gesprächen mit Wieczorek, mir und den militärischen Spitzen der NVA stand stets die Frage im Mittelpunkt, wie es in Zukunft weitergehen würde. Umstritten war auch hier die Idee, die Streitkräfte unter der Führung künftiger Ministerpräsidenten zu erhalten. Musste eine Armee nicht einer Regierung mit der Verantwortung für den gesamten Staat unterstellt werden? Wie weitblickend waren eigentlich solcherart Gedankenkonstrukte der Regierung de Maizière? Denn entsprechende Erklärungen erweckten in der Armee und den Bürgern den Eindruck, als sei der Dienst in der NVA auf Dauer gesichert, selbst für den Fall, dass die Armeestärke noch weiter zurückginge. All das führte in den letzten Wochen der DDR zu äußerst bitteren und verzweifelten Reaktionen bei den Soldaten, denn sie meinten von der eigenen Regierung aus durchsichtigen Gründen über die tatsächliche Lage hinweggetäuscht worden zu sein: Alles, was wir lesen und auf anderem Wege erfahren konnten, deutete auf die Absicht hin, Zeit gewinnen zu wollen, damit die DDR weiterhin bestand.

Bertram Wieczorek und ich konnten uns weder auf die Haltung von Ministerpräsident de Maizière noch von Rainer Eppelmann und dessen Bonner Freunden einen Reim machen. Wie standen sie nun zur deutschen Einheit? Wir hatten schon mehrfach gehört, dass Eppelmann eine geladene Pistole mit sich führe. Ob das wohl stimmte? Denn auch in der damaligen Zeit verfügten Minister über einen hinreichend ausgestatteten Personenschutz aus erfahrenem Sicherheitspersonal. Jedenfalls war in fast demonstrativer Weise eine Pistole auf dem Schreibtisch in seinem Büro drapiert, als er Wieczorek wegen seiner Zusammenarbeit mit der westdeutschen Regierung und auch mit mir mehrfach zum sofortigen Rücktritt aufforderte. Sah so der »wilde Osten« aus?

Im August 1990 trafen sich die CDU-Abgeordneten Günther Krause, Klaus Reichenbach und Bertram Wieczorek mit Lothar de Maizière spätabends in der Volkskammer, in der es nicht nur in diesen Tagen hoch herging. Wohin wollte der Ministerpräsident die DDR führen? Wegen der Haltung der SPD in der deutschen Frage, die in als gegen eine Wiedervereinigung gerichtet empfundenen Äußerungen des SPD-Vorsitzenden Oskar Lafontaine zum Ausdruck kamen, kochten die Emotionen hoch, und die drei Abgeordneten drängten den Ministerpräsident zum sofortigen Bruch der bestehenden Koalition. Demonstrativ forderten sie ihn wegen des bereits absehbaren Ergebnisses der Zwei-plus-Vier-Verhandlungen auf, alles zu unternehmen, um schnellstmöglich den Beitritt der DDR zur Bundesrepublik möglich zu machen. Nein, lautete die Antwort, so gehe das nicht. Das Ende der Verhandlungen müsse abgewartet werden, dies werde wohl gegen Ende des Jahres 1990 erst einmal zu neuen Wahlen in der DDR führen. Dann, nach einer Schamfrist vom mehreren Monaten, könne der Beitritt erfolgen. Das wäre nicht vor Mitte 1991 gewesen. Die drei Abgeordneten waren wie vom Donner gerührt, dass de Maizière es somit überhaupt nicht eilig hatte, denn sie wollten die deutsche Einheit ohne Wenn und Aber. Warum spielte er auf Zeit? Krause, Reichenbach und Wieczorek waren bereit und in der Lage, mit dieser Frage die CDU-Volkskammerfraktion aufzumischen, das wusste der Ministerpräsident. Krause war im Kabinett ohnehin der »starke Mann«, bei dem es alle anderen für sinnvoll erachteten, ihm nicht in die Quere zu kommen. In der Nacht zerschlugen die drei Abgeordneten den Gordischen Knoten, der Deutschland von der Einheit trennte: Anderntags platzte die Koalition, und der Zug steuerte in Richtung deutsche Einheit.

Egon Bahr, seinerzeit Berater von Abrüstungs- und Verteidigungsminister Eppelmann, teilte Ende Juli öffentlich mit, dass man in Strausberg von einheitlichen Streitkräften der Bundeswehr in einem einheitlichen Staat ausgehe – so wie Wieczorek und ich es gerade bei einem Treffen auf Rügen vereinbart hatten. Dabei verschwieg Bahr allerdings, wann es diesen Staat geben sollte. Beim Thema NATO-Zugehörigkeit vertrat Bahr die Meinung vieler seiner Kollegen, die er auch in den Medien wie etwa der *Frankfurter Rundschau* offenlegte, nämlich dass die Zugehörigkeit Gesamtdeutschlands zum transatlantischen Verteidigungsbündnis keine dauerhafte sicherheitspolitische Lösung sei.

Es war ohnehin merkwürdig: Wir stießen in Ost-Berlin, wie wir es bei Egon Bahr wieder deutlich sehen konnten, auf führende Repräsentanten der Bonner SPD, die überhaupt nicht auf der Linie lagen, welche der Bundeskanzler zur Einheit der Nation vertrat. Und ausgerechnet diese Persönlichkeiten berieten führende Repräsentanten der neuen DDR-Regierung neben den Leuten, die aus dem Umfeld von Norbert Blüm in der CDU stammten. In welchem Sinne? Sollte in Ost-Berlin das konterkariert werden, was Helmut Kohl zu erreichen suchte? In den eigenen Reihen sah es kaum anders aus. Man musste den Eindruck gewinnen, dass sich in Berlin jene Berater einfanden, die Personen aus dem Führungsbereich zugerechnet werden mussten, die den Bundeskanzler auf dem Bremer Parteitag Mitte September 1989 so unbedingt stürzen wollten. Das zeitliche Zusammentreffen des Parteitages mit der Öffnung der ungarisch-österreichischen Grenze entzog dem Ansinnen den Boden. Norbert Blüm, dem Eppelmann-Freund, wurde dabei öffentlich nachgesagt, dass er ebenfalls zu dieser Gruppe gehöre, zu der auch Heiner Geißler, Rita Süssmuth, Kurt Biedenkopf, Ernst Albrecht und Lothar Späth zählten. Er sei lediglich rechtzeitig abgesprungen. Diesen Hintergrund mussten wir im Kopf behalten.

## Perspektiven für NVA-Angehörige

Zahlreiche Besuche von Bertram Wieczorek und mir bei Einheiten der NVA schärften unseren Blick: Wie sollte es in völlig von der

Armee bestimmten Gegenden wie in Eggesin nach deren Wegfall überhaupt Arbeitsplätze geben? Wie sollten hier Kontakte für Arbeitsuchende zu Handwerk und Industrie möglich sein? Inwieweit konnte man Mobilität erwarten, wenn es an einem künftigen Arbeitsplatz keine freien Wohnungen gab?

Stellvertretend für die Probleme, wie sie an den NVA-Standorten die Menschen nun erwarteten, war Dranske auf Rügen. Der Bonner *FAZ*-Korrespondent Karl Feldmeyer berichtete über das Dilemma. Er war nicht irgendwer. Auf dem Gebiet der Sicherheitspolitik stach er unter einer Schar ausgezeichneter Journalisten hervor, und ich besprach mich häufig mit ihm, um die Chancen und Probleme im deutschen Einigungsprozess auszuloten. Der Winter stand bevor – wer im Westen wusste schon davon, in welch hohem Maße die Soldaten davon abhingen, dass ihre Wohnungen weiter an die Kraftwerke in den Kasernenanlagen angeschlossen blieben? Doch bei einem Heizkraftwerk der Bundeswehr genügten fünf Mitarbeiter, es auf Dauer und bei jeder Jahreszeit in Betrieb zu halten. In Dranske hingegen wurden für dieselbe Arbeit, wie einst zur Zeit der kaiserlichen deutschen Armee, zweihundertfünfzig Mitarbeiter benötigt! Nun, da die Stellen bei der NVA konsequent zusammengestrichen wurden, waren auch die Heizer in Dranske betroffen. Sollten die Soldaten im kalten Winter nicht nur arbeitslos sein, sondern auch noch in unbeheizten Wohnungen sitzen? Das Personal für diese Aufgaben musste unbedingt erhalten bleiben.

Die Lebenswirklichkeit in den neuen Bundesländern war und blieb für viele im Westen ein Buch mit sieben Siegeln. Es gab Abgeordnete im Deutschen Bundestag, die stolz darauf waren, vor dem 3. Oktober 1990 noch nie einen Fuß auf DDR-Territorium gesetzt zu haben! Das galt in gleicher Weise auch für Westmilitärs in höchster Funktion, die nach der Wiedervereinigung fast genötigt werden mussten, wenigstens einen Kurzbesuch bei der Osttruppe durchzuführen. Während manche der Herren dafür ihren Kampfanzug anlegten, ging es bei vielen auch anders, wie sich im Spätsommer 1990 in zahlreichen Einzelbeispielen zeigte, so etwa bei Jürgen Lemitz, einem Dezernenten aus der Düsseldorfer Wehrbereichsverwaltung. Männer wie er packten an und schufen auf dem Territorium der ehemaligen DDR eine neue Struktur für eine deutsche Armee. Die militärische Spitze der Bundeswehr, von der man deutliche Signale hätte erwarten können, war und blieb derweil weggetaucht.

## Gemeinsam auf der Parlamentarierkonferenz der NATO

Bertram Wieczorek und ich waren bemüht, uns möglichst oft zusammen in der Öffentlichkeit zu zeigen, gerade auch auf internationalem Parkett. Am 11. Mai 1990, also wenige Tage nach dem Treffen in Strausberg, tagte die Parlamentarierkonferenz der NATO in Paris, und wir waren beide eingeladen, den Delegierten einen Bericht über die Entwicklung in Deutschland vorzustellen. Das war die beste Gelegenheit, demonstrativ gemeinsam aufzutreten. Wir hätten auch getrennt fliegen können und wären zu unterschiedlichen Zeiten angekommen. Genau das wollten wir vermeiden. Die Parlamentarier aus den Mitgliedsstaaten der NATO sollten sehen, dass Schluss war mit der Teilung unseres Vaterlandes.

Wieczorek reiste in Begleitung von hohen Offizieren der NVA mit einer Tupolev der Fluggesellschaft »Interflug« nach Köln/Bonn. Auf dem militärischen Teil des Flughafens warteten wir schon auf ihn und seine Delegation und flogen gemeinsam in einer Challenger der Bundesluftwaffe weiter. Mit an Bord waren auch Bundeswehroffiziere aus meinem Stab im Verteidigungsministerium. Als wir uns der französischen Hauptstadt näherten, wurden die NVA-Offiziere schweigsam, und manch einer musste mit den Tränen kämpfen. Sie drückten sich an den Scheiben des Jets förmlich die Nasen platt und konnte nicht glauben, Paris sehen zu dürfen.

Vor dem Sitzungssaal der Nationalversammlung liefen wir meinem Bundestagskollegen Erwin Horn von der SPD in die Arme. Er stellte sogleich fest, dass sich eine Welt änderte: Die Deutschen aus Ost-Berlin und Bonn traten gemeinsam auf! Verdanken konnten wir den Besuch einem weiteren Sozialdemokraten: Karsten Voigt hatte ihn den Verteidigungsministern der Allianz empfohlen, und diese hatten zugestimmt. Das, was uns bei dem Besuch in Paris gemeinsam bewegte, sprach ich in meiner Rede an: *»Es geht bei unserer Politik um die eigentliche Gesundung Europas. Vertrauen zwischen den Staaten kann alleine deshalb schon Streitkräfte vermindern, weil die Gesellschaften eine Begründung für ein Übermaß an Rüstung nicht erkennen. Die Bundesrepublik wächst aus der Rolle eines Frontstaates heraus. Deutschlands Nachbarn im Osten und Südosten befinden sich im demokratischen Aufbruch. Die Zeit ist absehbar, dass Deutschland nur noch von Demokratien umgeben ist. Die Aussichten sind besser denn je, dass sich Europa zu einem Kontinent der besseren Nachbarschaft entwickelt.«*

Gerade in der Zeit des Umbruchs schien es mir in Paris wichtig zu sein, die gemeinsame Leistung als Basis für die Zukunft zu betonen. Ich führte vor vollem Haus dazu aus: *»Wir dürfen heute der festen Überzeugung sein, dass sich die erheblichen Bemühungen unserer Staaten um Frieden und Freiheit gelohnt haben und weiterhin lohnen werden. Die Sicherheitspolitik des westlichen Bündnisses ist eine Erfolgsgeschichte, und wir sollten stolz darauf sein. Wir befinden uns jetzt in einer guten Ausgangslage, den Frieden in Europa vielleicht mehr und mehr mit solchen Methoden zu gewährleisten, die den bevorzugten Vorstellungen von Demokratien nahekommen.«*

Die Verhandlungen zwischen Ost und West beseitigten den Antagonismus. Wir konnten das auf der Konferenz alle so sehen. Niemand hat sich in jener Zeit vorstellen können, dass gerade die Demokratien des Westens, angeführt von der Vormacht USA, uns 25 Jahre später an die Schwelle eines Weltkrieges gegen Russland führen würden, nachdem zuvor mit dem völkerrechtswidrigen Krieg gegen die Bundesrepublik Jugoslawien seitens der NATO die europäische Friedensordnung der »Charta von Paris« zerschmettert worden war.

Damals gab es die Sowjetunion noch. Mir schien es geboten, diesbezüglich Prämissen aufzuzeigen. Deshalb forderte ich in meiner Rede, dass »*die Sowjetunion ihre Europapolitik nicht mehr als alles überwölbende Politik gegenüber der anderen Supermacht begreifen*« dürfe und sich dem friedlichen Interessensausgleich verpflichten müsse.

## NATO oder EG als Friedensbündnis der Zukunft?

In Paris im Mai 1990 ging ich davon aus, die politische Rolle des NATO-Bündnisses würde stärker in den Vordergrund rücken, der militärische Sektor dafür entsprechend zurückgefahren. In langen Gesprächen habe ich in den Jahren 2007 und 2008 mit Helmut Schmidt, dem Herausgeber der *Zeit,* die damit verbundenen Probleme in seinem Hamburger Büro im Pressehaus unter vier Augen beraten. Der ehemalige Bundeskanzler sah nur eine Möglichkeit, nämlich dem Bündnis eine friedensbezogene Aufgabe in Europa beizumessen.

▪ *Treffen mit Helmut Schmidt anlässlich seines 70. Geburtstags*

Diese solle darin bestehen, die politische Funktion des NATO-Vertrages aufrechtzuerhalten und die militärische Integration und den dafür erforderlichen massiven Militärapparat aufzugeben.

Heute unternehmen die USA alles, was in ihrer Macht steht, die Konfrontation in Europa mit der Russischen Föderation auf die Spitze zu treiben: über die krisenhafte Entwicklung in der Ukraine, die angestrebte Aufnahme Schwedens ins Bündnis und den NATO-Aufmarsch im Baltikum. Dem Kommando wird schon deshalb entsprochen, weil im Weigerungsfall sofort die Frage aufgeworfen wird, ob man das NATO-Bündnis spalten und damit die eigene ökonomische Basis gefährden wolle. Dennoch sollte eine fortdauernde Verbindung über den Atlantik möglich sein, um den NATO-Vertrag in seiner politischen Funktion zu erhalten und die Vereinigten Staaten und Kanada in den europäischen Prozess einzubinden. Diese Überlegungen waren aus europäischer Sicht 1990 ebenso begründet, wie sie es 2016 sind. Dafür gibt es nicht nur Gründe, die mit der Geschichte des 20. Jahrhunderts und den Entwicklungen, die zu zwei Weltkriegen führten, zusammenhängen. Die Verflechtungen wirtschaftspolitischer Art über den Atlantik hinweg sind so eng, dass es in Rechnung gestellt werden muss. Bis zum Krieg der NATO gegen Jugoslawien konnte mit Fug und Recht von einer »westlichen Wertegemeinschaft« gesprochen werden. Diese wurde aber in Schutt und Asche gelegt durch die Abfolge von Kriegen zwischen Afghanistan bis Mali. Dennoch müsste es möglich sein, das verschüttete Erbe wieder ans Tageslicht zu fördern.

1990 war angesichts der aktuellen weltpolitischen Entwicklungen deutlich, dass sich der Westen würde verändern müssen. Warum sollten wir nach guten Bündniserfahrungen in Westeuropa nicht auch Richtung Osten auf freundschaftliche Verbindungen hinarbeiten? So wie nach den Weltkriegen aus »Erbfeinden« gute Nachbarn geworden waren, die in einem wechselseitigen Respekt voreinander lebten, könnte dies doch auch mit anderen gelingen. Für mich wäre damals die Europäische Gemeinschaft – eine EU gab es bis dahin nicht – noch vor der NATO in der Lage gewesen, Auffangbecken für die gewaltigen Prozesse zu sein. Mir schien es deshalb naheliegend, die EG als Zusammenschluss freier Völker zu einer künftigen europäischen Friedensordnung hin zu entwickeln. Sie sollte den Staaten offen stehen, die sich zu einem demokratischen Gemeinwesen, einer pluralen Gesellschaft, dem Rechtsstaat und der Marktwirtschaft wandelten. Auf die EG würde damit in erster Linie die Aufgabe zukommen, durch großzügige ökonomische Offerten diesen Prozess zu fördern. Gleichzeitig sollte es möglich sein, mit den transatlantischen Partnern USA und Kanada eine enge politische und ökonomische Bindung einzugehen.

Unser Militärattaché in Paris, Brigadegeneral Hermann Fraidel, lud uns nach der Konferenz in ein kleines Restaurant am Pariser Trocadero mit Blick auf die Seine und den Eiffelturm ein, nachdem Wieczorek und ich den Parlamentariern Rede und Antwort gestanden hatten.

## Ein »Westfälischer Friede« mit der NVA

Nach Paris war ein erster Besuch aus der Führungsspitze des Ost-Berliner Verteidigungsministeriums bei der Bundeswehr vorgesehen. Dieser sollte unter anderem beim 1. deutschen Korps in Münster stattfinden. Die Volkskammerabgeordnete Vera Wollenberger (später Lengsfeld) begleitete die Delegation, zu der auch hohe Offiziere aus der NVA zählten, unter anderem der Leiter Militärreform, Generalleutnant Klaus-Jürgen Baarß aus den Luftstreitkräften der NVA. Wir hatten Münster mit Bedacht ausgewählt. Wie kaum eine andere Stadt in Deutschland steht sie seit dem »Westfälischen Frieden« 1648 und damit dem Ende des Dreißigjährigen Krieges für eine Friedensordnung ein. Münster beendete damals eine Schlacht, bei der bis zu 75 Prozent der Bevölkerung den Tod fand. Auf die Symbolkraft dessen, was sich mit dieser westfälischen Stadt, gemeinsam mit dem benachbarten Osnabrück, in der Welt verbindet, hatten im Dezember 1989 der amerikanische Präsident George H. Bush und der sowjetische Generalsekretär Gorbatschow aus gutem Grund hingewiesen.

In Bonn gab es die inzwischen gewohnte Unruhe und hohe Aufmerksamkeit vor dem Besuch meines ostdeutschen Kollegen. Kritik wurde allerdings stets nur auf Umwegen geäußert. Ich wurde nie direkt auf das angesprochen, was ich in Zusammenhang mit der noch bestehenden DDR oder gar der NVA unternahm, sondern erfuhr alles indirekt. Und es wurde geredet und geredet und mit Argwohn verfolgt. Diesmal war der Unmut besonders heftig: Wie konnte ich nur mit NVA-Offizieren die Bundeswehr besuchen? Demgegenüber stand, wie selbstverständlich und ohne jede Scheu oder gar Vorbehalte das Besuchsprogramm in Münster vom Befehlshaber des Korps, Generalleutnant Jörn Söder, durchgeführt wurde. Der Kommandierende General hatte sich in Deutschland einen guten Namen gemacht. Das wurde auch im politischen Bonn so gesehen. Dazu trug einmal bei, wie Söder in den Jahren zuvor als Kommandeur die in Unna stationierte 7. deutsche Panzerdivision geführt hatte. Diese »westfälische Division« zeichnete sich durch einen beispiellos guten Kontakt zur zivilen Umwelt aus. Dadurch und eine großartige Leistung des Stammpersonals der Division war es Generalleutnant Söder in der wirtschaftlich sehr schwierigen Situation Anfang der 80er-Jahre gelungen, die Zahl der von Jugendarbeitslosigkeit betroffenen Wehrpflichtigen durch Vermittlung in zivile Ausbildungsverhältnisse von über 40 auf unter 5 Prozent zu reduzieren. Diese gesellschaftspolitische Leistung wurde auch im Plenum des Deutschen Bundestages gewürdigt. Sie machte deutlich, im welchem Maße die Bundeswehr bereit und fähig sein kann, sich Herausforderungen zu stellen, die nicht zum eigentlichen militärischen Aufgabenspektrum zählen. Ich hatte oft genug den Eindruck, dass wir es bei der Bundeswehr eigentlich mit zwei unterschiedlichen Streitkräften zu tun hatten: Während im Verteidigungsministerium Berge von Papier gefüllt wurden und die unterschiedlichen Interessen zwischen den Teilstreitkräften gegeneinanderprallten und sich alles nur mühsam bewegte, »machte man« in der Truppe. Deren Führer waren durchweg Persönlichkeiten, die zu Recht in einem hohen Ansehen auch in der zivilen Öffentlichkeit standen. Für die Arbeit im Ministerium wurde ein anderer Typ von Offizier benötigt – geschmeidig und nach Kräften intrigant, das schien die zentrale Anforderung zu sein.

An diesem sonnigen Tag im Münsterland ging es mit Hubschraubern in Richtung Osten, über gepflegte Felder und herausgeputzte Dörfer hinweg zu einem Wasserübungsplatz an der Weser nahe der Stadt Minden. Wehrpflichtige, die erst in den Aprilwochen 1990 in die Bundeswehr einberufen worden waren, bauten hier eine für Panzer befahrbare Kriegsbrücke über den Fluss. Alles ging Hand in Hand. Unser Besuch war kurzfristig angemeldet worden, die Zeit wäre also zu knapp bemessen gewesen, um uns etwas »vormachen« zu können, was nicht der Realität entsprach. Die Kompetenz der jungen Soldaten und die Stimmung in den Einheiten ergänzten sich wohltuend. Es lief sehr gut, was sich da zeigte, und das lag wohl vor allem daran, dass die Wehrpflichtigen aus handwerklichen Berufen kamen und Erfahrungen aus der praktischen Arbeitswelt mitbrachten. Soldaten und Abiturienten waren hier selbstbewusst genug, mit ihren Fähigkeiten nicht hinter dem Berg zu halten.

Die Volkskammer in Ost-Berlin hatte die Delegation nicht ohne parlamentarische Begleitung nach Münster fahren lassen wollen und aus diesem Grund Vera Wollenberger mitgeschickt. Die NVA wurde ohnehin mit genügend Misstrauen gesehen. Dennoch herrschte ein überaus kollegialer Tonfall in den Gesprächen zwischen ihr und Wieczorek, mehr, als ich das für Bonner Verhältnisse sagen konnte. Als die Abgeordnete, welche eigentlich zu den Pazifisten in der frei gewählten Volkskammer zählte, neben einem Panzer des Typs »Leopard II« stand, gab es für sie kein Halten mehr. Sie wies uns darauf hin, dass sie ihren beiden Söhnen nach der Rückkehr unmöglich davon berichten könne, zwar neben dem Leopard gestanden, aber nicht damit gefahren zu sein. So ließ es sich die friedensbewegte Abgeordnete nicht nehmen, das Gelände an Bord des Kampfpanzers zu durchpflügen. Als sie wieder aus der Turmluke stieg, war ihr Kommentar kurz und knapp: *»Das war ich meinen beiden Söhnen schuldig.«*

Das 1. Korps in Münster führt die deutsche militärische Tradition seit den Befreiungskriegen gegen Napoleon fort. Mit über 130 000

Soldaten stellt es den größten Kampfverband in der westlichen Allianz dar. Der legendäre preußische General Blücher führt im Schloss zu Münster, dem Sitz des Befehlshabers des 1. Korps, die Bildergalerie der Heeresführer bis in die heutige Zeit an.

Generalleutnant Söder erwartete uns im großen Saal, um den Gästen und uns das Korps vorzustellen. Die Art und Weise, wie das geschah, kann nur als edel, ja fast ritterlich bezeichnet werden. Da saß nun eine Delegation derjenigen deutschen Armee im Saal, gegen die noch wenige Monate zuvor während der Wintex/Cimex-Übung Krieg geführt worden war. Die Herren aus Ost-Berlin waren zudem in Uniform, für viele in der Bundeswehr schon eine Herausforderung an sich. Söder gab den Ton vor. Die Offiziere des Stabes in Münster legten vor ihren Gästen die Karten auf den Tisch. In großen Schaubildern und riesigen Landkarten wurde präzise darüber berichtet, was das 1. deutsche Korps auch in Kriegszeiten ausgemacht hatte. Es war beeindruckend, und wir aus Bonn waren einfach nur stolz.

■ Der Kommandierende General des 1. Korps in Münster, Jörn Söder, mit Willy Wimmer 1990

Die Worte, die Wieczorek und Generalleutnant Baarß nach der glänzend vorgetragenen Präsentation vor den Angehörigen des Stabes fanden, waren angemessen: Sie dankten für die Sorgfalt, mit der dieser Tag in Münster vorbereitet und durchgeführt worden war. Ihnen sei ein neues Bild von der inneren Haltung der Bundeswehr vermittelt worden, als sie es noch auf dem Hinflug nach Münster im Hinterkopf gehabt hätten. Das gelte auch für den NATO-Auftrag, wie er im Schloss zu Münster dargestellt worden sei. Man sehe am Ende des Tages die Dinge sehr viel anders, als dies in der Vergangenheit möglich gewesen war. Baarß' Worte machten viele nachdenklich. Er, so betonte Baarß, werde dennoch sicher kein NATO-General. Auch spätere Begegnungen mit einer Vielzahl seiner Kollegen aus der Generalität und Admiralität der NVA machten deutlich, dass sie nachdrücklich einen Schlussstrich unter ihre bisherige berufliche Tätigkeit setzen wollten. Die Zeit des Systems, dem sie gedient hatten, war abgelaufen, in dem sie herausragende Positionen innehatten. Vielfach brachten sie mir gegenüber zum Ausdruck, dass sie die Zukunft der jungen Menschen nicht durch die Einforderung von Privilegien, auch nicht in Zusammenhang mit einem demnächst zu erwartenden Abschied aus der militärischen Karriere, gefährdet sehen wollten. In der gleichen Offenheit machten sie mir gegenüber allerdings auch deutlich, auf welches Schicksal ich mich hätte einstellen können, wenn die Entwicklung zugunsten des »real existierenden Sozialismus« oder des Kommunismus wie zu Leonid Breschnews Zeiten verlaufen wäre. Als ich einige Wochen später vor den Toren Strausbergs, auf der Terrasse von Schloss Wilkendorf, der Residenz des Befehlshabers der NVA, beim abendlichen Gespräch mit Generalen beisammen saß, wurden wir durch den Pfiff einer entfernt fahrenden Lokomotive unterbrochen. Daraufhin blickten wir uns an und stellten fest, dass wir uns jetzt vermutlich auf dem Weg nach Sibirien befinden würden, wäre die NATO anstelle des Warschauer Pakts gescheitert ...

## Abruptes Ende für die Oststreitkräfte?

Eine Überraschung, die weitreichende Folgen haben sollte, stand uns in Münster allerdings noch bevor. Der Kommandierende General hatte uns eingeladen, im Park des Schlosses das in Augenschein zu nehmen, was unter freiem Himmel für ein Fest des Korps vorbereitet worden war. Der Einladung kamen wir gerne nach, als plötzlich der Presseoffizier auf mich losstürmte: Was ich mit einem derartigen Besuch von NVA-Offizieren in Münster eigentlich für eine Wirkung beabsichtige. Auf meine Frage, was er damit meine, erhielt ich eine ebenso verblüffende wie alarmierende Mitteilung: Noch in der Vorwoche sei ein Referatsleiter aus dem Führungsstab der Streitkräfte aus dem Bonner Ministerium hier in Münster gewesen – der später eine deshalb so ungewöhnliche Karriere machte, weil in der Bundeswehr eigentlich sonst immer Wert auf ausreichende Erfahrungen in der Truppe und vor allem in der Führung von Großverbänden gemacht wurde – und habe verkündet, dass die NVA zum 31. Dezember 1990 aufgelöst werde. Danach gäbe es nichts mehr, was noch an die ostdeutsche Armee erinnern würde.

Der Presseoffizier konnte nicht ahnen, was er damit bei mir und dem Kollegen Wieczorek auslöste. Ich gehörte schließlich der Führungsspitze des westdeutschen Verteidigungsministeriums an und wusste eines genau: Das wäre eine Entscheidung auf höchster staatlicher Ebene, selbst über das Bundesverteidigungsministerium hinaus, gewesen. Zu keinem Zeitpunkt aber war dort davon geredet, geschweige denn eine entsprechende Vorlage diskutiert worden. Hier wollten offensichtlich Kräfte im eigenen Haus an der politischen Führung des Ministeriums vorbei Fakten schaffen, an denen man später nicht mehr vorbeikäme. Das stand in krassem Gegensatz zu meinen Bemühungen einer versöhnlichen und für alle Seiten verträglichen Integration der Osttruppen in die Bundeswehr. Wie begründet mein Misstrauen war, erlebte ich bis zum letzten Tag vor der staatlichen Einheit. Dabei konnten sich diese Personen immer sicher sein, Unterstützung bei führenden deutschen Tageszeitungen, die auf NATO-Kurs lagen, zu finden.

Ende Juli schlugen in Bonn die Wogen hoch, ausgelöst durch einen Leitartikel der *FAZ*. Am 26. Juli 1990 lautete die Schlagzeile: »*Auflösen – ohne Rest*«. Nach den in Bonn herrschenden Gegebenheiten konnten wir vermuten, wessen Ansichten auf der Hardthöhe damit kolportiert wurden. So war es eben. Damit für den Leser auch kein Zweifel blieb, gab diese Tageszeitung auch die künftige Richtung vor: *»Was ... mit der NVA anfangen«*, fragte der Text. Hier gäbe es *»nur eine Lösung. Mit der DDR ist auch die Institution NVA aufzulö-*

### Auflösen – ohne Rest

Von Günther Gillessen

FAZ DO Politik 25. JULI 1990

In der Bundeswehr empfinden viele die Vorstellung als Zumutung, daß Bundeswehr und Nationale Volksarmee (NVA) vereinigt werden könnten oder daß es künftig zwei deutsche Armeen geben sollte, wie die DDR-Minister Eppelmann und Meckel fordern. Eppelmann fiel dazu das erstaunliche Argument ein, im deutschen Kaiserreich habe es bis 1918 sogar vier verschiedene Armeen gegeben.

Die NVA war, anders als die preußische, badische, württembergische oder bayerische im Kaiserreich, keine gewöhnliche Armee. Ihre Offiziere waren fast alle Mitglieder der Kommunistischen Partei, und Partei-Gesinnung, mindestens vorgetäuschte, war Voraussetzung für Beförderung. Solchen Offizieren wird niemand die Erziehung und Führung von Wehrpflichtigen anvertrauen wollen.

Hat indessen die Bundeswehr nach dem Krieg nicht auch Offiziere der Wehrmacht aufgenommen? In der Tat, doch in der Wehrmacht durfte nach Reichsgesetz von 1875 kein aktiver Offizier Mitglied einer Partei sein. Die Armee war älter als das „Dritte Reich". Sie blieb in der Kontinuität der deutschen Militärtradition. Das machte sie zu einem Problem für die Weimarer Republik – aber auch für das „Dritte Reich". Mit der gewichtigen Einschränkung, die in einem totalitären Staat niemand vermeiden kann, das Regime irgendwie zu nutzen, war die Wehrmacht sogar eine Zuflucht für Regimegegner. In dieser Armee wurde der 20. Juli möglich.

Wenn die Wehrmacht eine mißbrauchte Armee war – so war sie jedenfalls nie Armee der NSDAP, deren „Führer" sie nicht ohne Grund bis zuletzt mit Mißtrauen beobachtete und ihr darum auch eine zweite Armee, die Waffen-SS, als Konkurrenz gegenüberstellte. Dort freilich waren die meisten Offiziere fanatische Nationalsozialisten, die sich freiwillig dorthin gemeldet hatten, und die höheren Offiziere hatten meist eine üble Vergangenheit in den paramilitärischen Organisationen der Partei.

Der Personalgutachter-Ausschuß der Bundeswehr schloß Waffen-SS-Offiziere zwar nicht kategorisch von der Aufnahme in die Bundeswehr aus, aber alle höheren Offiziersgrade der Waffen-SS. Von den jüngeren Waffen-SS-Offizieren verlangte er Nachweise, daß sie von den Vorstellungen des Nationalsozialismus aus Überzeugung abgerückt seien. Nur wenige Waffen-SS-Offiziere wurden so in die Bundeswehr aufgenommen. Immerhin lagen zehn Jahre dazwischen, in denen einer zeigen konnte, ob er dazugelernt hatte.

Mit der Reformidee des „Staatsbürgers in Uniform", der „Inneren Führung" und der Anknüpfung an den 20. Juli 1944 wurde die Bundeswehr bewußt auf Ideen gegründet, in denen Soldatenberuf und rechtsstaatliche Demokratie sich verbinden konnten – ein politischer Beruf gewiß, aber bezogen auf Demokratie, Volk und Staat, nicht, wie in der NVA, auf die Diktatur einer Partei mit einer inhumanen Idee. Die Offiziere der Bundeswehr und der NVA haben, abgesehen von der Waffenausbildung, zwei grundverschiedene Berufe. Sie passen nicht zusammen. Wer jetzt zusammenspannen will, was nicht zusammengehört, gefährdet in der Bundeswehr das Beste, ihre Moral als Armee eines anderen Deutschland, für die die Verschwörer des 20. Juli ihr Leben gaben.

Um so widerwärtiger war es, zu sehen, wie eine Generalität, die unter Honecker und Ulbricht Karriere gemacht hatte, den ahnungslosen Minister Eppelmann dazu beschwatzen konnte, die NVA flugs mit einem neuen Eid auf die DDR, jetzt ohne „Sozialismus", zu „verändern" und dafür ausgerechnet den Jahrestag des 20. Juli in Anspruch zu nehmen. Dabei streuten die alten NVA-Offiziere auch noch aus, sie hätten am 11. November verhindert, daß die Mauer zwei Tage nach der Öffnung mit Gewalt wieder geschlossen werde. Die NVA habe, so wird suggeriert, auch ihren „Widerstand" geleistet. Man staunt über so viel SED-Dreistigkeit.

Was aber dann mit der NVA anfangen? Es gibt nur eine Lösung. Mit der DDR ist auch die Institution NVA aufzulösen, ohne jeden Rest. Davon sind 30 000 Offiziere betroffen. Man sollte nicht prüfen, was sie getan oder unterlassen haben. Sie haben bisher gut verdient und gut gelebt, weit besser als die meisten anderen Deutschen in der DDR. Die deutsche Demokratie schuldet ihnen nichts außer der sozialen Sorge, die sie jedem Bürger schuldet. Die älteren Offiziere mögen ihre Pension verzehren und ihrem Namen den letzten Rang mit einem a. D. hinzufügen dürfen, ohne diskreditierende Zusätze wie „NVA" oder „Grenztruppe" oder „DDR", den jüngeren sollten ein Entlassungsgeld erhalten, das ihnen die Umschulung erleichtert. Einige Subalternoffiziere kommen vielleicht für die Bundeswehr in Frage. Aber sie sollten nach denselben Kriterien geprüft werden, nach denen die Bundeswehr jüngere Waffen-SS-Offiziere prüfte.

Zu fordern, daß die NVA verschwinde und daß es in einem vereinigten Deutschland auch schon in der Übergangszeit nur eine Armee, nur ein Oberkommando und nur einen einzigen für sie parlamentarisch verantwortlichen Minister geben dürfe, hat nichts mit „Rache" oder mit „Vorurteilen" zu tun. Sozialpolitik ist eines – Militärpolitik etwas anderes. Beides ist nötig, so dringt das eine verlangt nach Berücksichtigung im anderen. Wer in der DDR Berufs- oder Zeitsoldat werden wollte, tat es freiwillig und wußte, wem er diente. Es ist keine unmenschliche Zumutung, DDR-Offizieren (und auch Polizeiführern sowie DDR-Diplomaten) zu empfehlen, sich einen neuen Beruf zu suchen.

*»Auflösen – ohne Rest« von Günther Gillessen, erschienen am 26. Juli 1990 in der FAZ*

sen ohne jeden Rest. Davon sind 30 000 Offiziere betroffen. Man sollte nicht prüfen, was sie getan oder unterlassen haben. Sie haben bisher gut verdient und gut gelebt, weit besser als die meisten anderen Deutschen in der DDR. Die deutsche Demokratie schuldet ihnen nichts außer der sozialen Sorge, die sie jedem Bürger schuldet. Die älteren Offiziere mögen ihre Pension verzehren und ihrem Namen den letzten Rang mit einem a. D. hinzufügen dürfen, ohne diskriminierende Zusätze wie ›NVA‹ oder ›Grenztruppe‹ oder ›DDR‹. Die jüngeren sollten ein Entlassungsgeld enthalten, das ihnen die Umschulung erleichtert. Einige Subalternoffiziere kommen vielleicht für die Bundeswehr in Frage. Aber sie sollten nach denselben Kriterien geprüft werden, nach denen die Bundeswehr jüngere Waffen-SS-Offiziere prüfte.«

Der Artikel gab wieder, was im Bundesministerium der Verteidigung sowie in der Truppe von vielen gedacht wurde. Ebenso verhielt es sich mit Leserbriefspalten von Zeitungen, die in der Bundeswehr zirkulierten. Auch in weiteren angesehenen Zeitungen waren Äußerungen von Politikern und hohen Beamten nachzulesen. *»Die Volksarmee entlassen«* oder *»Drill durch SED-Aktive nicht zumutbar«*, so lautete das Echo in der westdeutschen Presse. Die Formulierung, nach der man *»für solche Leute kein Wohlfahrtsinstitut sei«*, machte unmissverständlich deutlich, dass die Angehörigen der NVA zu einer Art Bürger zweiter Klasse abgestempelt wurden, weil sie unter Stasi-Generalverdacht standen. Da waren Bertram Wieczorek und ich ganz anderer Ansicht. Gewiss waren wir kein Wohlfahrtsinstitut, aber wir waren ein Rechtsstaat. Es war auffallend, in welchem Umfang bei der Suche nach dem eigenen beruflichen Vorteil das außer Acht gelassen wurde, was einen rechtlich fundierten Staat wie die Bundesrepublik ausmacht.

## Im Wechselschritt zur »Armee der Einheit«

Zu der Ungewissheit darüber, wie es allgemein mit den Streitkräften in Deutschland weitergehen würde, kam die Befürchtung, dass

Fortschritte bei den Verhandlungen über die konventionelle Abrüstung in Wien auch drastische Reduzierungen bei der Bundeswehr zur Folge haben würden. Eine Hoffnung aber bestand noch: So berichtete der Bonner Korrespondent der *dpa,* Friedrich Kuhn, militärische Planer der NVA in Strausberg hätten ihm gegenüber geäußert, die NVA würde in absehbarer Zeit mit einer Gesamtstärke von rund 70 000 Mann eine rein territoriale Schutztruppe werden mit Sicherungsaufgaben an den Seegrenzen und in der Luft. Die NVA habe dann wohl nur noch Symbolcharakter. Am Ende der Entwicklung werde sie in die Bundeswehr aufgehen. Man rechne mit einem Zeitraum von zehn Jahren. Wie weit und steinig der Weg dahin sein könnte, das vermochte in Strausberg niemand zu sagen. Vielleicht trug dazu auch bei, dass die sowjetischen Streitkräfte Vorstellungen dieser Art zu jener Zeit noch rundheraus ablehnten, wie Kuhn gegenüber angesprochen wurde.

Allerdings kam am 16. Juli 1990 neue Bewegung auf. Beim Treffen zwischen dem Bundeskanzler und dem sowjetischen Generalsekretär im Kaukasus legten sich beide auf eine Größenordnung von 370 000 Soldaten als Gesamtstärke für die Streitkräfte des wiedervereinigten Deutschlands fest. Sicher, die Bundeswehr würde in ihrer Gesamtzahl reduziert. Und mancher aus Bonn verwehrte sich dagegen, dass hier auch noch Soldatinnen und Soldaten der NVA hineingerechnet werden mussten, und versuchte das Ruder noch herumzureißen, so wie jener Referatsleiter, der in Münster einfach mal anderes behauptet hatte. Drei Tage später forderte DDR-Außenminister Markus Meckel öffentlich, dass die NVA auch im wiedervereinigten Deutschland als eigenständige militärische Organisation bestehen bleiben müsse. Es solle keine einheitliche Armee geben. Wie wir wussten, stand Meckel mit dieser Ansicht nicht alleine da, und unser Verdacht wuchs, dass die baldige Einheit Deutschlands in Ost-Berlin hintertrieben wurde.

Die Ereignisse überschlugen sich. Wieczorek und ich aber waren darauf vorbereitet. Wir gingen davon aus, auf Entscheidungen, die jetzt anstanden, den notwendigen Einfluss ausüben zu können, um eine verfassungskonforme Lösung dieser schwierigen Fragestellung zu erreichen. Das Wochenende 28./29. Juli 1990 stellte die Weichen – und wir waren es, die den Stellhebel umlegten. Peenemünde und Prora gaben die künftige Richtung vor.

## Peenemünde – Wendepunkt der Geschichte

Um diese Zeit wurde in der NVA heiß diskutiert, was bestimmte militärische Kräfte im Bonner Ministerium als Ziel ausgegeben hatten: dass die gesamte Truppe zum Ende des Jahres 1990 entlassen zu werden drohte. Kein Wunder, dass eine beträchtliche Unruhe die gesamte NVA erfasste, soweit es sie überhaupt noch gab. Doch wurden jene Kräfte in Ost und West, die entweder eine eigenständige NVA im wiedervereinigten Deutschland wollten oder sich in einer Streitmacht für das wiedervereinigte Deutschland keinen Soldaten aus der dann ehemaligen NVA vorstellen konnten, endlich in die Schranken verwiesen. Die Wende konnte bei einem Truppenbesuch an der Ostseeküste erreicht werden, am Standort des Jagdgeschwaders 9, »Heinrich Rau«, in Peenemünde auf der Insel Usedom. Denn nach dem Besuch beim 1. Korps in Münster hatten wir einen Gegenbesuch vorgesehen. Dieser sollte bald nach Kohls und Gorbatschows Treffen im Kaukasus stattfinden, um politisch am Ball bleiben zu können. Zwei Journalisten hatten wir eingeladen, uns an die Ostsee zu begleiten: Peter Berger von der *Welt am Sonntag*, der ein großes Fingerspitzengefühl in sicherheitspolitischen Fragen besaß, und Ekkehard Beisker von *ADN*, der DDR-Nachrichtenagentur. An Letzterem ging kein Weg vorbei, er wusste, worauf es ankam, war mit dem Denken auf beiden Seiten vertraut und konnte die gesamte Zeitungs- und Medienlandschaft der DDR erreichen.

Die Landung der Challenger auf dem Flugplatz des Jagdgeschwaders in Peenemünde verlangte hohe Aufmerksamkeit, denn östlich von Usedom verlief die Grenze zum Nachbarland Polen, und das Letzte, was die Piloten sich leisten wollten, war eine Luftraumverletzung. Bei schönem Sommerwetter schwebte die Maschine mit einer scharfen Rechtskurve auf die Landebahn ein. Begeisterung brach an Bord aus: das erste Flugzeug der deutschen Luftwaffe an diesem traditionsreichen Standort! Wie sensibel der Umgang mit »Peenemünde« nach der Wiedervereinigung blieb, konnte man an der politischen oder beruflichen Entwicklung derjenigen in Bonn und bei Unternehmen in München ablesen, die sich für eine unvoreingenommene Präsentation der ehemaligen »Heeresversuchsanstalt« und der Raketen-Programme ausgesprochen haben.

Die Begrüßung zwischen Bertram Wieczorek, Generalleutnant Baarß und Generalmajor Schwüppe, dem Kommandeur der 3. Luftverteidigungsdivision, fiel herzlich, aber kurz aus, man kannte sich schon und hatte kein Zeremoniell nötig. Es war geplant, unmittelbar nach der Ankunft ein Gespräch mit Geschwaderangehörigen zu führen, denn auch hier herrschte Unsicherheit vor aufgrund wi-

*Auf dem Luftwaffenstützpunkt Peenemünde im Juli 1990, kurz vor dem Ende der NVA*

*Soldatinnen waren in der Nationalen Volksarmee Normalität*

dersprüchlicher Informationen aus Strausberg. Für Wieczorek und mich waren solche Gespräche »vertrauensbildende Maßnahmen«, die ihren besonderen Wert hatten.

Im großen Besprechungsraum wurde ich durch die große Zahl an Soldatinnen überrascht. Sie kamen in unserer Vorstellungswelt bislang nicht vor, hier saßen sie mit im Saal und waren von Sorgen geplagt: Sie wussten, dass es in der Bundeswehr keine Soldatinnen gab, und machten sich alleine schon deshalb Gedanken um künftige Arbeitsmöglichkeiten. Doch stellte sich schnell heraus, dass sie im Wesentlichen in Bereichen tätig waren, die auch in der Bundeswehr von zivilen Mitarbeitern und Mitarbeiterinnen wahrgenommen wurden. Auf Dauer sollte es ohne die besonderen Kenntnisse aus den »finanzökonomischen Diensten der NVA« und des Wehrersatzwesens nicht gehen. Aus der eigenen administrativen Not heraus wurden den weiblichen Angehörigen dieser Dienste durchaus attraktive Übernahmeangebote durch die Bundeswehr gemacht. Bei entsprechender Ausbildung bedeutete das für diese Soldatinnen in den technischen oder administrativen Berufen eben nicht den Weg in die Arbeitslosigkeit. Auch bei diesem Besuch hatten wir den Eindruck, dass hier einige Soldaten entlassen worden waren, um wenigstens mit den Kampftruppen eine Gruppe übrig zu lassen, der eine Chance zum beruflichen Fortkommen in der Bundeswehr winkte. Die politischen Offiziere trafen wir meist schon nicht mehr an. Sie waren die Ersten, die von zivilen Berufsförderungsprogrammen für Militärangehörige Gebrauch gemacht hatten.

Den Geschwaderkommandeur, Oberstleutnant Wolf Dietze, konnten wir uns auf Anhieb auch in einer anderen Uniform vorstellen. Piloten haben so ihre eigene Art. Sachlich, kühl, konzentriert und ohne Umschweife erläuterte er den von ihm geführten Verband. Er sprach über den Auftrag und betonte die gute Nachbarschaft zu einem Geschwader der polnischen Luftstreitkräfte jenseits der Grenze. Die Luftstreitkräfte der NVA mussten einheitliche Anflugregeln einhalten. Dabei spielte es keine Rolle, auf welchem Flugplatz ein Pilot stationiert war. Die nahe Grenzlinie stellte ein großes Problem dar, wie wir selbst soeben gesehen hatten. Aber auch ein in der Nähe befindliches Atomkraftwerk – in der DDR waren von 20 geplanten nur zwei Kernkraftwerke in Betrieb genommen worden, in Greifswald sowie in Rheinsberg – machte An- und Abflüge nicht einfacher. Die auf dem Flugplatz vorhandenen Umweltprobleme waren eklatant. Während einer Rundfahrt wurden wir an den Schutzbauten für die Flugzeuge darauf hingewiesen, in welchem Umfang seit Jahren das Flugbenzin aus völlig undichten Leitungen im Erdreich versickerte.

Während wir die Gelegenheit nutzten, uns die spärlichen Reste der ehemaligen Heeresversuchsanstalt anzusehen, wo jetzt ein Biotop entstehen sollte, konnten wir uns akustisch ein Bild davon machen, was Luftkampf bedeutete. Sowjetische Kampfflugzeuge übten, dem nahenden Ende der DDR zum Trotz, über dem Ostseestrand und ließen uns an Krieg denken. Wenige Wochen später kam es in diesem Geschwader zu einem tragischen Todesfall. Eine Delegation aus dem Verteidigungsausschuss des Deutschen Bundestages besuchte das Geschwader. Flugzeuge stiegen auf, und dabei stürzte eine Maschine in die Ostsee. Der Pilot kam ums Leben. Da sehr schönes Flugwetter vor Ort herrschte und sonstige Probleme mit der Maschine nicht bekannt geworden sind, schossen natürlich Mutmaßungen ins Kraut.

Uns präsentierte sich bei dem Besuch eine wirtschaftlich nur dürftig entwickelte Region, in der Menschen die Chance für ein neues Leben suchten. Der Kommandeur ließ nichts aus, beschönigte nichts, dramatisierte nichts. Meine Darstellung der Lage erstaunte die Soldaten des Geschwaders in hohem Maße. So rief es fast ungläubiges Staunen hervor, als ich auf die Notwendigkeit einer Reduzierung des Personalbestandes für die Bundeswehr bis 1994 hinwies. Bis dahin sollten mehr Soldaten entlassen werden, als derzeit noch in der NVA ihrem Dienst nachgingen. Schnell wurde aber deutlich, worin in West und Ost der große Unterschied bestand: In der alten Bundesrepublik war dieser Weg rechtlich abgesichert. Wieczorek wies auf die ernüchternden Tatsachen für Angehörige in der DDR hin: Die Sonderzahlungen der Armeeangehörigen für ihre Altersversorgung waren spurlos im Staatshaushalt verschwunden. Seit 1953 wurden insgesamt mehr als acht Milliarden Ost-Mark in die Sozialversicherung einbezahlt, lediglich drei Milliarden für Rentenleistungen waren ausbezahlt worden. Die übrigen fünf Milliarden waren weg.

Der nächste Tag sah für uns eine Übung der Volksmarine vor. Bei strahlend schönem Wetter erhielten wir an Bord des Küstenschutzschiffes »Bergen« Einblick in maritime Schutzaufgaben. Dazu zählte auch eine Rettungsmaßnahme, bei der Taucher eingesetzt wurden. Der jugendlich wirkende Befehlshaber, Vizeadmiral Hendrik Born, war sichtlich nervös, wie auch bei einem Hubschrauberflug entlang der Ostseeküste nach Stralsund deutlich zu erkennen. Zuvor waren wir an Bord der »Bergen« auf einen jungen Offizier aufmerksam gemacht worden. Manch einer suchte ein Gespräch zwischen dem jungen Mann und uns zu verhindern. Wir erfuhren, dass es sich um einen ehemaligen Politoffizier handelte. Seine Kameraden machten ein Gespräch mit ihm dann doch noch möglich. Es verdeutlichte erneut, wie wenig hilfreich Pauschalurteile sind. Als fähiger Offizier hatte er zugestimmt, politischer Offizier in seiner Einheit zu werden. Wie man uns zusicherte, hatte er sich aber ausschließlich um die Belange der Kameraden gekümmert und dies mit Erfolg. Inzwischen aber drohten ihm nur Nachteile, weil er als »politischer Offizier« verdächtigt wurde, ein Vasall der SED-Regierung zu sein.

Der Marinestandort Stralsund zeichnete sich durch sehr gute technische Ausbildungseinrichtungen aus. Die dortigen Hubschrauber waren jetzt für den Rettungseinsatz vorgesehen. Monate später sollte es in einer Sitzung der Führung des Bundesministeriums der Verteidigung zu massiven Auseinandersetzungen über die Zukunft derartiger Liegenschaften kommen, vor allem was die tatsächliche Vertragsgestaltung zugunsten künftiger Nutzer betraf. In Stralsund wartete eine Barkasse auf uns. Dort trafen wir auf hohe Marineoffiziere. Auch hier verstanden wir uns auf Anhieb, obwohl uns eine Herausforderung erwartete, auf die wir nicht eingestellt waren: Alkohol im Dienst und während des Tages, wie man es eher in der Sowjetarmee vermutete. An Bord fanden sich Batterien von Flaschen mit Wodka und Cognac auf einem reichlich gedeckten Tisch. Mit Wodka umgehen zu können sollte für uns in den kommenden beiden Jahren überlebenswichtig sein. Vor allem betraf dies Zusammenkünfte mit Befehlshabern der sowjetischen Westgruppe, aber auch mit dem polnischen Militärbischof ...

## Die deutsch-deutsche Zusammenarbeit trägt Früchte

Diese Komponente war nicht zu vernachlässigen, also hatten Bertram Wieczorek und ich für unser Gespräch am 27. Juli 1990 über die Grundzüge künftiger deutscher Streitkräfte nach der Wiedervereinigung des Landes in Prora auf Rügen ausreichend Whisky- und Bourbon-Vorräte mitgebracht. Das noch aus der Vorkriegszeit stammende, fast zwei Kilometer lange Betonungetüm in Prora wurde seinerzeit noch als Erholungsheim für NVA-Angehörige mit ihren Familien genutzt. Bei unserem Eintreffen spielte ein Militärorchester auf der Terrasse vor zahlreichen Feriengästen auf. Wieczorek und ich nutzten die Gelegenheit zu einer kurzen Ansprache. Da ich wegen heftiger Rückenschmerzen kaum noch gehen konnte, suchte ich zunächst die Krankenstation auf. Für Jahrzehnte wirkte die medizinische Behandlung nach, die man mir dort angedeihen ließ. Sie versetzte mich auch in die Lage, an den Wanderungen entlang des Strandes teilzunehmen. Dabei waren Generalleutnant Baarß, Herr Kirsch aus Wieczoreks Büro, der lange Jahre als Gesandter an der DDR-Botschaft in Moskau gewirkt hatte, Walter Breil und Kapitän zur See Rudolf Lange aus dem Bundeskanzleramt. Mit ihnen besprachen Wieczorek und ich unser Konzept. Wir suchten und fanden gemeinsam eine Lösung, die vom Bundeskanzler akzeptiert werden konnte.

Vor allem sollte nach diesem entscheidenden Austausch eine ebenso korrekte wie umfassende Darstellung in den Medien zu lesen sein.

Besuch in Prora auf Rügen mit Walter Breil (ganz links) und Kapitän zur See Rudolf Lange (rechts), dem militärischen Berater von Helmut Kohl

Jedes Wort musste stimmen. Denn das, was wir in Prora verhandelten, betraf das Schicksal Hunderttausender unserer bald neuen Mitbürgerinnen und Mitbürger. Anderweitige Interessen sollen hier keinen Einfluss nehmen können, wie sie in der *FAZ* widergespiegelt worden waren. Andererseits bestanden natürlich auch verständliche Bedenken auf der westdeutschen Seite. Wieczorek und ich begaben uns hier auf eine Gratwanderung, erreichten aber bald wieder festen Boden: Als Lösung des Problems empfahlen wir die nur zu logische Orientierung am Grundgesetz. Darin sei die staatliche Organisation in Deutschland verbindlich geregelt, maßgeblich in Artikel 87a. Im Übrigen entspreche es auch den tragenden Regeln des Staatsverständnisses, dass jeder Deutsche sich entsprechend seinen Kompetenzen um eine berufliche Tätigkeit im öffentlichen Dienst, also auch in der Bundeswehr, bewerben könne, das gelte uneingeschränkt auch für Soldaten und Soldatinnen der NVA. Bei der Einstellungsauswahl müsse zudem die Bevölkerungsaufteilung in den Bundesländern berücksichtigt werden, d. h., in der Bundeswehr eines wiedervereinigten Deutschlands sei ein festgelegter Prozentsatz an Soldaten aus den fünf neuen Ländern zu integrieren. Das war unseres Erachtens nicht mehr als eine Selbstverständlichkeit.

Eine Frage aber blieb zunächst offen: Wo konnten wir am Abend ungestört miteinander reden, ohne andere zu hellhörig werden zu lassen? Das war in einer Urlaubseinrichtung, die offenkundig voll belegt war, nicht ganz einfach. Wir erinnerten uns nur zu gut daran, was uns Krüger-Sprengel über seine Tätigkeit im ostdeutschen Ministerium anvertraut hatte. Ihm war schnell aufgefallen, dass etwas nicht stimmte. Aus den von ihm dort durchgeführten Besprechungen wurden Überlegungen umgesetzt, für die er noch gar keine Weisungen erteilt hatte. Die Wände seines Büros hatten Ohren! Gut möglich also, dass uns dasselbe Schicksal blühte, und so kam eigentlich nur eine Möglichkeit in Betracht: die am Abend überfüllte Diskothek. Dort besetzten wir mehrere Tische. Wir brauchten Zeit, und wenn es die ganze Nacht sein sollte, um die Auswirkungen wenigstens grob berechnen zu können, es ging schließlich um personelle Angelegenheiten. So zogen wir uns in eine Ecke zurück und diskutierten alle offenen Fragen bis tief in die Nacht hinein. Dennoch brachten Walter Breil und Oberst Bremer aus Wieczoreks Büro den Text der Vereinbarung schon am frühen Morgen zu Papier.

In *Welt am Sonntag* und *ADN* war anschließend zu lesen, dass *»in einem vereinten Deutschland ehemalige Angehörige der Nationalen Volksarmee Zugang zum öffentlichen Dienst, sprich Bundeswehr haben können. Diesen Gleichheitsgrundsatz fordert das Grundgesetz. Soldaten der Nationalen Volksarmee dürfen nicht diskriminiert werden.«* Wenige Tage zuvor hatte Horst Teltschik, der außen- und sicherheitspolitischer Berater des Bundeskanzlers, öffentlich davon gesprochen, dass er sich einen ehemaligen Angehörigen der NVA höchstens bis zum Dienstgrad »Hauptmann« in der Bundeswehr vorstellen könne, immerhin ein Teilerfolg. Für uns aber war es wichtig, Verständnis für weiterreichende Überlegungen zu finden.

Peter Berger fuhr noch am selben Abend wieder zurück nach Hamburg, um für den folgenden Sonntag einen Text über die Ergebnisse unseres Gesprächs zu verfassen und in die *Welt am Sonntag* zu bringen. Auch Ekkehard Beisker von *ADN* berichtete darüber, und beide Artikel wurden in Bonn zur Kenntnis genommen, in der Bundesregierung und vor allem im Bundesverteidigungsministerium. Als ich am darauffolgenden Montag im Büro eintraf, war die Hardthöhe wegen der Artikel in heller Aufregung. Darin stand: *»Die fünf Bundesländer Mecklenburg-Vorpommern, Brandenburg, Thüringen, Sachsen und Sachsen-Anhalt werden sich nach der Vereinigung repräsentativ an bundesstaatlichen Aufgaben beteiligen.«* Die DDR-Bürger seien gleichberechtigt und in einem angemessenen Verhältnis zu den Westdeutschen am öffentlichen Dienst des Gesamtstaates zu beteiligen.

Bei einem Pressefrühstück mit Bonner Journalisten teilte Verteidigungsminister Stoltenberg in der ersten Augustwoche 1990 dann mit, welchen Weg man künftig bezüglich der künftigen Entwicklung der Streitkräfte in Deutschland gehen wollte: Es war das, was wir in Prora vereinbart hatten. Damit war eine ebenso lange wie quälende Diskussion beendet. Wieczoreks und mein Konzept erwies sich in den nächsten Wochen als tragfähig, sodass die Inhalte in allen Punkten Teil der Vereinbarungen zwischen den beiden Ministerien in Bonn und Strausberg werden sollten. Das galt auch für unseren Vorschlag, Generale und Admirale der NVA in den Dienst der Bundeswehr zu übernehmen. Von denen, die später die Vereinbarungen in den neuen Ländern umzusetzen hatten, war übrigens niemand an den Vorbereitungen beteiligt.

## Das Referat Militärpolitik schießt quer

Wir waren kaum nach Bonn zurückgekehrt, mussten wir uns damit auseinandersetzen, was man sich im Ministerium so alles ausgedacht hatte, um nach der Integration die Unterschiede zwischen den Soldaten der Bundeswehr und der NVA offenkundig zu machen. Den Vogel schoss, wie so oft, das Referat Militärpolitik im Führungsstab der Streitkräfte ab: Es präsentierte Pläne, die angeblich bereits mit dem Chef des Planungsstabes im Ministerium abgestimmt worden waren. Durch derartige Hinweise sollte vor Beratungen der Führungsspitze eine gewisse Bindungswirkung sichergestellt werden. Vorgesehen sei, den Soldaten der NVA die Uniformen der Bundeswehr vorzuenthalten. Man wolle es nicht zulassen, die eigene Uniform dadurch entehrt zu sehen, dass sie auch von jemandem aus der ehemaligen NVA getragen werde. Deshalb sollten sie ihre alten Uniformen weitertragen, allerdings ohne Dienstgradabzeichen und erlangte Ehrenzeichen, dafür mit einem Aufnäher »Deutsche Bundeswehr«. Mit diesen Vorstellungen fand sich der stellvertretende Referatsleiter, ein Vizeadmiral, bei mir ein, um meine Zustimmung zu finden. Ich habe ihn dann gefragt, ob man nicht gleich noch einen gelben Stern aufnähen wolle.

Der Hintergrund von solcherart Ideen aus jenem Referat, das enge Verbindungen zur NATO pflegte, war stets bekannt: »militärpolitische Beweggründe«, so hieß es. Es war und blieb ein gefährliches Relikt aus der Zeit der kaiserlichen Armee und der Reichswehrführung zur Zeit der NS-Machtergreifung. Politik ist das Letzte, worauf diese Kräfte Einfluss jemals nehmen sollten. So auch hier, denn es wurde darauf verwiesen, wie »politisch« die Frage nach den Uniformen sei. Dabei wurde nicht berücksichtigt, wie großzügig frühere deutsche Streitkräfte in der Frage gewesen sind, wer ihre Uniformen tragen durfte, so etwa in der deutschen Kolonialzeit, was unterstützende Kontingente befreundeter Stämme anbetraf. Muslimische Verbände der Wehrmacht trugen zur deutschen Uniform den Fez, um den Unterschied einigermaßen anzuzeigen.

Die Empörung auch im Kollegium reichte für den Augenblick, das Ansinnen vom Tisch zu fegen. Die kommenden Wochen und Monate zeigten jedoch, wie wenig es ein Einzelfall bleiben sollte. Das Referat Militärpolitik lief zu großer Form bewusst eigenmächtigen Handelns auf. Noch heute bin ich dem Pfälzer SPD-Abgeordneten Albrecht Müller dafür dankbar, mit seinen Fragen nach den Lagerorten chemischer Waffen unter amerikanischer Kontrolle nicht nachgelassen zu haben, deren Entfernung der Bundesbahn später eine logistische Meisterleistung abverlangte. Ohne jeden Zwischenfall ist es seinerzeit gelungen, sie über die Schiene aus Deutschland herauszubringen.

Man hatte mich vor den Fragestunden im Plenum des Deutschen Bundestages vor Albrecht Müller regelrecht gewarnt. Er insistierte gekonnt, weil er etwas wusste. Andere Beobachter schrieben das dem Umstand zu, dass er Chef des Planungsstabes im Bundeskanzleramt unter Willy Brandt gewesen war. Er blieb jedenfalls am Ball und fragte wieder und wieder nach den Lagerstätten der chemischen Kampfstoffe. Müller wollte es genau wissen, und ich musste wegen meiner Aufgabe als Parlamentarischer Staatssekretär seine Fragen beantworten. Das Referat Militärpolitik im Verteidigungsministerium mauerte jedoch und wollte nicht mit der Sprache herausrücken. Zwischenzeitlich war bekannt geworden, dass Mitarbeiter amerikanischer Kongressabgeordneter auf diesen Lagerstätten ein- und ausgingen, deutschen Abgeordneten aber sollte alles verborgen bleiben. Gerade in dieser Zeit mehrten sich die Hinweise auf eine nicht sachgerechte Lagerung mit entsprechender Gefährdung für den Menschen.

Das Referat berief sich mir gegenüber schließlich auf einen zwischen US-Präsident Richard Nixon und Bundeskanzler Willy Brandt angeblich abgeschlossenen Geheimvertrag. Danach sei es strikt untersagt, Deutschen Auskunft über Lagerstätten zu geben oder ihnen Zugang zu gewähren. Ich verlangte vom zuständigen Referatsleiter, mir diesen Vertrag zugänglich zu machen, doch gab es weder diesen noch irgendwelche Absprachen. Es war schlicht gelogen, doch dem Referat war das offenbar völlig gleichgültig, sie nahmen die Anfragen, welche im Parlament gestellt wurden, einfach nicht ernst.

## Kompetenzgerangel und mangelnde Souveränität

Die Organisationserlasse des Bundesministeriums der Verteidigung legten fest, wer auf welchem Gebiet an der Willensbildung des Hauses zu beteiligen war. Die Wirklichkeit sah allerdings anders aus. Diese niedergelegten Regeln, die auf Erfahrungen parlamentarischer Untersuchungsausschüsse basierten, wurden häufig systematisch umgangen, und trotz offenkundigem Verstoß blieb dies ohne Konsequenz. Die immer wieder vorgetragene Erinnerung, die Regeln einhalten zu müssen, ging ins Leere, denn von anderer Seite zu erwartende Argumente sollten erst gar nicht in die Entscheidungsfindung einbezogen werden.

Während die Bürger davon ausgehen, dass verantwortliches Regierungshandeln festgelegten Kriterien folgt, macht so mancher, was er will, und schert sich nicht um Regeln. Damit gängelt man die Bürger. Das wirft die Frage auf, ob durch das enge Zusammenwirken von politischer Führung und ziviler administrativer und militärischer Seite im Ministerium überhaupt das geleistet werden kann, was gemeinhin als ministerielle Arbeit angesehen werden muss. Statt zu führen, ist der jeweilige Minister angehalten, das militärische Spitzenpersonal in seine eigene Aufgabenstellung einzubinden. Aufgaben, die in den Verantwortungsbereich des Ministers fallen, wurden so mit dem der militärischen Seite vermischt. Ihr wurden damit Befugnisse eingeräumt, die aus Gründen der Trennung von politischer Verantwortung und Durchführung von Aufgaben nie hätten erteilt werden dürfen.

Sehr deutlich war das in diesen Monaten bei einer Frage, die schon unter Verteidigungsminister Manfred Wörner nicht hatte beantwortet werden können. Vordergründig ging es darum, die »Schule für psychologische Kriegsführung« zu einer »Akademie für Kommunikation« weiterzuentwickeln. Die Aufgaben sollten der Zeit entsprechen. Eine Entscheidung in dieser Angelegenheit wuchs sich zu einer puren Machtfrage aus: Wem sollte die neue Akademie unterstellt werden, dem Verteidigungsminister oder dem Generalinspekteur der Bundeswehr, das war die Frage, Gegenstand zahlreicher Sitzungen im Führungsgremium des Ministeriums.

Auseinandersetzungen dieser Art reichen vermutlich weit zurück. Auf höchster NATO-Ebene trafen sich die Generalstabschefs und »der höchste deutsche Soldat« – er musste mit der Bezeichnung »Generalinspekteur« vorliebnehmen. Das mag den einen oder anderen Leser verwundern, weil der Titel harmlos erscheint und eher nach Supervision als nach Chefrolle klingt. Tatsächlich aber ist der Generalinspekteur der Führer des Generalstabs. Man wollte nach 1945 diesen Begriff aber um jeden Preis vermeiden. Wie dem auch sei: Der Bundesminister der Verteidigung kann nur indirekt, nämlich über den Generalinspekteur, in die Truppe hineinwirken. Es sagt eigentlich alles über die Situation im Ministerium aus, wenn politisch verantwortliche Minister sich lange nicht in der Lage sahen, die Verantwortlichkeiten wieder zurechtzurücken.

Der Zwist herrscht selbst heute noch vor – er bestimmte natürlich auch damals die Frage nach der Entwicklung der Bundeswehr. Man hatte eben seine Prioritäten, und davon ließ man auch nicht ab, als die Einheit Deutschlands greifbar näherückte. Es war jedoch nicht nur die militärische Seite im Ministerium, die eigene Vorstellungen dazu hatte, wie die endgültige Struktur der deutschen Streitkräfte in einem wiedervereinigten Deutschland aussehen sollte. Sehr deutlich wurde dies in der angeblich aus der NATO kommenden Weisung, im Verteidigungsministerium keine Offiziere der ehemaligen NVA zu beschäftigen, wodurch die gesamte Bundeswehr in arge Nöte kam. Denn dadurch war man überhaupt nicht in der Lage zu beurteilen, was auf dem Territorium der neuen Länder Lebenswirklichkeit war. Die Weisung wurde in den folgenden Monaten etwas abgemildert. Aufgehoben wurde sie nicht. Die Offiziere wurden einfach weiterbeschäftigt und der NATO gegenüber »Vollzug« gemeldet. Das ging auch.

Im Gespräch mit NATO-Vertretern stießen wir auf neue Vorbehalte: Ein einheitlicher deutscher Staat war nicht nach dem Geschmack höchster Militärs aus den Reihen unserer Verbündeten, und sie machten uns gegenüber keinen Hehl daraus. Dabei hatte sich in den Jahrzehnten zuvor bei deutschen Vertretern, ob zivil oder militärisch, etwas eingebürgert. Für Repräsentanten anderer Staaten in den Brüsseler NATO-Führungsgremien war es selbstverständlich, sich stets auch als Vertreter der eigenen Nation zu sehen und deren Belange in der Allianz miteinzubringen, damit sie maßgeblich berücksichtigt werden konnten. Bei den eigenen Leuten war das anders: Man kultivierte die Loyalität gegenüber der NATO und vergaß dabei das eigene Land. Ich hatte oft genug den Eindruck, dass unsere Mitarbeiter in den Stäben und Führungsgremien der NATO mit dem Umzug nach Brüssel oder ins NATO-Hauptquartier nach Mons/Belgien gleichsam ihre deutsche Staatsbürgerschaft bei Übernahme der neuen Verantwortung ablegten und so etwas wie eine »NATO-Bürgerschaft« annahmen. Das galt und gilt auch für vergleichbare Positionen in der heutigen EU. Vertreter anderer Staaten würden im Traum nicht daran denken, sich so zu verhalten.

Bis in die Bestimmungen hinein, die über Kontakte zur noch bestehenden NVA erlassen wurden, konnte man die von außen auf uns ausgeübte Einflussnahme deutlich spüren. Das galt sogar noch für die Zeit nach dem 3. Oktober 1990 und den danach möglichen Kontakten zu den Streitkräften östlich der Oder. Die Vertreter der amerikanischen, britischen und französischen Truppen auf westdeutschem Gebiet verhielten sich, als wäre gerade der Zweite Weltkrieg beendet worden: Man lud sich untereinander ein, auch die höchsten Repräsentanten der sowjetischen Westgruppe, um gemeinsam die im Übrigen aus deutschen Kassen bezahlten Tafelfreuden zu genießen. Deutsche militärische Repräsentanten wurden erst auf entsprechenden politischen Druck hinzugebeten. Zuvor schienen es die Herren zu genießen, alte Attitüden aus der Zeit des Besatzungsregimes wieder aufleben zu lassen.

## Alte Wunden brechen auf

Es war auch nicht so, dass die jetzt mehr und mehr zwangsläufigen Gespräche mit Vertretern der DDR und ihrer staatlichen Organe davon bestimmt wurden, das bestehende Rechtssystem sachgerecht an die Lebenswirklichkeit im Osten anzupassen. Weit gefehlt, denn es brach in den eigenen Reihen das durch, was sich über Jahrzehnte in Deutschland aufgestaut hatte. Einige unserer Mitarbeiter stammten aus der DDR, deren Repräsentanten ihnen nun gegenübersaßen und denen sie den Verlust von Heimat, Angehörigen oder Eigentum zuschrieben. Davon durften wir uns jedoch in den Verhandlungen nicht beeinflussen lassen. Es blieb also nicht aus, den einen oder anderen beiseite nehmen zu müssen, um deren Emotionen und Vorbehalte besser verstehen zu können. Das war z. B. derjenige, der in den Jahren nach Ende des Krieges die ehemalige sowjetische Besatzungszone hatte verlassen müssen, nachdem er zuvor aus seiner Heimat noch weiter im Osten vertrieben worden war.

So gesehen, war es nicht verwunderlich, was sich wie ein roter Faden durch die Konzeptpapiere zog, welche über meinen Schreibtisch gingen: Wenn überhaupt Soldaten der NVA in die Bundeswehr übernommen werden sollten, dann war für ihre Rechtsstellung im öffentlichen Dienst nur die absolute Zweitklassigkeit vorgesehen. Das galt bis zu den Regeln über Versorgungs- oder Versicherungsleistungen im Krankheitsfall. Für mich aber konnte es nur einen Rechtstatus für alle Soldaten der Bundeswehr geben, unabhängig davon, aus welcher Himmelsrichtung sie stammten. Nicht ohne Grund geht es bei den Regeln des öffentlichen Dienstes darum, die Angestellten, in diesem Fall die Soldaten, an den Staat in einem gegenseitigen Treueverhältnis zu binden.

Wieder und wieder entzündeten sich Diskussionen, auch in den Medien, an der Frage, ob es einem Unteroffizier oder Offizier der ehemaligen NVA erlaubt werden könne, Vorgesetzter eines Soldaten aus »dem Westen« zu sein. Politisches Tun im deutschen staatlichen Verständnis muss für mich darauf ausgerichtet sein, einen Beitrag zur Versöhnung unterschiedlicher Ansichten zu leisten. Hier aber war alles darauf angelegt, zu spalten. Das ging so weit, Ausbildungsergebnisse nicht anerkennen zu wollen. Das konnte ich mir nur dadurch erklären, dass sich mancher unliebsame Konkurrenz bei künftigen Beförderungsmöglichkeiten in den neuen Ländern unter Hinweis auf »Parteiarmee« nachdrücklich vom Hals halten wollte. Damit sollten für mich keinesfalls die bestehenden Unterschiede zwischen dem öffentlichen Dienst und vergleichbaren staatlichen DDR-Institutionen nivelliert werden. Aber aus Gründen der einzigartigen nationalen Perspektive war ein derartiges Verhalten nicht angebracht.

Die Verhandlungsdelegationen zwischen beiden Verteidigungsministerien wurden auf unserer Seite durch Staatssekretär Carl und auf der Ost-Berliner Seite von Staatssekretär Werner Ablaß geführt. Da ich unmittelbar nach dem Fall der Berliner Mauer mit Verteidigungsminister Gerhard Stoltenberg meine politische Zuständigkeit für alles, was mit der innerdeutschen Situation zusammenhing, vereinbart hatte, erhielt ich unmittelbare und tägliche Kenntnis von allen Ergebnissen aus den Delegationsgesprächen. Jeden Abend konnte ich, wie gesagt, nur die Hände über dem Kopf zusammenschlagen, wenn ich las, wozu die Delegation aus Strausberg zugestimmt hatte.

## Mühsame Annäherung

In diesen Wochen war meine Zusammenarbeit mit Staatssekretär Carl, der auf der Hardthöhe für die administrativen Fragen zuständig war, besonders eng und vertrauensvoll. Er stammte aus Erfurt, und ein Bild des Erfurter Dombergs hing in seinem Büro im Ministerium. Gemeinsam entwarfen wir für die Bestimmungen im Rahmen des sogenannten Einigungsvertrages Regeln, die dem Geist des Grundgesetzes entsprachen. Damit wurden etwa bessere Versorgungsregeln für ältere Angehörige der NVA durchgesetzt. In den Verhandlungen trugen auf unserer Seite dennoch mehrere Faktoren dazu bei, dass sich die Dinge so kompliziert gestalteten.

Zu groß waren die Unterschiede in den Köpfen. Fast schien es, als gäbe es für das militärische Spitzenpersonal auf unserer Seite eine Art Kontaktsperre zu Menschen, die genau wussten, wie es im Osten aussah. Die Delegierten unseres Verteidigungsministeriums, die jetzt mit den Vertretern aus Strausberg verhandelten, wussten wenig über die Realität der Menschen zwischen Binz auf Rügen und Karl-Marx-Stadt. Sie kannten die Satellitenbilder, aber nicht die Lage vor Ort und die Bedürfnisse der Menschen. Wer von ihnen hatte schon einmal eine Kaserne der NVA von innen gesehen – oder wollte sie überhaupt sehen? Wer wusste um die Versorgungsabhängigkeit der Wohnungen von der eigentlichen Kaserne oder darum, dass auch die Kindergärten von der Armee betrieben wurden? Ahnte bei uns jemand, dass Angehörige stets in NVA-Versorgungseinrichtungen einkaufen mussten? Diese Unwissenheit führte in den Beratungen des Haushaltsausschusses für diese durchaus zivilen Komponenten im Gefüge der NVA dazu, dass nur eine unzulängliche Stellenzahl für Mitarbeiter vorgesehen wurde. Erst der drohende Zusammenbruch von Infrastrukturen wie im Heizkraftwerk Dranske führte zu einem Umdenken.

Mühsam, ganz mühsam kam Bewegung in die Sache. Dazu trug auf unserer Seite bei, dass in den Sommermonaten des Jahres 1990 manch einer in seine alte Heimat fuhr und dort den Kontakt zur NVA suchte, etwa der stellvertretende Generalinspekteur und Luftwaffengeneral Jürgen Schnell. So spielte menschliches Verständnis eben doch eine Rolle. Doch gerade das wurde bei denen nicht geschätzt, die endlich einmal »Sieger« sein wollten.

Ein weiteres Beispiel aus meiner engeren Heimat: Seit Jahren führte Reserveoffizier Helmut Michelis in Mönchengladbach einen internationalen Militärwettkampf für Reservisten durch. Im Zivilberuf Journalist, plante er nun auch künftige Kameraden aus der NVA zu diesem Wettkampf einzuladen. Daran war jedoch nicht zu denken, weil die militärische Seite in der Hierarchie der Bundeswehr die Zeit für einen solchen Schritt noch nicht für »reif« hielt. Das war wenige Wochen vor der Wiedervereinigung. Es dauerte bis zum 14. August 1990, dass die Dinge sich besserten und eine sachliche Beurteilung möglich wurde. Durch das Bundesministerium der Verteidigung wurde eine Verbindungsgruppe zum Ministerium in Strausberg bestellt, durch welche der Übergang zu einer einheitlichen Bundeswehr ab dem Tag der Wiedervereinigung auf allen militärischen und administrativen Ebenen gestaltet werden sollte. Die zivile und militärische Leitung dieser Verbindungsgruppe stellte sich als eine vorzügliche Personalentscheidung heraus: Ministerialdirigent Simon und Brigadegeneral Richter trugen in der Zeit bis zum 3. Oktober 1990 wesentlich dazu bei, zu sachlichen Überlegungen zurückfinden zu können. Damit wich die bisherige Blutleere aus den Beratungen in der Führungsspitze, dem sogenannten »Kollegium«, das aus dem Minister, den parlamentarischen und beamteten Staatssekretären sowie dem Generalinspekteur zusammengesetzt war. Simon und Richter arbeiteten sich sehr schnell in ihre jeweiligen Aufgabengebiete ein, und sie legten in unseren Beratungen großen Wert darauf, ihre eigene Sicht der Dinge vortragen zu können. Selten war es in Beratungen mit dem Verteidigungsminister so wichtig, Verbündete an meiner Seite zu wissen. Verbündete deshalb, weil sie wussten, worüber sie sprachen.

Die Entscheidung darüber zu, wer für das kommende und prestigeträchtige Bundeswehrkommando Ost als Befehlshaber ernannt werden sollte, gestaltete sich derweil schleppend. Der Fraktionsvorsitzende Alfred Dregger bat mich immer wieder, ihm einen ungeschminkten Bericht über das zu erstatten, was in Bezug auf die DDR und die noch bestehende NVA geschah. Er wollte es von mir unmittelbar hören, und ich kam diesem Wunsch gerne nach. Zusammen mit dem Bundeskanzler und Verteidigungsminister Stoltenberg gehörte Dregger zu den politisch Verantwortlichen in Bonn, die mit großer Fairness und bewundernswertem Geschick Argumenten den Vorzug gaben. Er ermunterte mich nachdrücklich, auf dem seit Monaten von mir verfolgten Weg zu bleiben. Nach seiner Ansicht würde sich mittels der beabsichtigten Integration von Soldaten aus der ehemaligen NVA die Bundeswehr von allen anderen staatlichen Großorganisationen weit absetzen und hervorheben.

In Bonn wurden bereits die Vorbereitungen für den Tag getroffen, der uns die Einheit Deutschlands bringen würde. Das war aber auch die Zeit, in der die Unsicherheit innerhalb der NVA über den eigenen Weg schlagartig wieder anwuchs. In internen Meldungen, die von Generalmajor Manfred Merkel herausgegeben wurden, war zwar immer die Rede davon, dass die Führungsbereitschaft in der NVA gewährleistet sei. Im Verlaufe des Monats August 1990 wurde aber mehr und mehr darüber berichtet, dass die Soldaten jegliches Vertrauen in ihre politische Führung verloren hätten. Dabei, so wurde hervorgehoben, müsse man drei Phasen dieser Entwicklung unterscheiden: Während es noch in den letzten Monaten des Jahres 1989 eine starke Verunsicherung gegeben habe, sei vom Frühjahr 1990 bis zum Juli 1990 eine gewisse Beruhigung festzustellen gewesen. Diese werde seither von einer großen Zukunftsangst abgelöst. Zwar würde die Sach- und Fachkompetenz des Strausberger Ministeriums gelobt, die Wahrnehmung einer Fürsorgepflicht indes völlig vermisst. Am 31. August 1990 teilte uns Brigadegeneral Richter dazu mit, dass es seinen Erkenntnissen zufolge in der NVA bis zum 28. August 1990 keinerlei offizielle Informationen über den Einigungsvertrag gegeben habe. Was ihre eigene Zukunft anbetraf, wurden die Soldaten völlig im Dunkeln gelassen. Die Truppe schenkte ihrer Führung keinen Glauben mehr und hielt sich an das, was sie aus dem Westen erreichte.

## Das Elend von Eggesin

Es blieb nicht aus, dass ich mich förmlich zweiteilen musste. Auf der einen Seite war meine Präsenz in Bonn gefragt, weil dort die Entscheidungen getroffen wurden. Gleichzeitig war ich mit Wieczorek in den Einheiten der NVA unterwegs, um den Soldaten Rede und Antwort zu den Entscheidungen zu stehen, so auch am Standort Eggesin, wo die Lage besonders prekär war. Eggesin im Kreis Ueckermünde wurde voll und ganz von der NVA bestimmt. Außer Armee und Sand war hier praktisch nichts. Es hatte sich Hoffnungslosigkeit breit gemacht, weil aus Strausberg überhaupt keine Informationen vorlagen. Bei der erwarteten Arbeitslosigkeit sah man an diesem Einödstandort für seine mitarbeitende Ehefrau und sich selbst keine Chance auf einen Arbeitsplatz.

In Eggesin wurden wir im August 1990 durch den Befehlshaber der Landstreitkräfte, Generalleutnant Horst Skerra, und den Divisionskommandeur, Oberst Hans-Joachim Marschner, über das Gelände geführt. Beide Offiziere traten sehr freundlich auf und waren ausgezeichnet auf unsere Fragen vorbereitet. Bereitwillig wurde uns alles gezeigt, was zum unmittelbaren Umfeld der Kasernenanlagen zählte, auch die Unterkünfte der Soldaten und die Waffenkammern. Oberst Marschner legte Wert darauf, dass für die Sicherheit und Vollzähligkeit der Militärtechnik in diesen unruhigen Zeiten stets gesorgt war. Die Depots in der NVA waren meist übervoll. Wir rechneten hoch, für wie viele Kriege diese Armee eigentlich ausgerüstet gewesen war, es waren mindestens drei. Doch kam man nicht umhin, das hohe Verantwortungsbewusstsein im Umgang mit diesem gewaltigen Arsenal festzuhalten. Unter schwierigsten psychologischen Umständen haben die militärischen Befehlshaber für einen geordneten und vor allem sicheren Übergang über den 3. Oktober 1990 hinweg gesorgt.

In den Jahren nach meinem Ausscheiden aus dem Bundesministerium der Verteidigung und meinem neuen Tätigkeitsfeld im Rahmen der KSZE führten mich Informationsbesuche häufig in die zentralasiatischen Hauptstädte. Bei den Gesprächen mit Diplomaten hörte ich immer wieder von amerikanischen Versuchen, durch Bestechung ehemals sowjetischer Militärs in den Besitz nuklearer Sprengköpfe zu gelangen. Es sollte ausgetestet werden, in welchem Maße es gelingen konnte, sich unrechtmäßig Zugriff auf derartige Waffen zu verschaffen. Mir ist nicht bekannt, ob die Versuche jemals erfolgreich gewesen sind. Vorfälle dieser Art sind mir aus der NVA nach der Wiedervereinigung nicht bekannt geworden. Allerdings haben westliche Dienste alles unternommen, an modernstes sowjetisches Kriegsgerät zu gelangen.

Zurück zu dem Bild, das Oberst Marschner an diesem Morgen zeichnete. Selbst wenn es zur Übernahme des Standortes Eggesin durch die Bundeswehr kommen sollte, waren für mindestens zweitausend Angehörige seines Verbandes sowie ihre Ehefrauen Arbeitsplätze nötig. Das haben uns auch die örtlichen Bürgermeister bestätigt, die wir zuvor getroffen hatten, der Kreis Ueckermünde befinde sich in einer wirtschaftlichen Notlage. Die Folge, so Marschner, sei die wachsende Resignation im Verband. Wir konnten es ihnen nicht verdenken. Die Darstellung durch die Offiziere des Stabes war detailliert und freimütig. Ich war versucht, die Augen zu schließen. Es war kaum möglich, einen Unterschied zu der Führung einer Division im Westen festzustellen. Sachlich und sehr präzise wurden die unterschiedlichen Komponenten dargestellt. Und im Westen wurde behauptet, man habe es mit einer »Parteiarmee« zu tun!

Nach der Wiedervereinigung – in Eggesin gingen wir noch davon aus, dass der 14. Oktober 1990 gewählt werde – sollte der Dienst für die bisherigen Einheiten der NVA in den Uniformen der Bundeswehr beginnen. Die Organisation gestaltete sich schwierig und ging weit über eine rein logistische Leistung hinaus, denn auf unserer Seite wurde sie nur unter ideologischen Gesichtspunkten gesehen. Schließlich blieb nichts anderes übrig als der berühmte Feldanzug der Bundeswehr, mit dem zwischen Elbe und Oder alle ausgestattet wurden. Dennoch wurden feine Unterschiede gemacht, so durch den Namensaufdruck bei Angehörigen der aus dem Westen stammenden Bundeswehrangehörigen. Zu durchsichtig waren die Hinweise, nach denen es angeblich nicht genügend Dienstuniformen in den gewohnten Farben der Teilstreitkräfte geben würde. Unser Misstrauen legte sich erst Mitte September, als uns auf der Autobahn schier endlose LKW-Konvois von Bundeswehr und NVA entgegenkamen, vollbeladen mit Uniformen.

Hier in Eggesin hatten sie Mitte August 1990 andere Sorgen. Es war die unglaubliche Konzentration von Truppen auf dem Gebiet. Ueckermünde war die Armee, und die Armee war Ueckermünde. Klaus Bruske von der in Ost-Berlin erscheinenden *Neuen Zeit* berichtete nach unserem Besuch vor Ort über die Situation. Danach war Eggesin ein Ort, der früher Entsetzen bei denen hervorrief, die hier als Soldaten stationiert waren oder dorthin einberufen werden sollten. Für uns strahlte die Gegend mit ihren endlosen Kiefernwäldern ruhige Gelassenheit aus. Doch hatte alleine die Erwähnung des Namens gestandenen Familienvätern die Tränen in die Augen getrieben. Der Armeedienst in dieser Gegend, die unmittelbar an der Odermündung im nordöstlichen Zipfel des Landes Mecklenburg-Vorpommern liegt, muss einer Verbannung gleichgekommen sein. Dem Vernehmen nach äußerte sich der Reiz von Ueckermünde in dem Satz, nach dem dort »ein Sandmeer, ein Kiefernmeer und sonst nichts mehr« gewesen sei. Unter diesen Umständen wunderte es nicht, wenn die ganze Region auf die Bedürfnisse der NVA ausgerichtet war. Es galt, die Existenz von Regimentern und Divisionen in Vorpommern sicherzustellen. Es blieb nicht aus, dass sich unter diesen Umständen bei den Armeeangehörigen ein besonderes Kleinklima herausgebildet hatte. Es herrschte spürbare Weltuntergangsstimmung. Es musste nicht besonders betont werden, in welcher Weise es gerade diejenigen traf, die zwischen vierzig und fünfzig Jahre alt waren. Sie machten uns die größten Sorgen, denn sie waren für einen Ruhestand zu jung und für eine erfolgreiche Umschulung zu alt. Umschulungslehrgänge für die Armeeangehörigen, denen wir jetzt gegenübersaßen, sollten ab dem 1. September 1990 beginnen.

Die anwesenden Pressevertreter stellten später in ihren Berichten über den Besuch in Eggesin fest, dass es durch unsere Gesprächsbereitschaft gelungen sei, an diesem schwierigsten Standort den Schaden zu begrenzen. Man hätte sich nicht ausdenken wollen, was hier hätte angerichtet werden können. Unabhängig von der hiesigen Lage haben Wieczorek und ich über Monate hinweg fast nur beste Erfahrungen mit Verantwortlichen der NVA auf allen Ebenen machen können, ebenso die Führung des Bundeswehr-Verbindungskommandos. Die Generale und Admirale verhielten sich stets konstruktiv und zielorientiert, um die Organisation »Nationale Volksarmee« ohne jede Beeinträchtigung der inneren Sicherheit in die Bundeswehr überführt zu sehen. So waren wir auch bei unseren Gesprächen in Prora auf Rügen davon ausgegangen, gut 24 Generale und Admirale der NVA in ihrer Funktion in die Bundeswehr zu übernehmen, was große Zustimmung fand. Es wurden präzise Überlegungen dazu angestellt, wie die weitere Verwendung dieser Personengruppe gestaltet werden sollte.

Doch diese Pläne scheiterten unmittelbar vor dem 3. Oktober 1990. Bundesaußenminister Hans-Dietrich Genscher legte sich quer – mit Erfolg. Er hielt es nicht für vermittelbar, Führungspersonal aus der NVA zu übernehmen, während zeitgleich die Angestellten des Auswärtigen Amtes der DDR in die Wüste geschickt werden sollten. So mussten wir uns wohl oder übel in einer kleinen Runde beim Verteidigungsminister damit begnügen, wenigstens fünf Persönlichkeiten als zivile Mitarbeiter für den Dienst in der Führungsspitze des Bundesministeriums der Verteidigung zu übernehmen. Diese Herren trugen in einer Zeit, in der vieles drunter und drüber ging, zu einem gedeihlichen Übergang von der NVA zur Bundeswehr bei. Dazu zählten auch die Generale Skerra und Baarß.

# Das Ende vom Anfang

## Begegnung mit Lech Walesa in Danzig

Unmittelbar nach dem Tag der Wiedervereinigung folgte ich als erstes Mitglied der Bundesregierung einer Einladung nach Danzig. Wie vieles in jenen Tagen und Wochen kam auch dieser Besuch nur zustande, weil ich jemanden kannte, der mich als Ansprechpartner für Überlegungen empfand, die andere vermutlich abgelehnt hätten. So rief mich auf der Fahrt durch den heimatlichen Wahlkreis ein alter Freund und enger Vertrauter von Bundesarbeitsminister Blüm an. Peter Clever, heute in führender Funktion beim Arbeitgeberverband, war früher Kreisvorsitzender der Jungen Union in Neuss gewesen und hatte lange überlegt, sich um das Bundestagsmandat in dem Wahlkreis zu bewerben, den ich nach einer Neugliederung der Wahlkreise im Deutschen Bundestag vertrat. Wie er mir später sagte, war er für die Delegiertenversammlung, in der über die Aufstellung des Kandidaten für die Wahl zum Deutschen Bundestag entschieden werden sollte, davon ausgegangen, keine erforderliche Mehrheit für sich erlangen zu können. Wir verstanden uns gut, auch deshalb, weil Peter Clever herausragende Arbeit im sozialpolitisch ausgerichteten Flügel der nordrhein-westfälischen CDU leistete. In jener Zeit war er Leiter der Abteilung für internationale Politik im Bundesarbeitsministerium.

Er habe gerade einen Besucher in seinem Büro, seinen langjährigen Freund und Gesprächspartner auch von Norbert Blüm, Pfarrer Jankowski von der Brigittenkirche in Danzig, eine der legendären Gestalten aus der Bewegung der »Solidarnosc«. Clever fragte, ob ich mir vorstellen könne, anlässlich der Sechshundert-Jahr-Feier der Kirche nach Polen zu reisen. Ich stimmte ohne großes Nachdenken zu. Mich begleiteten Alfons Kranz von der heimatlichen Tageszeitung in Neuss und Joachim Sobotta von der *Rheinischen Post*.

Unser Besuch in Danzig war denkwürdig. Nicht nur weil wir erleben konnten, in welcher Weise ein polnischer Geistlicher im wahrsten Sinne des Wortes »Hof« hielt. Das Pfarrhaus der Brigittenkirche glich einem großen Gutshof, so unser Eindruck. Und das Jubiläum wurde in einer Weise gefeiert, wie es unserer Lebenswelt überhaupt nicht entsprach. Das galt auch für die große Messe. Pfarrer Jankowski begrüßte uns während des Hochamtes, und es war für uns ein unvergleichliches Ereignis, in der alten deutschen Stadt aus diesem Anlass anwesend sein zu können. Jankowski hatte noch eine weitere Idee. Es müsste unter den veränderten Umständen doch möglich sein, polnische Soldaten an der Seite ihrer deutschen Kameraden an der Wallfahrt von Soldaten nach Lourdes teilnehmen zu lassen, was zum gemeinsamen Ziel polnischer und deutscher Soldaten wurde.

Der Besuch im Danziger Pfarrhaus brachte mich auch mit einer Persönlichkeit zusammen, die seinerzeit ein beispielloses Ansehen auf der ganzen Welt genoss: Lech Walesa, der spätere polnische Staatspräsident, war Mitglied der Kirchengemeinde, und Pfarrer Jankowski hatte ihn selbstverständlich eingeladen. So trafen wir auf jenen Mann, der durch sein Wirken in der Gewerkschaftsbewegung »Solidarnosc« und in enger Abstimmung mit der polnischen katholischen Kirche die revolutionären Veränderungen in Europa gleichsam in Gang gesetzt hatte. Deutschland wurde über diese Umwälzungen die Chance zur erneuten Einheit gegeben – gerade das Land, durch dessen Angriff auf Polen sich der Zweite Weltkrieg entzündet hatte. Um unter vier Augen miteinander sprechen zu können, stellte uns Jankowski einen besonderen Raum zur Verfügung. Wie sich herausstellte, saßen Lech Walesa und ich uns schließlich im Schlafzimmer des Pfarrers gegenüber – die festliche Tafel sollte nicht gestört werden – und sprachen über die Zukunft unserer Länder und die Beziehungen untereinander. Walesa kennzeichnete ungebremster Tatendrang aus sowie ein überaus bodenständiges Wesen. Er bildete sich nichts darauf ein, Europa verändert zu haben. Für ihn gab es keinen Zweifel, dass sich die Probleme in Deutschland innerhalb von fünf Jahren lösen würden, welche sich aus dem Zusammenbruch des sozialistischen Systems ergeben hatten. Ich musste ihn gar nicht erst fragen, wie eng die Zusammenarbeit zwischen Polen und Deutschland in Zukunft sein sollte, er war der personifizierte Optimismus.

Es fällt auf, in welchem Maße einstmals hoch geachtete Persönlichkeiten, die die Welt verändert oder an solchen Prozessen mitgewirkt haben, nach dem Ausscheiden aus ihren Ämtern öffentlich in Misskredit gebracht werden, um ihr Ansehen nachhaltig zu schmälern. Das kann man auch von Lech Walesa oder auch von dem sowjetischen Marschall Achromejew sagen. Dem einen werden Verbindungen zum ehemaligen polnischen Nachrichtendienst unterstellt, der andere wird als »Hardliner« verunglimpft. Ich kann beide Persönlichkeiten nur aus dem beurteilen, was sie für den Frieden in der Welt und auch für das Ende des Kalten Krieges bewirkt haben. Die Äußerungen des amerikanischen Generalstabschefs Admiral Crowe über Marschall Achromejew mir gegenüber waren von großem Respekt geprägt. Crowe wäre aus meiner Sicht wohl kaum wochenlang

In den 1980ern und 90ern eine lebende Legende: der spätere Friedensnobelpreisträger Lech Walesa

mit ihm durch die Sowjetunion gereist, wenn es sich tatsächlich um einen »Hardliner« bzw. einen irgendwie engstirnigen Menschen gehandelt hätte.

Aus Anlass der kirchlichen Feier und meines Besuches in Danzig kam auch mein damaliger polnischer Kollege und spätere Staatspräsident der Republik Polen, Staatssekretär Borislaw Komorowski, an die Ostseeküste. Er war ein entfernter Verwandter des Führers des polnischen Aufstandes gegen die Besatzung durch die deutsche Wehrmacht während des Zweiten Weltkrieges, Graf Tadeusz Bór-Komorowski. Die Geschichte schlug förmlich über unserem Besuch zusammen ... Unser Treffen bei der Armee in Danzig war auf eine zukünftige Zusammenarbeit ausgerichtet. So vereinbarten wir, dass an der nächsten Soldatenwallfahrt der Bundeswehr nach Lourdes auch eine große Einheit der polnischen Streitkräfte teilnehmen würde. Aus Dankbarkeit dafür sollte sich später ein Besuch meinerseits beim Treffen der Weltjugend mit dem Heiligen Vater, Papst Johannes Paul II., im weltberühmten Wallfahrtsort Tschenstochau, unweit von Oppeln in Oberschlesien, ergeben.

## Ein Büro in Berlin-Ost

Unmittelbar nach der Rückkehr aus Danzig, am 10. Oktober 1990, traf ich mich in der Berliner Hans-Beimler-Straße, dem Dienstsitz des Verteidigungsministers der letzten Regierung der DDR, zu einem ersten Gespräch mit der lokalen wie der internationalen Presse. Seit Juli 1990 stand mir hier ein eigenes Büro zur Verfügung, ein einmaliger Sonderfall für Regierungsmitglieder aus Bonn. Das Gebäude befand sich in unmittelbarer Nachbarschaft des Präsidiums der Volkspolizei, die seit dem 3. Oktober 1990 zur Berliner Polizei gehörte.

Die Bezeichnung der Straße wies in früheren Zeiten auf die Verbindung zwischen der Stadt Berlin zum Umland der »Märkischen

Schweiz« hin. Dann wurde sie umbenannt und trug jetzt den Namen eines Mitglieds der internationalen Brigaden im Kampf gegen den spanischen Machthaber, General Franco. Wie der deutsche Schriftsteller Walter Janka in seinem Buch »Rückblenden« deutlich gemacht hat, kann gerade der ungeklärte Tod von Hans Beimler[9] dazu beitragen, sich mit der jüngeren deutschen Geschichte sachgerecht auseinanderzusetzen. 1995 erfolgte die Umbenennung in Otto-Braun-Straße, nach dem preußischen Ministerpräsidenten während der Weimarer Republik. In Straßennahmen manifestiert sich häufig die wechselvolle Geschichte unseres Landes.

Mit Pressegesprächen zur Sicherheitspolitik oder gar zur Bundeswehr war das in Berlin so eine Sache. Auch nach meinem Besuch im Herbst 1989 in Moskau lief das Redaktionsgespräch im Springer-Hochhaus, unmittelbar an der Mauer gelegen, nicht anders ab als üblich: Themen aus diesen Bereichen seien den Westdeutschen vorbehalten, sagte man mir. Die sollten sich darum kümmern. Hier in Berlin müsse jeder versuchen, mit dem Osten auszukommen, und im Übrigen gebe es ja noch die Amerikaner. Diese deutliche Aussage einer Journalistin blieb im Kreis ihrer Kollegen unwidersprochen. Aus meiner Bonner Sicht spielte Berlin eine selbstgewählte Provinzrolle. Daran konnten auch zahlreiche Versuche meinerseits, für entsprechende Gespräche zur Verfügung zu stehen, nichts ändern.

Es war deshalb fast geboten, die erste Gelegenheit zu nutzen, mit einem Ostberliner Journalisten zu sprechen, der von sich aus das Gespräch mit mir suchte: Martin Schlegel von der *Neuen Zeit*. Deshalb trafen wir uns im Februar 1990 in meinem Büro im Bonner Verteidigungsministerium. Es war in jeder Hinsicht eine Premiere, denn bislang hatten Gespräche mit ostdeutschen Reportern keinen Sinn gemacht, weil das, was dabei gesagt worden wäre, nicht den Weg in die Zeitungsspalten gefunden hätte. Wenig später gab es den ersten Kontakt zur ostdeutschen Zeitschrift *Trend* und ihrem Redakteur

---

[9] Hans Beimler (1895–1936) war ein deutscher KPD-Politiker.

Eberhard. Sie berichtete unmittelbar für die Angehörigen der NVA. Gerade diese Verbindung machte es mir in den folgenden Monaten möglich, die ostdeutschen Soldaten zu erreichen.

Als die Signale eindeutig auf Wiedervereinigung gestellt waren, vertieften Bertram Wieczorek und ich unsere Kontakte zur Ost-Berliner Presse. Erstaunlich war, wie fair und sachkundig dann berichtet wurde, obwohl viele dieser Zeitungen uns gegenüber politisch gesehen sehr kritisch eingestellt waren. Sowohl den Fähigkeiten als auch dem Bildungsniveau nach musste die journalistische Ausbildung in der DDR sehr gut gewesen sein. Dabei machten die Reporter in unseren Gesprächen kein Hehl aus ihren persönlichen politischen Ansichten. Neue Entwicklungen nahmen sie dennoch auf, zuvor hatten sie keine Wahlmöglichkeiten gehabt. Auch wenn sie sich journalistisch nur in Staatsnähe bewegen konnten, machten sie heute nicht den Eindruck, die veränderten Lebensumstände zu bedauern. Es bot sich an, mit dem eigenen Urteil über die Journalisten in Ost-Berlin vorsichtig zu sein. Monate später konnten wir beim ein oder anderen journalistischen Hintergrundzirkel mit sicherheitspolitischen Fachleuten aus der westdeutschen Presse in Bonn sehen, wie vorzüglich die Angehörigen von der militärischen Seite, sei es aus der Bundeswehr oder der NATO, mit Geheimunterlagen über die Entwicklung des Golfkrieges versorgt wurden, bevor wir in der Führungsspitze diese Informationen erhielten.

Heute, eine Generation später, ist die Pluralität aus der deutschen Presse völlig verschwunden, obwohl dies kein Selbstzweck war. Das Meinungsbild der Menschen ist nun einmal pluralistisch, das zeichnet einen demokratischen Staat aus. In meinen Gesprächen mit Botschafter Falin und anderen hatte ich stets mit einem gewissen Stolz den Wert des Pluralismus für ein Gemeinwesen betont, was in der Sowjetunion ja Fremdworte waren. Wie sich die Dinge doch geändert haben, wenn man sich die heutige Presselandschaft ansieht. Was *RT* und *Sputnik News* inzwischen leisten, ist deutlich weltoffener und hat mehr Profil als die Einheitsbrühe der sogenannten

Leitmedien. Nicht umsonst laufen deutschen Tageszeitungen die Leser weg. Von ausgewogenem und investigativem Journalismus kaum mehr eine Spur. Meine Generation empfindet die Entwicklung hierzulande als verhängnisvoll. Für die Jüngeren bedeutet es nichts, weil sie es nicht anderes erlebt haben. Der berühmte Satz Willy Brandts, wonach wir »mehr Demokratie wagen« sollten, ist aus dem Museum. Dahin haben es die Pressekonzerne, ob privat oder öffentlich-rechtlich, gebracht. Vor jedem Krieg, den die NATO führt und an dem Deutschland beteiligt ist, werden wir alle über die Täuscher und Trickser aus der NATO auf Linie gebracht.

Der enge, von gegenseitigem Vertrauen getragene Kontakt zu den Ost-Berliner Journalisten trug bald Früchte. Wir teilten uns offen mit, und die Inhalte der Gespräche über die Belange der Bundeswehr oder zur allgemeinen Sicherheitspolitik fanden sich in allen Zeitungen und den Sendungen der Rundfunk- und Fernsehanstalten wieder. Andere Ressorts der Bundesregierung konnten bezüglich der Informationsbereitschaft für die Öffentlichkeit nicht mithalten.

Zurück zum 10. Oktober 1990. Der große Sitzungssaal des Berliner Verteidigungsministeriums war übervoll. Was in der Berliner Presse Rang und Namen hatte, war erschienen, und ich berichtete über die Danziger Begegnungen mit Lech Walesa und meinem Kollegen Komorowski, ebenso über meine Informationsbesuche in den neuen Garnisonen der Bundeswehr in den neuen Bundesländern. Zudem schnitt ich Themen an, die sich als ungewöhnlich heikel herausstellen sollten: Wir waren jetzt ein Land, und nach der eigenen Verfassung mussten die neuen Länder an gesamtstaatlichen Institutionen teilhaben. Das galt meines Erachtens auch für die Bundeswehr. Aus der Sache heraus bot sich manches direkt an, wie eine Außenstelle der Koblenzer »Schule für innere Führung« der Bundeswehr in den neuen Ländern. Unser vorrangiges Ziel musste sein, die Grundlagen der »inneren Führung« und damit die demokratische Grundsubstanz der Bundeswehr zu vermitteln, und zwar nicht nur auf dem Gebiet der ehemaligen DDR. Auch unsere neuen Nachbarn im Osten könnten von Dependancen profitieren, um den Charakter ihrer Streitkräfte in Richtung demokratischer Strukturen zu verändern. Die inneren Strukturen der Bundeswehr waren zu diesem Zeitpunkt noch von dem bestimmt, was der große Reformator der deutschen Streitkräfte nach der Aufstellung der Bundeswehr ab dem Jahre 1955, General Wolf von Baudissin, mit dem »Bürger in Uniform« postuliert hatte. In der Bundeswehr sollten keine anderen Prinzipien gelten als im demokratischen Leben der Bürger auch. Das änderte sich schnell nach meinem Ausscheiden aus dem Amt auf der Hardthöhe. »Bürger in Uniform« waren nicht mehr gefragt, »Kämpfer« mussten her.

Im Verteidigungsministerium aber zeigte keiner Interesse an meiner Idee, wichtige Einrichtungen aus der alten Bundesrepublik in die neuen Länder zu verlegen, denn das hätte »Veränderung« bedeutet. Auf der anderen Seite ließ der Bundeskanzler aus Rücksicht auf rheinland-pfälzische Befindlichkeiten, die ihm als ehemaligen Ministerpräsidenten zu Eigen waren, schnell erklären, dass es sich bei meinen Vorschlägen um eine persönliche Meinung handeln würde. Die »Schule für innere Führung« im rheinland-pfälzischen Koblenz sollte mit ihrem gesamten Personal und den zugehörenden Familienangehörigen in Koblenz bleiben und Unruhe unter allen Umständen vermieden werden, ein Umzug in die »Pampa« – als solche wurde der Osten Deutschlands empfunden – erst recht. Auch die militärische Seite hielt sich bedeckt. Meine Sicht der »Schule für innere Führung« als »demokratischem Exportschlager« der Bundeswehr, welche durch sichtbare neue Standorte aufgewertet würde, schien nicht geteilt zu werden.

Wenige Monate später war in einer gewöhnlich gut vernetzten Bonner Zeitung nachzulesen, dass es im militärischen Bereich Versuche gab, zu einer militärischen Führung des Verteidigungsministeriums zurückzukehren. An die Spitze sollte ein Vier-Sterne-General als Verteidigungsminister gestellt werden. »Innere Führung« wurde als »demokratischer Schnickschnack« angesehen, wie sich manch einer auszudrücken pflegte. Kein Wunder also, wenn unter diesem Aspekt

Bonner Journalisten mit Informationen aus dem Golfkrieg versorgt wurden, um sie mit solcherart Informationen für eigene personalpolitische Vorstellungen gewogen zu machen. Dabei drängten gerade unsere osteuropäischen Nachbarn in Richtung Demokratie, auch in Bezug auf ihr Heer. Waren es doch gerade die Deutschen gewesen, die nach dem Zweiten Weltkrieg Streitkräfte und ein demokratisches Gemeinwesen kompatibel gemacht hatten, ohne die Schlagkraft der Bundeswehr zu schmälern.

Es blieb nicht bei der Ablehnung von »Schulen für innere Führung« alleine, selbst die Verlegung der Bundeswehr-Hundeschule nach Görlitz kam für die militärische Führung nicht infrage und wurde hintertrieben. Es gebe Gründe genug, warum alles an seinem angestammten Platz bleiben solle, so wurde argumentiert. Allein der MAD, der militärische Abschirm- bzw. Geheimdienst, breitete sich flächendeckend in der ehemaligen DDR aus. In den zurückliegenden Jahren war im Westen manches unternommen worden, um militärisch genutzte Einrichtungen loszuwerden. Jetzt drohte in Europa die Abrüstung und in Deutschland erst recht. Jeder Bürgermeister und die Damen und Herren Stadträte klammerten sich ab jetzt an jede Kaserne, weil diese als Wirtschaftsfaktor plötzlich geschätzt wurde. Dennoch hatte meine Pressekonferenz die erhoffte Wirkung. Es mussten erst die nächsten Landtagswahlen abgewartet werden, um die notwendigen Entscheidungen treffen zu können. Die Bundeswehr wurde mit ihren zentralen Einrichtungen im ganzen Land präsent, auch in den neuen Ländern.

## Konfrontation mit der Realität in den neuen Ländern

Staatliches Handeln war durch die enorme Geschwindigkeit, mit der die Wiedervereinigung vonstattenging, weitestgehend ausgesetzt. Das machte es unmöglich, von Anfang an so präsent zu sein, wie es vielleicht geboten gewesen wäre. Die Beamten, Angestellten und Soldaten aus den westdeutschen Ländern, die jetzt ihren Dienst in den neuen Bundesländern taten, berichteten drastisch über ihr Leben dort: unzumutbare Wohnverhältnisse, kaum Möglichkeiten, wie gewohnt einzukaufen oder seine Kinder auf geeignete Schulen schicken zu können. Noch gut zehn Jahre später hörten meine Frau und ich von Führungspersonen aus dem sächsischen Finanzsektor, dass sie regelmäßig nach Berlin fuhren, um sich mit Gewohntem einzudecken. Wer nicht in den großen Zentren seinen Dienst versah, konnte ein Lied davon singen, wie kompliziert es war, mit seiner Familie oder der alten Dienststelle zu telefonieren. Manch einer der in den Osten Versetzten wurde zum ersten Male mit der Wirklichkeit in einem zusammengebrochenen System konfrontiert.

Mehrfach wurden im Rahmen von Beratungen die Wohnverhältnisse hochrangiger Befehlshaber erörtert, und Inspekteure ließen es sich nicht nehmen, selbst bei mir vorzusprechen, weil sie ein Auge auf eine bestimmte Liegenschaft geworfen hatten, die berühmte Fliegerasse der Wehrmacht schon einmal bewohnt hatten. Tausende von Feldwebeln oder jüngeren Offizieren beschwerten sich, auch im Namen ihrer Ehefrauen, über »Strafversetzungen« zwischen Rostock und Auerbach, die für sie das Nichts oder gar das Aus bedeuteten, da es hier keine Arbeitsplätze für die Angehörigen gab. Da klaffte schon eine beachtliche Lücke. Es war den neuen Verantwortlichen kaum der Diskussion wert, dass diese verlässlichen Soldaten und Beamten eine soziale Abfederung einforderten, von der schulischen Situation der Kinder ganz zu schweigen. Zum Glück gab es aber auch ganz andere, uneigennützig Denkende wie die Pioniere aus der Bundeswehrverwaltung und der Truppe, die oftmals unter schwierigsten persönlichen Bedingungen ihren Aufgaben nachgingen und sich nicht einmal beschwerten, dass sie weniger als einmal in der Woche zu Hause anrufen konnten. Sie empfanden es als Verantwortung für ihr Land, sie wollten ihren Beitrag leisten, ihr Geburtsort spiele keine Rolle. Dabei gab es keinerlei Sonderzuwendungen finanzieller Art, wie sie später für andere so geräuschlos eingeführt worden sind. Zu diesen Frauen und Männern fanden die Menschen vor Ort guten Kontakt, und das galt auch für Angehörige der ehemaligen Volksarmee. Da gab es Verständnis füreinander. Gemeinsam galt es die Herausforderungen zu meistern. Die Übergabe von Kriegsgerät verlief reibungslos. Es traten keine Sicherheitsprobleme auf. Auch das waren Gründe, sich zu vertrauen. Davon war die Zeit des Übergangs größtenteils bestimmt.

## Der Fall Storkow

Ab April 1991 sollte sich das Bild ändern und die Motive, Dienst in den neuen Ländern zu leisten, ebenfalls. Es brach eine Zeit an, in der die Menschen dort manch einen guten Anwalt aus der Bundeswehr für ihre Probleme wieder verloren.

Die Kleinstadt Storkow, eingebettet in die so typisch märkische Seen-und-Wälder-Landschaft zwischen dem südlichen Berlin und der Oder, stand zuvor in besonderer Weise für ein partnerschaftliche Verhältnis zwischen Alteingesessenen und Neuzugezogenen. Ortseingangsschilder in der Nähe zeugten bereits in der DDR davon, dass vor mehr als hundertfünfzig Jahren Menschen aus den armen Regionen versuchten nach Amerika zu gelangen, es aber nur bis »Philadelphia« bei Storkow schafften. Hier befand sich der Standort eines Pionierregimentes, das jetzt in eine Einheit der Bundeswehr überführt werden sollte. Das riesige Gelände, das den Pionieren zur Verfügung stand, mussten sie sich in der Vergangenheit mit anderen teilen: Menschen aus der internationalen terroristischen Szene waren hier ausgebildet worden, vor allem aus dem »Nahen Osten«. Und unter strengsten Absicherungsmaßnahmen war hier der Einsatz chemischer und nuklearer Kampfmittel geübt worden. Verseuchtes und vermintes Gelände eben.

Bundeswehr-Oberstleutnant Gohrke war mit der Abwicklung beauftragt. Das Material, welches er in der ehemaligen NVA-Einheit vorfand, ging weit über das hinaus, was dem gesamten 1. deutschen

Korps in Münster für diese Zwecke zur Verfügung stand. Das aber, was dem Oberstleutnant am Herzen lag, waren nicht etwa die zahlreich gelagerten Kriegsbrücken. Es waren die Menschen, die hier lebten, für die er jetzt eine besondere Verantwortung trug. Sein erster Rundgang im Regiment führte ihn dorthin, wo die Soldaten mit ihren Angehörigen wohnten. Man redete miteinander. Vor allem die Inspektion der Kücheneinrichtungen und sanitären Anlagen war ernüchternd. Jedes Gewerbeaufsichtsamt hätte keine Sekunde gezögert, die gesamte Anlage stillzulegen. So konnte es nicht weitergehen.

Nach meinem Besuch in Storkow und wenige Tage später in Neubrandenburg wurde nicht lange überlegt, sofortiges Handeln mithilfe großzügiger, finanziell gut abgesicherter Sonderprogramme für Kasernenanlagen war angesagt. Ohne das lief nichts mehr. Die Gesamtkosten von über einhundert Millionen DM flossen innerhalb von wenigen Wochen in die Komplexe, um sie mit dem Notwendigsten zu versehen, in erster Linie Kücheneinrichtungen und sanitären Anlagen. Die Organisation oblag jetzt der Wehrverwaltung sowie den örtlichen Befehlshabern. Umgehend wurde festgestellt, dass die für die Bundesrepublik erstellten Verwaltungsvorschriften ein angemessenes Vorgehen in den neuen Ländern verhinderten. Erschwerend kam hinzu, dass es auf der staatlichen Ebene in der Kürze der Zeit keine Finanzbauverwaltung geben konnte, um die Baumaßnahmen im Bereich der Streitkräfte durchzuführen. Unkonventionelles Handeln war geboten, um uns nicht dem berechtigten Vorwurf auszusetzen, wir würden uns nicht um die Soldaten kümmern und sie im wahrsten Sinne des Wortes »im Dreck verkommen lassen«. In den folgenden Wochen und Monaten zeigte sich, was bei sorgfältiger Haushaltsführung auch ohne das übliche Dickicht von Verwaltungsvorschriften und zusätzlichen Behörden alles funktionieren kann. Hilfreich war vor allem, im Bundeswehrverband sehr schnell einen Partner zur Seite zu haben, der sich umgehend um die sozialen Belange der Bundeswehrangehörigen kümmerte.

Storkow und Neubrandenburg waren der Beweis, dass sich die Lebensbedingungen in den östlichen Kasernen gleich nach dem 3. Oktober 1990 menschenwürdiger gestalteten. Es kam ja nicht von ungefähr, dass früher behauptet wurde, in der NVA seien die Panzer weitaus besser untergebracht gewesen als die Menschen. Im Gegensatz dazu, so die Empfindung manch eines Mitarbeiters der ehemaligen Volksarmee, waren Kasernenanlagen der Bundeswehr immerhin auf dem Niveau von »Interhotels«.

Noch im Oktober 1990 hatte ich die Bürgermeisterin und den Gemeinderat von Storkow eingeladen, sich mit mir zusammen das riesige Gelände des Standortes anzusehen, das wir dann beim Überflug mit Hubschraubern in seiner ganzen herbstlichen Pracht und landschaftlichen Schönheit überblicken konnten. Bis dahin war es für die zivile Bevölkerung hermetisch abgeriegelt gewesen. Über das, was sich zuvor dort so alles abgespielt hatte, konnten die Bürger nur mutmaßen. Die Gelände der alten Bundeswehr hingegen waren vor allem an den Wochenenden auch öffentlich zugänglich, wenn es der Übungsbetrieb erlaubte. Es war also durchaus möglich, militärische Notwendigkeiten mit Umwelt- und Erholungsgebietkonzepten zu verbinden. Was sprach eigentlich dagegen, auch dieses Gelände entsprechend zu nutzen? Die Lage hier vor den Toren Berlins war schließlich einzigartig. Die Bürgermeisterin war überrascht, als sie von der Gestaltung von Bundeswehrgelände in Übereinstimmung mit dem Naturschutz hörte. Das war auch ein mühsamer Prozess gewesen. Hier bot sich nun die einzigartige Gelegenheit, unsere Erfahrungen im Osten einzubringen, wo sich das Konzept für die riesigen Gebiete anbot. Auch für die Umwandlung der beiden NVA-Übungsgebiete in Schneeberg (Vogtland) und dem brandenburgischen Jüterbog setzte ich mich ein. Nach der sofort eingeleiteten Planung durch die entsprechenden Abteilungen im Bundesverteidigungsministerium konnten beide bereits Ende 1992 der Öffentlichkeit vorgestellt und zugänglich gemacht werden.

## Rettung ehemals militärischer Institutionen vor Massenentlassung und Auflösung

Der 3. Oktober 1990 war in jeder Hinsicht ein Einschnitt. Nach diesem Tag bestand unsere Aufgabe darin, möglichst schnell die Weichen für eine bessere Zukunft zu stellen. Zuvor waren wir bemüht, das Schlimmste zu verhindern.

In den Wochen davor waren Menschen im großen Stil aus der NVA entlassen worden. Einziges Kriterium schien dabei das erreichte Lebensalter zu sein. Betroffen waren zum Beispiel besonders qualifizierte Ärzte, obwohl ihre Entlassung bedeutete, das Führungspersonal auf einen Schlag zu verlieren, und alles dafür sprach, die Krankenhäuser in eine zivile Nutzung zu überführen. Welchen Sinn sollte es machen, einen Spezialisten nur deshalb zu entlassen, weil er älter als fünfzig Jahre war? Ähnliche Überlegungen galten auch für die wirklich sensiblen Einrichtungen der NVA. So wurden zu unserem Leidwesen jene nach Hause geschickt, die als die eigentlichen Wissensträger von größtem Nutzen für uns hätten sein können. Brigadegeneral Richter wies wieder und wieder darauf hin, mit welchem Engagement gerade diese Mitarbeiter bei der Sache waren, um für einen gedeihlichen Übergang zu sorgen. Das galt auch für den Oberst der NVA, der für den großen Führungsbunker nordöstlich von Berlin verantwortlich war, welchen ich noch im September 1990 besucht hatte. Wenigstens gelang es uns teilweise, Ärzte und Pflegepersonal vor der Entlassung zu bewahren.

Erfolgreich verlief zudem die Rettung des Sprachendienstes der NVA in Naumburg an der Saale. Selbstverständlich gab es auch auf Regierungsebene der DDR »Sprachmittler«. Das gilt für jedes Land. Aus der Einbindung in den Warschauer Vertrag und in die östliche Wirtschaftsgemeinschaft ergaben sich für die Dolmetscher natürliche Schwerpunkte. Diese lagen bei den im Osten Europas gesprochenen Sprachen, aber auch bei seltenen Sprachgruppen aus anderen Teilen der Welt. Sie verfügten vielfach über Fähigkeiten, die es bei uns nicht gab. Wenn es nach der Wiedervereinigung für die Bundesregierung für diese Sprachengruppen und damit für die notwendigen Kontakte zum Osten hin Dolmetscher gab, dann war das dem Umstand geschuldet, in letzter Sekunde den entsprechenden Dienst aus der NVA retten zu können.

Auch hier war es dem Zufall zu verdanken, dass ich davon erfuhr. An einem Morgen im September 1990 teilte mir ein niedergeschlagen wirkender Oberstleutnant der NVA mit, dass seine Frau am Tag zuvor für Monatsende die Kündigung erhalten habe. Sie war als Dolmetscherin für Russisch im Strausberger Ministerium eingesetzt und sollte wie all ihre Kolleginnen und Kollegen entlassen werden. Die Naumburger Schule sollte aufgelöst werden. Noch am Nachmittag des Tages hatte ich auf meine Bitte hin eine komplette Liste aller Mitarbeiter in der Hand. Es gelang, die fähigsten unter ihnen zu übernehmen und die Sprachenschule in Naumburg zu erhalten. In den folgenden Monaten konnte ich mich selbst von der hohen fachlichen Kompetenz der Dolmetscher überzeugen. Das galt besonders für die in jeder Hinsicht sensiblen Beziehungen zur sowjetischen Westgruppe der Truppen. Dass der Zugang hier letztlich so unkompliziert verlief, verdankte ich auch dem jungen Hauptmann Karl aus Alt-Landsberg bei Strausberg.

Für den Staat nachteilige Entscheidungen gab es indes nicht nur bei den Streitkräften. Manchmal hatte ich den Eindruck, vor Ort ein unverantwortliches Chaos vorzufinden, wohin ich auch blickte. Kontakte wurden oft genug von Freunden am Niederrhein vermittelt, vor allem aus der CDU-Ratsfraktion in Krefeld. Der Fraktionsvorsitzende Dieter Pützhofen und Fraktionsgeschäftsführer Peter Könen bemühten sich unmittelbar nach dem Fall der Mauer um gute Beziehungen in die brandenburgische Gemeinde Beeskow, unweit von Frankfurt an der Oder, und Storkow.

## Vom Zivilschutz zum TÜV

Im Oktober 1990 fanden in Brandenburg Wahlen zum Landtag statt, für den in Beeskow der örtliche CDU-Kandidat Heinz Lassowsky aufgestellt worden war. Lassowsky, der nach seinem späteren Ausscheiden aus der Landespolitik ein außergewöhnlich erfolgreicher Unternehmer für Zukunftstechnologien werden sollte, hatte mich zu einem erneuten Besuch nach Beeskow eingeladen. Wir besuchten die Zivilschutzschule der ehemaligen DDR gemeinsam. Das, was wir zu sehen bekamen, erstaunte uns alleine deshalb, weil die Schule im Verhältnis zu dem, was wir sonst in der ehemaligen DDR zu Gesicht bekommen konnten, glänzend ausgestattet war. Lassowsky hatte mich schon vorher darauf aufmerksam gemacht, wie gering die Neigung war, sich mit dieser Schule zu beschäftigen. Die Zivilschutzeinrichtung hatte zuvor dem Ministerrat der DDR unterstanden, und von daher war eine entsprechende Personalauswahl vorgenommen worden. Vom baulichen Zustand und den Schulungskapazitäten zählte sie zum Besten, was die ehemalige DDR aufzuweisen hatte. Alle technischen Möglichkeiten waren vorhanden und der Schule ein gut ausgestattetes Internat angegliedert. Hier war, das konnte man auf Schritt und Tritt sehen, Fachwissen im gesamtstaatlichen Interesse gebündelt. In den zurückliegenden Wochen hatte man sich auf die neuen Erfordernisse im Umweltbereich und der Vorbeugung bei Katastrophen spezialisiert. Doch blieb nicht verborgen, welcher Aufgabe die Schule zuvor gewidmet war. Die Mitarbeiterinnen und Mitarbeiter hatten in Frau Tschöpe eine neue Vertreterin ihrer Interessen gewählt, tatkräftig und mit realistischen Vorstellungen für die Zukunft.

Die Schule lag in der Ressortzuständigkeit unseres Ministeriums, aber es war klar, dass dies nicht auf Dauer so würde bleiben können. Zivilschutz war nicht unsere Aufgabe. Es war ohnehin Zeit, Einrichtungen der DDR zwischen den Bonner Ressorts zu verschieben. Dafür gab es sachliche Gründe, aber oft genug steckte dahinter auch der Versuch, sich von unliebsamen Institutionen zu trennen. Geradezu als Musterbeispiel konnten die dem Ministerium des Innern der DDR unterstellten Grenztruppen angesehen werden. Wir konnten uns mancher Erbschaft eben nicht erwehren. Dennoch wurde alles unternommen, manches wieder loszuwerden, um international vereinbarte Größenordnungen einhalten zu können.

Die Beeskower Zivilschutzschule war etwas Besonderes. Der persönliche Einsatz der neu bestimmten Leitung verhalf der Einrichtung zu einer Zukunft als Teil des Technischen Überwachungsvereins. Da spielte es schon fast keine Rolle mehr, wenn den Mitarbeitern durch die Außenstelle des Bonner Verteidigungsministeriums gekündigt wurde, während wir uns in Bonn mit der Unterstützung von Staatssekretär Carl darum bemühten, die Schule zu erhalten.

## Als »Feuerwehr« in den neuen Ländern unterwegs

In den Wochen und Monaten nach der Wiedervereinigung war es meine Aufgabe, als eine Art »Feuerwehr« zu verhindern, dass Einheiten und militärische Einrichtungen mit einem Federstrich aufgelöst wurden, um etwas später den dadurch eingetretenen Schaden beklagen zu müssen. Andere waren weniger umsichtig.

Für die Führungsspitze des Hauses stand es fest, weder das Transportgeschwader 44 in Marxwalde/Neuhardenberg, die Regierungsflugstaffel der ehemaligen DDR, noch den Hubschrauberrettungsdienst der Volksarmee zu erhalten. Warum sollte es eine weitere Regierungsstaffel geben, wenn dafür in Köln/Bonn eine Flugbereitschaft zur Verfügung stand? Wenige Wochen später gab es eine überraschende Antwort auf diese Frage. Nach Ausbruch des ersten Golfkrieges war es nötig, deutsche Soldaten in die Türkei zu fliegen. Ohne die ehedem von der Regierung der DDR genutzten Tupolev-Maschinen hätten wir diese logistische Aufgabe nicht bewältigen können. Über einen Zeitraum von gut einneinhalb Jahren wurden sie zudem für den täglichen Shuttle-Dienst zwischen Köln/Bonn und Berlin-Schönefeld genutzt.

Im September 1990 stand das Transportgeschwader 44 vor dem Aus. Ein Grund für Wieczorek und mich, in Marxwalde einen Besuch durchzuführen. Sommer in dieser Gegend, das hatte für mich schon etwas. Das kontinentale Klima und die weitgehend unberührte Natur waren ungemein reizvoll. Die Luft war voller Blütenduft, und Insekten schwirrten um jeden Besucher. Die kleine Kantine am Flugfeld war behaglich, man fühlte sich dort wohl. Erich Honecker hatte noch ein Jahr zuvor in der Sowjetunion neue Flugzeuge erworben, und die Mitarbeiter auf dem Flugplatz betreuten mit großem Engagement den durchaus gemischten Flugzeugpark. Bei der Bonner Flugbereitschaft wäre vermutlich niemand bereit gewesen, unter freiem Himmel zu arbeiten oder Ersatzteile von eigener Hand herzustellen. In Marxwalde war das anders, dennoch herrschte Endzeitstimmung. Gemeinsam mit dem Hardthöhen-Staatssekretär Carl konnten wir das Transportgeschwader 44 erhalten. Später erfuhren wir von den Machenschaften westdeutscher Luftwaffenseilschaften, die sich jede Konkurrenz vom Leibe halten wollten, was das Kabinenpersonal anbetraf. Man hatte es bei den Flugzeugen nicht geschafft, jetzt waren die neuen Kollegen dran.

So düster wie zunächst für die Regierungsstaffel in Marxwalde war die Zukunft für die Hubschrauber-Rettungsstaffeln aus der NVA nicht. Hatte doch die Führungsspitze des Ministeriums in Strausberg einer großen Straßenhilfsorganisation den Zugriff auf die Hubschrauber zugesichert. Merkwürdig war das dennoch. Einsätze waren in der DDR verpönt und durften von den Hubschrauberbesatzungen nicht wahrgenommen werden. So hatte man versucht, sich wenigstens über den westlichen Stand bei diesen Aufgaben unterrichtet zu halten. Von oben wurde alles abgeblockt. Als wir am 28. Juli 1990 von Rügen aus entlang der Ostseeküste zum Marinestützpunkt nach Stralsund flogen, konnte wir dort eine beachtliche Flotte von Hubschraubern ausmachen, darunter den »MI-8« wie auch umgewidmete Kampfhubschrauber des Typs »Hind«, aus dem Krieg in Afghanistan mehr als bekannt. Nicht nur an der Ostseeküste spielte die Rettungsarbeit aus der Luft eine segensreiche Rolle. Technisch gesehen, waren diese Hubschraubermodelle sehr leistungsstark, aber ungemein kostenintensiv. Das betraf vor allem den Kraftstoffverbrauch, wie bei fast allem militärischen Gerät aus der ehemaligen Sowjetunion. Dem LKW des Typs »Ural« wurde nachgesagt, für einhundert Kilometer Fahrtstrecke auch einhundert Liter Kraftstoff zu verbrauchen.

## Gefecht zwischen MiG-29 und Jäger 90

Spektakulär war es, über die Zukunft des sowjetischen Kampfflugzeuges des Typs »MiG-29« zu entscheiden. Es gab einen starken Druck seitens der Luftfahrtindustrie, es möglichst schnell loszuwerden, weil alleine die Präsenz geeignet zu sein schien, jede Entscheidung zugunsten des eigenen Jagdflugzeuges zu verhindern. Seit den ersten Beratungen um den »Jäger 90« auf der Hardthöhe und im Parlament geisterte die »MiG-29« durch die Reihen. Was musste das für ein Flugzeug sein, das die NVA als sowjetisches Hochleistungsflugzeug auch noch fliegen durfte?

Nach den Planungsdokumenten für jedwede militärische Beschaffung muss es für jede mögliche Entscheidung eine sogenannte »taktische Forderung« geben, die Grundlage für eigenes Handeln ist. Danach ist es erforderlich, eine militärische Leistungsfähigkeit genau zu beschreiben, um für die mögliche spätere Beschaffung die dafür anfallenden Kosten berechnen zu können. Es war erforderlich, ein bestimmtes verteidigungspolitisches Szenario für jede Entwicklungs- oder Beschaffungsmaßnahme zu unterlegen. Ohne diese Schritte im Vorfeld ging sprichwörtlich nichts. Wir mussten durch eine Rüstungsmaßnahme des Warschauer Pakts herausgefordert sein, zu einem solchen Mittel geradezu greifen zu müssen. So gelangte die »MiG-29« in unsere Beratungsunterlagen und in unser Bewusstsein. Mit der »Phantom F 4«, die noch aus den 50er-Jahren stammte, glaubte niemand mehr, den neuen Generationen sowjetischer Flugzeugtypen in Mitteleuropa Paroli bieten zu können. Auf diesem Weg wurde die »MiG-29« und ihr mögliches Einsatzspektrum in einer Konfliktlage für uns die logische Begründung, sich mit einem eigenen Jagdflugzeug auf diese Entwicklung einzustellen.

Wegen meiner Erfahrungen als zuständiger Berichterstatter im sogenannten »Tornado-Untersuchungsausschuss« Anfang der 80er-Jahre, zur Zeit von Verteidigungsminister Hans Apel, hatte ich für die parlamentarischen Beratungen eine wesentliche Konsequenz durchgesetzt. Danach sollte es für Beschaffungsmaßnahmen dieser Größenordnung eine klare Unterscheidung zwischen der Entwicklungs- und der Beschaffungsphase geben. Nach den Schätzungen wurde für die Entwicklung eines Jagdflugzeuges mit etwa sechs Milliarden DM gerechnet. Aus unserer Sicht waren diese Mittel sinnvoll angelegt und vertretbar. Darüber konnten eigene und hochmoderne Steuerungselemente ebenso entwickelt werden wie zukunftsweisende Werkstoffe, die anschließend der zivilen Luft- und Raumfahrt zugutekommen würden. Flugzeugturbinen waren weiterzuentwickeln, und ein eigenes europäisches Hochleistungsradar konnte uns von amerikanischen Komponenten unabhängig machen.

Nach Abschluss der Entwicklung sollten erneut alle Aspekte einer Beschaffung bedacht werden, um auf der Kostenseite nicht schon beim Startschuss in ein Fass ohne Boden zu fallen. Wer wusste bei diesen jahrzehntelangen Planungen schon, wie sich eine sicherheitspolitische Bewertung entwickeln würde? Also sollte dieser Prozess so gestaltet sein, dass jederzeit auch die Auswirkungen bedacht wurden. Die Finanzmittel für derartige Großprojekte waren nicht unbegrenzt, die Ausgabe konnte dazu führen, eingeplante Finanzmittel für andere Teilstreitkräfte erheblich zu gefährden. Zudem waren Konsequenzen für unsere Kooperationspartner zu bedenken sowie spätere Exporte und nationale Rüstungsexportrichtlinien. Die Frage nach den eigenen verteidigungstechnischen Fähigkeiten stand stets im Raum. Noch 1988 wurde entschieden, den »Jäger 90« auf Kiel zu legen. Zwei Jahre später hatte sich die Welt verändert.

All diese Fragen tauchten auf, als wir nach sowjetischer Zustimmung die Gelegenheit erhielten, die »MiG-29« in einem Geschwader der Bundesluftwaffe einzusetzen. Minister Stoltenberg hatte sich mit mir zu einem Mittagessen in der Deutschen Parlamentarischen Gesellschaft in Bonn zusammengesetzt, sich darüber auszutauschen und einen Weg zu finden. Nach meiner Ansicht sollten wir dem Druck, die »MiG-29« möglichst schnell loszuwerden, keinesfalls entsprechen, sondern sie in die Luftwaffe übernehmen. Andernfalls könnten wir jede Planung und spätere Beschaffung des »Jägers 90« vergessen, weil uns der Verzicht auf ein leistungsstarkes Kampfflugzeug genau unter diesem Blickwinkel auf Dauer vorgehalten werden könnte.

Da die Methode »Auflösen – ohne Rest«, wie die *FAZ* im Juli 1990 gefordert hatte, gescheitert war, wurde der Kampf nun subtil weitergeführt. Die Bonner Presse berichtete stets gerne über das, was ihr von interessierter Seite zugespielt wurde. So waren es jetzt die westdeutschen Piloten, die keinesfalls zustimmen würden, die heiß begehrten

▪ *Willy Wimmer mit Journalisten: MiG-29 – zum Abschuss freigegeben?*

Pilotenstellen für ein ostdeutsches Geschwader mit der »MiG-29« zur Verfügung zu stellen. Ohnehin stand 1994 eine Reduzierung der Bundeswehr an. Behauptet wurde, das Radargerät sei nicht leistungsfähig genug oder die Triebwerke verbrauchten zu viel Flugbenzin.

Die Nachrichtensendungen im deutschen Fernsehen berichteten über die Diskussionen um die »MiG-29«, und die in Bonn und Berlin akkreditierten Journalisten hatten größtes Interesse bekundet, dabei sein zu dürfen, als sich die Gelegenheit ergab, diesen modernsten der sowjetischen Jäger aus der Nähe zu sehen. So flogen wir am 10. Oktober 1990 nach einer Pressekonferenz in der Hans-Beimler-Straße mit mehreren Hubschraubern über die Seenlandschaft südöstlich von Berlin nach Preschen bei Cottbus, zum Jagdgeschwader 3, unweit der polnischen Grenze. Von hier aus waren am 27. September die letzten Flüge des Geschwaders gestartet.

Natürlich war es mit den Händen zu greifen, wie die Unsicherheit über die Zukunft auf Piloten und Bodenpersonal lastete. Der »Wundervogel« wurde dann allerdings eher entzaubert. Die sowjetischen Flugzeugbauer hatten die alten deutschen Konstruktionsstandards nicht nur adaptiert, sondern weiterentwickelt, die wir zugunsten amerikanischer Konstruktionsmerkmale inzwischen aufgegeben hatten. Die Männer des Geschwaders waren sehr genau in der Beantwortung der Fragen, mit denen wir sie geradezu löcherten. Ihr Auftreten war angenehm und wohltuend. Sie vermittelten nachhaltig den Eindruck, ein Team zu sein. Oberst Kilian, seit vier Jahren Chef des Geschwaders, überzeugte durch seine souveräne Art. Wie gerne hätte ich an diesem Tag jene hier gesehen, die in den letzten Monaten ihren Bonner Schreibtisch nicht verlassen hatten! Der Bürgermeister der Gemeinde Preschen, der so etwas wie unseren Besuch noch nie erlebt hatte, war alleine schon die Sache wert. Ein gestandener Mann, der wusste, worüber er sprach. Davon wollten in Bonn viele nichts wissen, weil sie mit ihren vorschnellen Urteilen nicht gut ausgesehen haben würden. Der Bürgermeister war nie zuvor in die Pläne über diesen bedeutenden Standort einbezogen worden. Wir haben das geändert.

Zwei Tage nach unserem Besuch teilte Bundesverteidigungsminister Stoltenberg öffentlich seine Entscheidung mit, wonach das Geschwader in Preschen vorerst bestehen bleibe. Die weitere Verwendung der »MiG-29« in der deutschen Luftwaffe werde geprüft. Für viele Jahre blieb sie am Standort Rostock-Lage erhalten, bevor die Maschinen an die polnischen Luftstreitkräfte weitergegeben wurden. Die unmittelbare Bedeutung der Ministerentscheidung stellte sich wenig später ein, als mit Ausbruch des Golfkrieges die Verbündeten jede Information über das Kampfflugzeug benötigten, das auch in der irakischen Luftwaffe geflogen wurde. Inzwischen waren dazu schon etliche Erkenntnisse gesammelt worden, die die Leistungsfähigkeit stärker verdeutlichen, welche die deutschen Konstrukteure wohl kaum je erahnt hatten. Denn ihnen war etwas Großes gelungen.

## Alte Gewohnheiten im Überwachungsgeschäft

Wenige Tage nach dem 3. Oktober 1990 besuchte ich auch eine Aufklärungseinheit im brandenburgischen Glöwen, unweit von Perleberg, später ein Stützpunkt der Bundeswehr. Zuvor war es der Standort einer geradezu spektakulären Eliteeinheit der NVA gewesen, bestehend aus wehrfähigen Spitzensportlern. Sie bildeten eine Fernspäheinheit der besonderen Art und demonstrierten uns eine beeindruckende Anti-Terror-Übung, die wir so noch nicht kannten. Verteidigungsminister Rainer Eppelmann hatte den Soldaten angeblich zuvor angekündigt, dass sie beim ersten Golfkrieg mit einem Einsatz würden rechnen können. Eine Perspektive, die wir zum Leidwesen der Soldaten nicht bestätigen konnten.

War schon die Kampfkraft beeindruckend gewesen, so kamen wir einige Meter weiter aus dem Staunen nicht heraus: Die Einheit hatte den gesamten Norden der alten Bundesrepublik bis weit in den Atlantik hinein belauscht – natürlich auch Bonn und die Telefonate auf der vielbefahrenen Autobahn A 61. Somit musste die NVA direkt von dem Gespräch erfahren haben, das in Vorbereitung meines Washington-Besuches geführt worden war. Der alte und neue Kommandeur war stolz darauf, den Bürgermeister der Stadt Hamburg jeden Morgen auf dessen Fahrt zum Rathaus im Dienstwagen abgehört zu haben. Erst einige Tage nach der Wiedervereinigung wurde festgestellt, dass die Soldaten in einem bestimmten Gebäude auf dem Gelände weiter ihrer gewohnten Aufgabe nachgingen, ohne dass der Kommandeur es befohlen hatte. Alte Gewohnheiten eben. Mir wurde weiterhin mitgeteilt, dass man im Zusammenwirken mit allen staatlichen Einrichtungen der DDR und nicht nur dem Ministerium für Staatssicherheit kurz davorgestanden habe, die eigene Bevölkerung lückenlos zu überwachen. Das sollte später unter der Ägide anderer Freunde möglich werden und sich nicht nur auf Deutschland erstrecken. Eine Ironie der Geschichte ...

## Besuche in Perleberg im September und Oktober 1990

Von Oberst Viktor Schemetow, Kommandeur der sowjetischen Division in Perleberg, unmittelbar an der ehemaligen Grenze zur alten Bundesrepublik gelegen, war hier bereits die Rede. Er hatte mich zu einem ersten offiziellen Besuch bei der Westgruppe der sowjetischen Streitkräfte in Deutschland eingeladen, was ich am 15. Oktober 1990 gerne in Anspruch nahm. Aus dem benachbarten Glöwen kommend, fuhr ich über eine leere Landstraße in Richtung Perleberg, weit und breit kein Fahrzeug. Das sowjetische Regiment, welches in der Innenstadt von Perleberg stationiert war, sollte zum Frühjahr 1992 als erste Einheit den Standort räumen. Die Kaserne befand sich gut zwei Kilometer östlich der Stadt in einer Anlage der deutschen Luftwaffe aus Wehrmachtstagen.

Ende September war ich bereits hier gewesen und hatte Oberst Schemetow sowie seine tatkräftige Dolmetscherin Irina Kumajewa kennengelernt. Gemeinsam hatten wir uns das Zentrum der kleinen Stadt und das Rathaus angeschaut. Der Zustand der Gebäude war erbärmlich, der Verfall nicht zu übersehen. Entsprechende Berichte füllten in diesen Tagen unsere Zeitungen. So erwarteten wir nun kein anderes Bild der sowjetischen Kasernenanlage, mussten uns aber eines Besseren belehren lassen. Denn nach einer mehrere hundert Meter langen Zufahrt gelangten wir zum Wohnbezirk für die Offiziere und ihre Familien, welche mitsamt dem Stabsgebäude einen weitaus besseren Eindruck auf uns machten als die Fassaden der Häuser, die wir bisher in den ostdeutschen Gemeinden gesehen hatten. Die Grasflächen dazwischen waren gepflegt, wir schlossen nicht aus, dass kurz vor unserem Besuch kräftig Hand angelegt worden war. Die Anlage präsentierte sich im wahrsten Sinne des Wortes »proper«.

Aber es war etwas anderes, das uns alle gefangen nahm. Wie in der nächsten Ausgabe des *Berliner Morgen* berichtet, schienen es *»abenteuerliche Dinge zu sein, die an diesem Tag im Stabsgebäude einer Division der Westgruppe der sowjetischen Streitkräfte in Deutschland sich zugetragen haben. Da sprach bei einem Trinkspruch ein Divisionskommandeur der Roten Armee den Parlamentarischen Staatssekretär im deutschen Verteidigungsministerium an und hoffte darauf, beide bald arbeitslos zu sehen. Die äußeren Umstände des Besuches in dieser sowjetischen Kaserne waren nicht minder ungewöhnlich, weil gemeinsam mit Staatssekretär Willy Wimmer am vergangenen Dienstag (15. Oktober 1990) erstmalig Bundeswehrangehörige eine sowjetische Kaserne besuchten. Was bis vor kurzem noch undenkbar war, schien die normalste Sache der Welt zu sein. Offiziere der ehemals bis auf den Tod verfeindeten Armeen saßen an einem Tisch und unterhielten sich über künftige Formen deutsch-sowjetischer Zusammenarbeit im Militärbereich.«* Oberst Schemetow betonte ganz gelassen, was vielen bei uns im Westen in der Vergangenheit gut angestanden haben würde. Die deutsche Wiedervereinigung, so führte er aus, sei ein ganz normaler Prozess, der irgendwann habe kommen müssen.

Noch aber wirkte die neue Situation ganz und gar nicht normal. Das hatte sich ganz deutlich beim vorherigen Besuch im September in Perleberg gezeigt, der eigentlich mehr zufällig zustande gekommen war, denn ich selbst hatte keinerlei Verbindungen in diese Gegend östlich der Elbe. Ganz anders lag das bei meinem langjährigen Freund aus der Jungen Union und damaligem Mitglied des Kreistages Neuss, Kurt Träger, der aus seiner Liebe zu Deutschland noch nie einen Hehl gemacht hatte. Und sobald sich ihm die Möglichkeit bot, fuhr er in seine alte Heimat, die er als Jugendlicher in den 50er-Jahren verlassen musste. Vor dem Parteitag der CDU Deutschlands 1988 zählte er zu denen, die gegen eine Gruppe in der Partei Front machte, welche in einem Diskussionspapier, das auch aus der CDU-Bundestagsfraktion unterstützt wurde, Vorstellungen entwickelt hatte, wonach Abstand genommen werden sollte von der Verpflichtung der Verfassung, die Wiedervereinigung unbedingt anstreben zu wollen. Stattdessen sollte es nur als sehr theoretische Perspektive für die Zukunft betrachtet werden.

Kurt Träger hatte nun in den Sommermonaten 1990 nicht locker gelassen, mich zu einem Besuch in Perleberg zu bewegen, verbunden mit dem Hinweis, dass dort eine sowjetische Division stationiert sei, womit er mich wohl locken wollte. Schließlich gab ich nach, verband damit aber die Bitte an die Bürgermeisterin, zu dem Treffen im Rathaus Vertreter der sowjetischen Division ebenso einzuladen wie Angehörige aus der NVA und der Bundeswehr. So kam es am 28. September, also kurz vor dem Tag der Wiedervereinigung, zu dieser denkwürdigen Begegnung. Die Bürgermeisterin Frederike Fischer führte den NVA-Oberst Hillgruber, den Oberst der Roten Armee Viktor Schemetow und mich mit meiner militärischen Begleitung, Major Gerhard Bahr und Oberstleutnant Hittmeier sowie die Pressesprecherin meines Kollegen Wieczorek, Monika Lenk, durch die kleine Stadt an der Pregnitz. Hier hatte sich vermutlich seit den 20er-Jahren nichts verändert. Uns schien es, als gingen wir mitten durch einen alten Ufa-Film – mit uns als Komparsen der eigenen deutschen Geschichte. Als unsere kleine Gruppe das Rathaus verließ, war die Zusammensetzung so ungewöhnlich, dass die Menschen auf dem Marktplatz unter der gewaltigen Statue eines »Rolands« stehenblieben und staunten: Soldaten aus drei jüngst noch auf den Tod verfeindeten Armeen gingen gemeinsam durch Perleberg: Nationale Volksarmee, Rote Armee und Bundeswehr! So etwas hatte bisher noch niemand zu Gesicht bekommen. Die Menschen aber freuten sich, uns so einträchtig nebeneinander zu sehen.

Augenblicke zuvor hatte Oberst Schemetow etwas zu uns gesagt, das mir auf Dauer im Gedächtnis geblieben ist. Er habe noch nie in seinem Leben an einem Gespräch teilgenommen, bei dem mit vergleichbarer Offenheit miteinander gesprochen worden sei wie eben im Ratssaal. Durch einen hochrangigen Vertreter eines fremden Verteidigungsministeriums so offen und unbeschwert in die Überlegungen einbezogen zu werden, die sowohl zivile Gemeinden als auch die Soldaten von derzeit noch nebeneinander bestehenden Armeen betreffen würden, hätte er sich zuvor nicht vorstellen können. Und als wir die Türe des Rathauses hinter uns schlossen, fügte er hinzu, dass er diesen Tag in seinem Leben nicht vergessen werde. Ich glaub-

Drei Armeen einträchtig – beim Zusammentreffen in Perleberg im September 1991

te meinen Ohren nicht zu trauen, aber Irina Kumajewa übersetzte es auf meine Bitte hin noch einmal, und tatsächlich: Der schlanke, etwa vierzig Jahre alte und so sympathisch wirkende Oberst mit seinem schmalen und ernst wirkenden Gesicht hielt mit seiner Ansicht nicht hinterm Berg. Offenheit hatte in der Tat unser Gespräch bestimmt. Über Stunden diskutierten wir über die Perspektiven für Soldaten und Offiziere der NVA. Denn für Landrat Neumann sowie die Vertreter des Rates und der Verwaltung, welche mit uns am Tisch saßen, war es bitter, dass Verteidigungsminister Eppelmann zum Ende des Monats September verfügt hatte, alle über fünfzig Jahre alten Offiziere zu entlassen. So mancher in der Gesprächsrunde befand sich oberhalb dieser Altersgrenze.

Mir lag daran, auf neue Akzente im künftigen Zusammenleben von NVA und Bundeswehr aufmerksam zu machen. Unser Verständnis von Integration der Bundeswehr in das zivile Leben bedeute, für die Gemeinde kein Fremdkörper zu sein, wie das für die NVA oder die noch in Perleberg stationierten Grenztruppen galt. Das gehe so weit, dass auch die Versorgung für die Einheiten aus der Region sichergestellt werden sollte, um die wirtschaftliche Leistungsfähigkeit zu stärken. Das war neu für die Teilnehmer der Runde. Mir kam es auch für die Zukunft darauf an, mit möglichst vielen kommunalen Gesprächspartnern in den »neuen Ländern« zusammenzutreffen. Es war für beide Seiten Neuland. Meine Erklärungen mussten so wasserdicht wie möglich sein, um keine falschen Erwartungen hervorzurufen.

In Perleberg jedenfalls ergriffen die kommunalen Vertreter sogleich die Chance, die sich ihnen bot, und wiesen darauf hin, dass ein großer Teil des gemeindeeigenen Waldes in der Vergangenheit für militärische Zwecke requiriert worden sei. Man machte mir gegenüber sehr schnell klar, dass diesbezüglich ein gemeindliches Interesse bestehe. Und wie stünde es mit den Liegenschaften, die noch von den sowjetischen Streitkräften genutzt wurden? In der Stadt würden vor allem Gewerbeflächen benötigt. Nichtsdestotrotz könne es »in Gottes Namen« bei einer Stationierung der Armee, künftig Einheiten der Bundeswehr, bleiben. Perleberg sei nicht gegen Soldaten eingestellt. Bei einem weiteren Besuch in der Stadt hörte sich das anders an. Es kam alles auf den Tisch, wo es ja auch hingehörte, anders als in den Jahrzehnten zuvor. Das war es genau, was Viktor Schemetow so nachdenklich gestimmt hatte. Und als Folge lud er mich zu einem Besuch seiner Division ein – mich, den Vertreter der Bonner Hardthöhe und für viele damit die Verkörperung des Gegners.

Und mir ging es auch nicht anders. Es war ja noch nicht so lange her, als wir bei der NATO-Großübung Wintex/Cimex die Militärs hinter der ehemaligen Demarkationslinie, also auch die Perleberger Division, mit anderen Augen gesehen hatten. Und jetzt gingen wir wie selbstverständlich zusammen über das Kopfsteinpflaster in einer kleinen deutschen Stadt und unterhielten uns über die Zukunft. Das war einfach unfassbar!

Auch die Vergangenheit blendeten wir nicht aus. Wir sprachen über die Heimat Schemetows im Bogen von Kursk. Dort hatte sich im Zweiten Weltkrieg eine der größten und folgenreichsten Schlachten abgespielt. Heute war der Oberst Kommandeur jener Division, aus deren Reihen später die berühmte Fahne auf der Kuppel des Reichstages in Berlin gehisst worden war. Neben ihm heute ich, der Mann aus dem Rheinland, Jahrgang 1943, der seinen Vater im Krieg verloren hatte. Nun aber war ich mehr als bereit, mit dem Oberst der Sowjetarmee das umzusetzen, was mir schon Marschall Achromejew bei unserem Gespräch in Moskau mit auf den Weg gegeben hatte: Es galt jetzt, ein neues Kapitel in den jahrhundertelangen Beziehungen zwischen Russland und den Deutschen aufzuschlagen. In jenen Tagen waren wir voll dieser Hoffnung. Nach wenigen Jahren mussten wir indes feststellen, wie sehr dies vom Einfluss anderer Mächte abhängig war. Heute geht es offenbar nur noch darum, das Schlimmste zu verhindern: den Krieg zwischen unseren Völkern, den weder die Russen noch wir wollen.

## Offener Aufstand gegen die ehemaligen »Freunde«

Perleberg und meine Besuche dort kamen gerade noch rechtzeitig, und meine Begegnung mit dem diplomatisch klugen Oberst Viktor Schemetow erwies sich als ein Geschenk des Himmels. Was war geschehen? Es braute sich was zusammen zwischen Rostock und Chemnitz. In allen Zeitungen wurde darüber berichtet, und in den Nachrichtensendungen gab es besorgte Meldungen. Viele Landsleute in den neuen Ländern ließen irgendwann offen ihre Abneigung gegenüber »den Russen« erkennen. Russen, Ukrainer und andere Nationalitäten aus der Roten Armee wurden in den Geschäften nicht mehr bedient. Niemand verstand plötzlich mehr die Sprache des anderen. Sowjetische Soldaten, Frauen und Kinder wurden sogar in der Berliner S-Bahn zusammengeschlagen. Auch in Perleberg gab es tote sowjetische Soldaten, die Täter wurden nie gefasst.

Die staatliche Einheit war zum Greifen nah, und wir lebten in einer Umgebung, die eine gedeihliche Entwicklung in Europa möglich zu machen schien. In solch einer Lage war es verhängnisvoll und höchst gefährlich, was sich aus einem Gemisch von Abneigung und Misstrauen gegenüber den neuen Partnern und Nachbarn alles hätte entwickeln können. Wir mussten also dem, was sich auf deutschen Straßen ereignete, energisch entgegentreten und alles tun, die öffentliche Sicherheit und Ordnung wiederherzustellen. Zu diesem Zeitpunkt hatte ich mich mehrfach öffentlich dafür ausgesprochen, den sowjetischen Soldaten einen Abzug in Würde zu ermöglichen. Auch aus diesem Grunde hatte ich mir nach den überaus positiven Erfahrungen in Perleberg vorgenommen, möglichst viele Begegnungen mit Vertretern bedeutender sowjetischer Truppenteile sowie mit Repräsentanten deutscher Einrichtungen im kommunalen Bereich und der Bundeswehr durchzuführen.

Mit Bundesminister Stoltenberg war alles abgesprochen. Für mich gab es am Tag der Einheit keine Zäsur in den Aufgaben, die ich bei meinem Amtsantritt im Dezember 1988 und ein Jahr später mit Minister Stoltenberg in Bezug auf meine Zuständigkeit für die NVA vereinbart hatte. Alles war darauf ausgerichtet, meine Arbeit fortzusetzen. Bereits am 7. Januar 1990 hatte ich in der *Welt am Sonntag* meine Ansichten dazu geäußert, einheitliche deutsche Streitkräfte zwischen Aachen und Frankfurt an der Oder zu erhalten.

In Ost-Berlin konnte ich mich auf die Mitarbeiter meines Kollegen Wieczorek verlassen. In meinem Büro im Ministerium in der Hans-Beimler-Straße war Frau Röder, Unteroffizierin der NVA, für mich tätig und koordinierte alle Aufgaben auf dem Territorium der DDR. Die Abstimmung mit Wieczorek verlief ausgezeichnet, denn wir hatten gemeinsame Vorstellungen, was jetzt für Deutschland möglich wurde. Es blieb für Monate ungewiss, ob die Dependance des Ministeriums für Abrüstung und Verteidigung in Strausberg würde verbleiben können. Das Engagement der Mitarbeiter war beeindruckend, wir zogen alle an einem Strang, als es darum ging, der Bundeswehr in den neuen Ländern einen guten Start zu ermöglichen. Das galt auch für jene Gebiete, in denen eine Abneigung gegen die Soldaten der ehemaligen NVA herrschte.

Noch bis weit in das folgende Jahr 1991 konnten wir wegen eines fehlenden Telefonnetzes keine Kontakte in die neuen Länder herstellen. Das ging eigentlich nur über das Berliner Büro und das dort vorhandene Fernmeldenetz der ehemaligen Post der DDR. Die inzwischen reduzierte Schar der Mitarbeiter in der Hans-Beimler-Straße organisierte in vorzüglicher Art und Weise nicht nur meine intensiven Besuche in den neuen Ländern. Darüber hinaus mussten Arbeitsergebnisse umgesetzt und Kontakte zu Vertretern der Medien gepflegt werden, welche selbst in einem gewaltigen Prozess des Wandels steckten. Komplizierter war es, Kontakt zu den Divisionen und Armeen der sowjetischen Truppen herzustellen. Technische Schwierigkeiten wurden aber dadurch ausgeglichen, dass auch von deren Seite der Wunsch nach guten Kontakten bestand.

## Deutsch-sowjetische Gespräche als Fanal gegen Hass und Gewalt

Der Umfang des Misstrauens gegenüber militärischen Angelegenheiten war in der Presse auffällig. Vermutlich wollte man eine gewisse Distanz zur eigenen Berichterstattung in vergangenen Zeiten herstellen. Aber für die Zeitungen gab es jetzt auch Neues zu berichten, so aus Storkow, Beeskow, Potsdam, Schwerin und anderen Städten und Kreisen in den neuen Ländern. Mein Besuch in Perleberg machte Schule: Von überall her erreichten mich Bitten von Oberbürgermeistern und Landräten um Gesprächstermine gemeinsam mit Vertretern der sowjetischen und deutschen Streitkräfte, auch nach Ansicht des Potsdamer Bürgermeisters Erwin Motzkus ein absolutes Novum. Und Oberst Blaschkin aus der politischen Hauptverwaltung des sowjetischen Hauptquartiers in Wünstorf sah die Treffen als »historischen Augenblick«. Sie erzielten die beabsichtigte Wirkung in weiten Teilen des Landes und trugen in erheblichem Umfang dazu bei, ein Zeichen zu setzen gegen Hass und Gewalt. In Zeiten einer allgemeinen Unsicherheit sorgten die Kontakte zwischen den örtlichen Befehlshabern der sowjetischen Streitkräfte und der Bundeswehr für eine Befriedung der Situation, und das sprach sich im ganzen Lande herum. Waren diese Treffen zunächst vor allem durch eine gewisse Neugier bestimmt, wurde daraus schnell freundliche Nachbarschaft, wie wir in Schwerin, Potsdam oder Dresden sehen konnten. Beispielhaft war auch die Stadt Magdeburg. Dort hatte es gravierende Tumulte bei Fußballspielen gegeben. Nach einem Besuch von mir änderte sich die Lage zur Zufriedenheit beider Seiten sofort.

Ein Treffen in Schwerin verdeutlicht, wie ungewöhnlich manche Probleme waren, die den Verantwortlichen das Leben vor Ort schwer machten. So fanden wir uns im Schweriner Rathaus mit der Finanzsenatorin Thia-Madeleine Garitz, dem Kommandeur der sowjetischen Division General Rogov und dem deutschen Brigadegeneral Wilhelmi zu einem Gespräch ein. Auch hier ging es um Grundstücke, die früher Eigentum der Stadt waren. Ausgerechnet in der paradiesischen Umgebung Schwerins hatte sich die NVA festgesetzt! Das Gelände wollte man jetzt zurückerhalten, nicht nur für Zwecke der Naherholung. General Rogov ließ schon an seiner besorgten Miene erkennen, dass ihm noch etwas ganz anderes zusetzte. Sowohl die Stadt als auch der Landkreis hatten es seiner Division untersagt, die bisher zur Verfügung stehenden Müllkippen weiterzunutzen. So drohten die Kasernen jetzt im Müll zu ersticken. Immerhin waren beide Seiten nach unserem Gespräch bereit, nicht nur wieder miteinander zu reden, sondern die Probleme auch vom Tisch zu bekommen.

Der sowjetische Verteidigungsminister, General Jewgeni Iwanowitsch Schaposchnikow, nahm mich bei einem ersten Besuch in Hamburg zur Seite, um mich über die Auswirkungen meiner Gesprächsaktivitäten bei der Westgruppe seiner Truppen zu unterrichten. Zuvor mussten wir eine neue Erfahrung machen: Die sowjetische Delegation erschien nicht zum vereinbarten Frühstückstermin. Dafür gab es einen triftigen Grund: In dem Hamburger Nobelhotel, in dem beide Delegationen, die sowjetische und die deutsche, abgestiegen waren, stand plötzlich frühmorgens kein Wasser zur Verfügung. So passierte bei uns das, was wir früher gerne als Nachweis für Unzulänglichkeiten der sowjetischen Seite angelastet haben würden.

Schaposchnikow ließ mich wissen, welche Verwirrung meine ersten Gesprächswünsche im sowjetischen Hauptquartier in Wünstorf zunächst hervorgerufen hatten. Um den Oberkommandierenden, Armeegeneral Boris Wassiljewitsch Snetkow, habe es zwei Gruppen mit konträren Ansichten gegeben, als aus zahlreichen Garnisonen immer ein und dasselbe Anliegen vorgetragen worden sei: Sie baten darum, Teilnehmer für die von einem Bonner Parlamentarischen Staatssekretär erbetenen Gesprächsrunden benennen zu können. Die einen wollten den Kontakt zur deutschen Seite begrenzen, die anderen waren sehr dafür – vielleicht nur aus Neugier darüber, auf welchen Deutschen, der in seiner Funktion kein Soldat war, man denn stoßen würde.

## Kühle Atmosphäre in Magdeburg und Freundlichkeit in Dresden

Manches aus den Perleberger Gesprächen wurde in den folgenden Monaten umgesetzt, anderes sollte hintertrieben werden. Da standen sich beide Seiten in nichts nach. Bei einem Treffen in Magdeburg Ende Oktober 1990 mit dem Befehlshaber der 3. Stoßarmee, Generalleutnant Midjuschin, kam ein Tonfall auf, mit dem ich zwar stets gerechnet hatte, der aber bislang ausgeblieben war. Auch ein Besuch wenige Tage später bei der sowjetischen Armee in Dresden bestärkte mich in meiner Vermutung, dass nicht alles unkompliziert verlaufen würde, was mit den sowjetischen Streitkräften zusammenhing. Midjuschin trat sehr beherrscht und dynamisch in unserem Gespräch auf. Ich traf mit ihm auf einen Vertreter der sowjetischen Streitkräfte, der großes Verhandlungsgeschick, um nicht zu sagen diplomatische Fähigkeiten besaß. Er wollte bestimmte Interessen durchsetzen, die er umgehend offenlegte. Dem Vernehmen nach war er einer der höchsten politischen Offiziere beim sowjetischen Einsatz in Afghanistan gewesen. Vielleicht war es ein guter Zufall, überhaupt mit ihm zusammentreffen zu können. Er sprach sehr klar und eindringlich die Sorgen an, die ihn aus verständlichen Gründen plagten. Seine Soldaten wurden mehr und mehr aggressiv beschimpft. Vor allem deutsche Jugendliche griffen die sowjetischen Soldaten an. Ressentiments wurden offen gezeigt. Nicht nur nach Ansicht des sowjetischen Generals konnte das nicht gut gehen. Er sei sich sehr bewusst, mit seinen Soldaten bis zum Abzug jetzt Gast in unserem Land zu sein. Ohne Zweifel müsse er alle Vereinbarungen peinlich genau einhalten. Ein korrektes Verhalten auf beiden Seiten schien dem sowjetischen General und mir die beste Voraussetzung dafür zu sein, eine neue und bessere Perspektive für die Zukunft zu eröffnen. Der politische Offizier der Stoßarmee, der dem Gespräch beiwohnte, aber sprach ein Thema an, bei dem ich davon ausgegangen war, dass es für derartige Überlegungen keinen Platz mehr gebe. Die sowjetischen Streitkräfte sollten bis Ende 1994 Deutschland verlassen haben, und es gab schon genügend Anzeichen dafür, dass Personal, Material und Familienangehörige bereits in die Heimat verlegt wurden. Doch der politische Offizier meinte nun, die Westgruppe der Truppen werde nur aus Deutschland abziehen, wenn der »Faschismus« hierzulande nie wieder sein Haupt erhebe. Darunter habe nicht nur sein Land im Zweiten Weltkrieg fürchterlich gelitten. Man wolle gewiss sein, dass sich so etwas nie mehr wiederhole, und deshalb fühle man sich an vereinbarte Abzugstermine nicht gebunden. Da lag jetzt etwas auf dem Tisch, das aber vom Befehlshaber so schnell zurückgenommen wurde, wie es gesagt worden war.

Wenige Tage später gewann ich auch in Dresden den Eindruck, dass die Lage ernst war. Hier war die Atmosphäre in der großen Gesprächsrunde mit Vertretern der 1. sowjetischen Garde-Panzerarmee und ihrem Befehlshaber Generalmajor Kolloschkin weniger diplomatisch als vielmehr betont aufgeschlossen und freundlich.

■ Dresden, 23. Juni 1991: Willy Wimmer vereidigt als erster Ausländer seit 1917 ein Bataillon der Roten Armee (links neben ihm in Zivil: Hauptmann Karl)

Dazu hatte der Kommandeur der hier stationierten 7. Panzerdivision der Bundeswehr, Generalmajor Andreas Wittenberg, mit seiner Truppe beigetragen. Deutschen Soldaten war bei Wachgängen in der eigenen Kaserne, die an eine von den sowjetischen Truppen genutzte Anlage grenzte, ein großer Vorrat an Molotow-Cocktails in die Hände gefallen. Nicht auszudenken, wenn diese gegen die Soldaten unter dem Kommando des sowjetischen oder deutschen Befehlshabers eingesetzt worden wären! Generalmajor Kolloschkin hatte seine Soldaten schon aus dem Dresdener Stadtbild zurückgezogen. Dort hatte man sie zuvor in übelster Weise beschimpft. In Kindergärten der sowjetischen Streitkräfte waren Steine geflogen. Hier bahnte sich eine schlimme Entwicklung an.

Man bemühte sich, die Dinge nicht ausufern zu lassen. Ein Sicherheitsausschuss, der von den sowjetischen und deutschen Streitkräften zusammen mit Vertretern der Stadt Dresden besetzt werden sollte, wurde eingerichtet. Es war aber offensichtlich, dass sie kaum Einfluss auf die Entwicklung nehmen konnten. Niemand auf unserer Seite hatte eine Vorstellung davon, welche Kräfte innerhalb der sowjetischen Streitkräfte die Oberhand gewinnen würden, wenn das Verhalten der deutschen Bürger den einen oder anderen einen Vorwand für aggressives Verhalten liefern sollte. Ein derartiges Spiel mit möglichen Ereignissen dieser Art war beileibe nicht auf die russische Seite beschränkt. Nach dem Putschversuch im August 1991 in Moskau – Gorbatschow saß währenddessen handlungsunfähig in Hausarrest[10] – erhoben sich auch bei uns Stimmen, die trotz der bestehenden Verträge einen vorzeitigen Abzug der sowjetischen Streitkräfte aus Deutschland forderten, obwohl sie sich außerordentlich vertragstreu verhalten hatten und sich selbst bei westlichen Provokationen, wie die beim als Nuklearwaffenlager angesehenen Militärkomplex in Altengrabow, deeskalierend gezeigt hatten. Für mich machte das alles deutlich, wie dünn das Eis war und wie schnell wir hätten einbrechen können, trotz des erkennbar guten Willens,

---

[10] Der Putsch im August: Vom 19. bis 21. August 1991 wurde Gorbatschow mit seiner Frau Raissa und der Leibwache in einer Datscha auf der Krim festgehalten.

der auf allen Seiten festgestellt werden konnte. Wir mussten das Eis zwischen uns tragfähiger machen.

## Letzte Monate der sowjetischen Streitkräfte in Deutschland

Wie stabil es letztlich werden sollte, sahen wir beim Besuch von Verteidigungsminister Schaposchnikow auf dem Luftwaffenstützpunkt Mahlwinkel bei Magdeburg. Hier konnten wir Alarmstarts sowjetischer Abfangjäger erleben, aber auch feststellen, was sich entwickelt hatte, als am Abend zu einem großen Bankett geladen wurde. Aus der NATO kannte man entsprechende Bilder, da kam es stets darauf an, wie die Ehefrauen miteinander umgingen. War die Stimmung aufgelockert oder fehlte das, was eine »gute Stimmung« genannt werden konnte? Jedenfalls verstanden sich die Damen der sowjetischen Offiziere mit dem Ehefrauen unserer Bundeswehrangehörigen prächtig, und uns fiel ein Stein vom Herzen.

Im täglichen Kontakt gingen beide Seiten zunehmend nüchtern und professional miteinander um. Für manchen war es problematisch, wie schleppend die Bundesvermögensverwaltung die Übergabe der ehemals von den sowjetischen Streitkräften genutzten Liegenschaften vornahm. Vandalismus wurde mehr und mehr der sowjetischen Seite angelastet. Schäden für die Umwelt kamen ebenso zur Sprache wie die zunehmende Zahl von Soldaten, die aus ihren Einheiten desertierten und dabei wertvolles Spezialgerät mitgehen ließen.

Allerdings kamen wir manchmal aus dem Staunen nicht heraus. Die sowjetische Armee war ohne jede Erfahrung mit Öffentlichkeitsarbeit bzw. parlamentarischer Demokratie. Es verwunderte deshalb schon, wie schnell und reibungslos sie sich auf Regeln für Manöver oder für den Umweltschutz einstellen konnte. Ein Musterbeispiel soll die gemeinsame Flugsicherheitszentrale im Hauptquartier in

Wünstorf gewesen sein. Wir machten uns dennoch große Sorgen, weil die Dinge kaum vorherzusehen waren. Deshalb waren wir stets auf der Hut. Die Befürchtung, im Bereich der sowjetischen Streitkräfte in Deutschland werde sich etwas tun, was hätte kritisch werden können, ließ uns nicht los, auch wenn es Ereignisse gab, die dagegen sprachen – wenn wir etwa mit fast 600 sowjetischen und deutschen Kindern gemeinsam Weihnachten feiern konnten dank der logistischen Meisterleistung meines Freundes Willi Schellen und Monika Lenks aus dem Berliner Büro, welche den Kultursaal der ehemaligen Grenztruppenanlage in Perleberg dafür herrichteten. Auch der Besuch sowjetischer Generale und hohe Offiziere aus dem Hauptquartier in Wünstorf in Bonn, Neuss, Düsseldorf und Mönchengladbach war ein Gegenbeispiel.

Beide Ereignisse machen deutlich, dass ein großes Interesse an symbolfähigen Ereignissen vorhanden war, wenngleich jeder Handlungsspielraum doch eng bemessen gewesen ist. Jedes Vorhaben musste mit Moskau abgestimmt werden, wenn es die sowjetischen Streitkräfte in Deutschland betraf. Das wäre bei der Bedeutung derartiger Angelegenheiten auch bei uns nicht anders gewesen, aber Moskau

*Erster Besuch: Die Führungsspitze der Westgruppe sowjetischer Truppen im November 1990 im Bundeskanzleramt*

war weit und in jener Zeit von anderen Entwicklungen bestimmt. Man unterstützte uns, beide Veranstaltungen überhaupt zu ermöglichen, denn die Haushaltsmittel waren knapp, und Widerstand gegen diese Pläne wollte ich erst recht nicht hervorrufen. Schon in den Wochen zuvor hatte das deutsche Unternehmen Tengelmann Lastwagen um Lastwagen in sowjetische Kasernen rollen lassen, vollbeladen mit Lebensmitteln, denn die Soldaten mit ihren Angehörigen litten Hunger. Auch dies hatte Willi Schellen aus dem benachbarten Liedberg, Personalchef der Fa. »Kaiser's« aus der Tengelmann-Gruppe, in die Wege geleitet. Zudem stellten der Verlagsleiter der *Neuss-Grevenbroicher Zeitung* Alfons Kranz und der Präsident des »Rheinischen Sparkassen- und Giroverbandes« Johannes Fröhlings aus Kaarst Finanzmittel zu Verfügung.

*Akt der Nächstenliebe: Von einem deutschen Lebensmittelkonzern gesponserte Weihnachtsfeier mit den Kindern sowjetischer Militärangehöriger*

Das Echo in der Berichterstattung und vor allem das, was die Rundfunk- und Fernsehanstalten darüber berichten konnten, zeigte Wirkung über Perleberg hinaus. Andere im ganzen Land schlossen sich zu ähnlichen Initiativen zusammen. Die Menschen aus der Sowjetunion und Deutschland gingen aufeinander zu. Die Dinge wurden herzlicher, und das war dringend nötig. Nach all dem Leid, das Millionen Menschen aus beiden Völkern in diesem zu Ende gehenden

Die »Ermöglicher« des deutsch-sowjetischen Weihnachtens:
Willi Schellen, Übersetzerin Irina Kumajewa, Willy Wimmer, Viktor
Schemetow (v. li.)

Jahrhundert widerfahren war, musste etwas anderes die Zukunft bestimmen.

Doch als 1991 die Gattin unseres Bundeskanzlers Hannelore Kohl an einer ebenfalls in Perleberg stattfindenden Weihnachtsfeier teilnehmen wollte, wurden vonseiten der deutschen Luftwaffe alle Register gezogen, den Besuch zu verhindern. Nur der Aufmerksamkeit eines sowjetischen Befehlshabers war es zu verdanken, dass statt der fehlenden deutschen Hubschrauber sowjetische für den Flug nach Perleberg zur Verfügung standen. Aber auch diese Weihnachtsfeier war nicht nur vom fröhlichen Lachen der reichlich beschenkten Kinder bestimmt. Auf deutscher Seite hatten zahlreiche Soldaten aus der ehemaligen NVA die riesige Halle mit Tannenbäumen weihnachtlich geschmückt. Sie führten etwas im Bundeswehr-Feldanzug aus, was ihnen nur ein Jahr zuvor nicht hätte einfallen können. Am Morgen aber hatten sie völlig überraschend die Entlassungspapiere durch die Bundeswehr erhalten. Wie gut hatten es doch diejenigen im wohlgeheizten Bonn, die sich der Wirklichkeit im Osten Deutschlands nicht aussetzen wollten.

## 50 hohe Offiziere der Roten Armee zu Besuch am Rhein

Verständnis für die Dinge, auf die es wirklich ankommt, hatte Helmut Kohl. Im Kanzleramt liefen nach der letzten Bundestagswahl die Koalitionsverhandlungen. Es war in der Tat ein einmaliger Anblick, hier eine Gruppe sowjetischer Generale und hoher Offiziere anzutreffen. Sie warteten auf der zweiten Etage, als der Bundeskanzler die Treppe hochstürmte, um die Offiziere und die Bonner Presse, die sich ebenfalls eingefunden hatte, fast überschwänglich zu begrüßen. Die sowjetischen Gäste seien »*Botschafter eines freundlichen Deutschlands zu Hause in der Sowjetunion. ... Bis vor einem oder zwei Jahren wäre es für sie undenkbar gewesen, mich hier zu besuchen.*« Genauso empfanden es alle. Und auch die Worte, welche Generalmajor Berek an den Bundeskanzler richtete, hatte hier noch nie jemand vernommen: Er richtete ihm die Glückwünsche aller in Deutschland stationierten sowjetischen Soldaten zu seinem Erfolg bei der Bundestagswahl aus.

Dabei war für die Teilnehmer schon die Fahrt von Wünstorf ins Rheinland so unbegreiflich gewesen, durch das Land des einstigen Gegners, die nun aber mit einem modernen Reisebus und nicht im Kampfpanzer T-72 stattfand. Diese Autobahn kannten sie gut aus ihren Planungen. Einige Jahre zuvor hatte es heftige Debatten im Bundestag über abgehörte sowjetische Funksprüche gegeben, die verdeutlichten, dass die Rote Armee im Zuge eines Übungsgeschehens die Düsseldorfer Rheinbrücken bei ihrem Vormarsch »eingenommen hatten«.

Nach Feldmarschall Blücher und den gemeinsamen Kämpfen gegen Napoleon »standen« wieder russische Soldaten am Rhein! Während des gesamten Besuches waren die sowjetischen Offiziere sehr offen und machten kein Hehl daraus, wie groß der Unterschied für sie war zwischen dem, was sie mit eigenen Augen sehen konnten, und dem, was sie über Jahrzehnte von uns hatten hören müssen. Das galt schon für eine Kaffeepause, die sie in der Fußgängerzone von Remscheid eingelegt hatten, weil sie schneller durchgekommen waren als geplant. Dort waren sie von den erstaunten Bürgern überaus freundlich begrüßt worden. Nun wünschten sie möglichst viel zu sehen: den Weihnachtsmarkt in Bonn, die Hannen-Brauerei und das Allkauf-Kaufhaus in Mönchengladbach, das Druckereigebäude der *Neuss-Grevenbroicher Zeitung* und den Rheinischen Sparkassenverband in Düsseldorf: Sie wollten die Zeit nutzen. Auf der »Kö« in Düsseldorf hatten die Passanten so etwas auch noch nicht gesehen, als die große Gruppe in ihren langen Mänteln dort entlang schlenderte. Die Menschen blieben stehen, Jubel brach aus, und mich erstaunte, wie viele sich mit den Offizieren in russischer Sprache unterhalten konnten.

Die Offiziere sagten mir aber auch, wie aufmerksam mein Verhalten auf dem deutschen Soldatenfriedhof im brandenburgischen Halbe wahrgenommen worden war, wo zum ersten Mal am Volkstrauertag auf dem Gebiet der ehemaligen DDR der deutschen Soldaten gedacht worden war. Für mich war es selbstverständlich, das Gedenken auch in den neuen Ländern zu sehen. Deshalb wählten wir Halbe mit seinem blutgetränkten Schlachtfeld aus den letzten Tagen des Zweiten Weltkrieges für die Trauerfeier aus. Im Vorfeld hatten wir allerdings davon erfahren, dass sich aus Berlin rechtsradikale Gruppen diesem Gedenken anschließen wollten. Sie wollte ich unter keinen Umständen in Halbe sehen. Ebenso selbstverständlich war es für mich, an einem in der Nähe befindlichen Ehrenmal für gefallene sowjetische Soldaten aus dieser Schlacht gleichfalls einen Kranz des Bundesministers der Verteidigung niederzulegen. Für mich galt das, was ich ein Jahr später beim feierlichen Abschied der 3. Stoßarmee aus Magdeburg vor dem Landtag Sachsen-Anhalts in meiner Rede ausführte: »*Mit dem Abzug der sowjetischen Truppen aus Deutschland ist für viele von uns erst der 30. Januar 1933 mit der Machtübernahme durch die Nationalsozialisten in Deutschland überwunden. Diese Mahnung kann nicht tief genug in uns sitzen.«*

## Begegnung mit dem Papst

Mein polnischer Kollege Staatssekretär Komorowski und ich standen gemeinsam neben dem Altar für Papst Johannes Paul II. in seiner polnischen Heimat. Der Altar befand sich unter dem Blumenbild der Gottesmutter, der Ikone des christlichen Polen, in Tschenstochau, wo die mächtige Wallfahrtkirche die »Schwarze Madonna« beherbergt. Über viele Stunden warteten wir in der unübersehbaren Menge von gut einhalb Millionen Menschen aus allen Teilen der Welt auf die Ankunft des Heiligen Vaters. Es waren vorwiegend junge Menschen in freudiger und gelöster Stimmung. Es war ein Tag des Jubels und der Inbrunst im Gebet, den wir hier erleben durften.

Ein sonniger Tag im August 1991. Mächtige Bäume säumten die Straßen und boten Schutz für die Pilger. Das polnische Kernland um die berühmte Stadt vermittelte Ruhe und Gelassenheit, sodass wir bereits bei der Fahrt auf das eingestimmt wurden, was uns erwarten sollte. Fruchtbare, leicht hügelige Felder und weite Wälder lagen unter einem Himmel mit da und dort langsam dahinziehenden weißen Wolken. Unmittelbar vor dem Wallfahrtsort ahnten wir, auf welch gewaltige Ansammlung von Pilgern wir stoßen würden. Die Organisation vor Ort flößte uns Respekt ein. Alles lief nach einem vertrauten Schema ab, und nichts nahm den jungen Menschen rundum die Freude, hier, in der Heimat der »Schwarzen Madonna«, sein zu können. Unsere polnischen Gastgeber betonten nachdrücklich, welche Bedeutung Tschenstochau für die Seele und das Selbstverständnis Polens hat.

Zuerst hatten wir eine nahegelegene Kasernenanlage besucht, die ihre Herkunft nicht verleugnen konnte. Sie stammte noch aus der Zeit, als hier die österreichische Doppelmonarchie herrschte. Die

Gebäude waren malerisch in einen weitläufigen Park gebettet, ein guter Platz, an dem sich jetzt Tausende Soldaten aus vielen europäischen Ländern auf den Pilgerzug vorbereiteten. Nach Gesprächen in Breslau und mit Bischof Nossol in Oppeln wollten wir die letzten Kilometer gemeinsam mit den Soldaten gehen, mein polnischer Kollege an der Spitze einer Abordnung der polnischen Armee und ich gemeinsam mit einer Kompanie von Offiziersschülern der Bundesluftwaffe aus Fürstenfeldbruck.

Überall in der Stadt ertönten Gesänge der Pilger. Eine polnische Militärkapelle spielte getragene Märsche auf, als man uns gegenüber den Wunsch äußerte, wir mögen unmittelbar hinter den Musikern in ihren historischen Uniformen die Spitze des Pilgerzuges bilden. Deutsche Soldaten in Uniform an der Spitze ihrer wallfahrenden Kameraden aus aller Herren Länder, und das auf polnische Bitte hin dort, wo Polens Seele zu Hause ist! Das muss für eine Gruppe französischer Nonnen und nicht nur diese das erste Wunder an diesem Tage gewesen sein. Der polnische Militärbischof, der unter seiner Soutane die Uniform eines Brigadegenerals trug, war immer an meiner Seite. Er ließ keine Gelegenheit aus, mich anderen Pilgergruppen vorzustellen und dabei meine Funktion im deutschen Verteidigungsministerium zu betonen. Und unsere jungen Offiziersanwärter wurden von den Pilgern aus Polen, der Ukraine, Weißrussland und Russland förmlich umjubelt.

Nichts unterschied sich von dem Feldgottesdienst am Vortag im schlesischen Oppeln, wo die deutschen Soldaten vor Tausenden Kameraden aus vielen europäischen Ländern und den Vereinigten Staaten am Altar den Priestern assistieren durften. Der Gottesdienst wurde im polnischen Fernsehen ausgestrahlt und damit auch meine Rede, um die ich zuvor gebeten worden war. Was lag für mich näher, als das »Wunder aus Polen« für die deutsche Nation anzusprechen. Ohne den aus Polen stammenden Heiligen Vater, Papst Johannes Paul II., und die polnische Gewerkschaftsbewegung »Solidarnosc« wäre weder der Kalte Krieg so schnell beendet worden noch die Einheit des deutschen Vaterlandes möglich geworden.

Jetzt, vor der Wallfahrtskirche, hatte man eine breite Gasse bis zum Platzrand freigelassen. Dort schulterten polnische und deutsche Soldaten gemeinsam ein schweres Holzkreuz und brachten es unter dem anschwellenden Jubel und Beifall der Gläubigen zu einer Stelle unterhalb des Altars, wo sie es wieder aufrichteten.

Seit unserem Treffen am 5. Oktober 1990 hatten mein polnischer Kollege Komorowski und ich etwas bewegen können. Wie zuvor in der Danziger Brigittenkirche standen auch hier deutsche Offiziere in Uniform am Altar bei den feierlichen Hochämtern, in Tschenstochau neben dem Heiligen Vater und in Danzig neben Pfarrer Jankowski. Unser Militärattaché aus Warschau und unser Dolmetscher sollten von allen gesehen werden.

## Deutsch-polnische Besuche in Danzig und Amberg

Bei der Landung in Danzig stellte ich fest, wie normal Maschinen der Bundesluftwaffe mit dem Balkenkreuz an der Seite auf dem polnischen Flugplatz waren. Minister Norbert Blüm hatte oft genug seinen Freund Lech Walesa in Danzig besucht. Pfarrer Jankowski und der deutsche Militärattaché in Warschau holten uns mit anderen Persönlichkeiten ab. Der Weg führte uns allerdings nicht zur vorgesehenen Unterkunft. Unser Militärattaché hatte zuvor noch zwei Kränze beschaffen können, die wir noch auf dem Flughafen mit den deutschen Farben versehen konnten. So führte uns die Fahrt zunächst in ein Neubaugebiet Danzigs. Bei dem Bau einer Kirche waren dort die sterblichen Überreste eines deutschen Soldaten aus dem Zweiten Weltkrieg gefunden worden. Pfarrer Jankowski hatte sie bergen und an einer der Kirchenmauern beisetzen lassen. Eine Grabplatte in polnischer und deutscher Sprache kündete davon, an dieser Stelle am Grab eines deutschen Soldaten zu stehen. An dieser Stelle legten wir ebenso einen Kranz nieder wie an dem Denkmal für die Opfer der polnischen Gewerkschaftsbewegung, der Deutschland so viel zu verdanken hatte.

Es war Ende Juli 1990 nach unserem so folgenreichen Treffen mit Bertram Wieczorek auf Rügen, dass mir der letzte Befehlshaber der Volksmarine, Admiral Born, ans Herz gelegt hatte, wir sollten unter allen Umständen eine gute Nachbarschaft zu den polnischen Streitkräften pflegen. Er führte dafür seine persönlichen Erfahrungen aus seiner Zeit als Kapitän zur See, stationiert in Peenemünde, an. Es habe stets eine enge Verbindung zur polnischen Marine gegeben. Diese fühle sich seiner Ansicht nach stark der britischen Tradition verpflichtet. Nach seiner gut begründeten Ansicht sollte es uns unter den jetzt gegebenen Umständen leichtfallen, den Kontakt weiter bestehen zu lassen. Das entsprach meiner Ansicht, und so hatte ich alle Kommandeure grenznaher Einheiten der Bundeswehr gebeten, als neue Nachbarn umgehend die Beziehungen zu den Einheiten auf der östlichen Seite der Oder aufzunehmen. Bonn ließ es sich nicht nehmen, dagegen die berühmten »militärpolitischen Überlegungen« ins Feld zu führen. Niemand, so wurde das in Bonn gesehen, könne die Reaktion der eigenen Verbündeten vorhersehen. Im Übrigen sei dieser Kontakt den eigenen militärischen Spitzenvertretern vorbehalten. Danach könne man weitersehen.

An einem zauberhaften Maitag trafen zweiundachtzig polnische Soldaten mit ihren Geistlichen zum Gegenbesuch im oberpfälzischen Amberg ein. Die dort beheimatete Brigade hatte die Kaserne neben der Bundesdienstflagge über und über mit polnischen Flaggen versehen. Welch ein Anblick! Die Herzlichkeit, mit der die deutschen Soldaten ihre polnischen Kameraden begrüßten, war mit den Händen zu greifen. Der Befehlshaber der in Regensburg beheimateten Division, Generalmajor Reichert, konnte zu Recht darauf stolz und erfreut sein, in welcher Weise seine Soldaten die polnischen Gäste empfingen. Deren Wunsch, nach einem deftigen bayerischen Abendessen die Marienwallfahrtskirche oberhalb von Amberg zu besuchen, wurde gerne entsprochen. Der Leiter der Delegation, die so bewusst den Schulterschluss mit Soldaten der deutschen Bundeswehr gesucht hatte, erzählte wenig später Papst Johannes Paul II. von der gemeinsam durchgeführten Wallfahrt ins französische Lourdes.

In Küstrin, der alten deutschen Festungsstadt an der Oder, war der Heilige Vater mit 40 000 polnischen Soldaten zu einer feierlichen Messe zusammengetroffen. Der Bericht führte zu der spontanen Einladung an mich, mit einer Delegation der Bundeswehr am »Welttreffen der Jugend« mit ihm, dem Papst, zusammenzutreffen.

In Tschenstochau hatten mein polnischer Kollege und ich auch den französischen Militärbischof Dubost an unserer Seite. Das galt schon für den großen Feldgottesdienst, an dem Soldaten aus den ehemals sozialistischen Ländern im Osten ebenso teilnahmen wie aus dem Westen Europas. Für uns war es zuvor selbstverständlich gewesen, den Bischof aus Frankreich an unseren Gesprächen zu beteiligen, in denen es um die gemeinsame europäische Zukunft ging. Und Militärbischof Dubost fand folgende Worte, mit denen er ebenso treffend wie ungewöhnlich die Zukunft für uns alle in Europa beschrieb, welche Martin Lohmann im *Rheinischen Merkur* nach der Wallfahrt so zusammenfasste: »*Souveränitätsrechte der einzelnen Staaten sind an einen gemeinsamen Gerichtshof abzutreten. Dessen Schiedssprüche sind im Konfliktfall zu akzeptieren. Nur so könne und müsse das Europa der Zukunft aussehen. Dafür sollten sich vor allem die Christen in Europa einsetzen.*«

# Persönlichkeiten, die eine wichtige Rolle bei der deutschen Wiedereinigung spielten

**Sergej Fjodorowitsch Achromejew**
Geboren 1923 in Windrej (Mordwinien), gestorben 1991 in Moskau. Er trat 1940 in die Rote Armee ein, kämpfte im Zweiten Weltkrieg u. a. um Leningrad und Stalingrad, kommandierte verschiedene Einheiten in Marine und Artillerie. 1967 Besuch der Generalstabsakademie, danach Aufstieg zum Chef des Stabs (1984–1988). 1982 Auszeichnung »Held der Sowjetunion«, 1983 Ernennung zum Marschall, im gleichen Jahr Vollmitglied des ZK der KPdSU. Wurde 1988 bei einer USA-Reise auf Einladung von Admiral Crowe zum Ehrenbürger der Stadt San Antonio (Texas) und zum Ehrenhäuptling der Cherokee-Indianer ernannt. Nach seiner Pensionierung von Generalsekretär Michail Gorbatschow als sicherheitspolitischer Berater zurückgeholt, um ab Januar 1990 die Rückholung der sowjetischen Soldaten einzuleiten. Unterstützte die atomare Abrüstungspolitik und war von Gorbatschow als sein Nachfolger vorgesehen. Rätselhafter Tod im August 1991.

**Admiral William James Crowe**
Geboren 1925 in La Grange, Kentucky, gestorben 2007 in Bethesda, Maryland. Er machte zunächst Karriere in der US Navy, wo er zum Befehlshaber des U. S. Pacific Command aufstieg (1983). Unter Ronald Reagan und George Bush bis zu seinem Ruhestand im September 1989 Generalstabschef im Pentagon, zudem ab 1986 erster Militärberater von Präsident, Verteidigungsminister und National Security Council. Sein Nachfolger im Amt war Colin Powell. Crowes verantwortungsbewusster, respektvoller Umgang mit Marschall Achro-

mejew, der sich ebenso offen zeigte, schuf eine Atmosphäre der Entspannung und war wichtige Voraussetzung für den reibungsfreien Übergang in ein wiedervereinigtes Deutschland.

## Valentin Michailowitsch Falin

Geboren 1926 in Leningrad. Er studierte an der Moskauer Hochschule für internationale Beziehungen Deutsch, Deutschlandkunde und Völkerrecht. 1950/51 im Stab der Sowjetischen Kontrollkommission in der DDR, ab 1958 im Informationskomitee des sowjetischen Außenministeriums tätig. Ab 1953 Mitglied der KPdSU. 1961 Mitglied des Beraterstabes Nikita Chruschtschows als Deutschlandexperte, 1965 Chef der Beratergruppe von Außenminister Andrei Gromyko. Ab 1971 acht Jahre lang sowjetischer Botschafter in Bonn, später politischer Redakteur des Regierungsblatts *Iswestija* und ab 1986 Leiter der Nachrichtenagentur *Nowosti*. 1988 Leiter der internationalen Abteilung des ZK der KPdSU, ein Jahr später Vollmitglied. Setzte sich für Aufklärung des Massakers von Katyn ein. 1990 Berater Gorbatschows bei den Verhandlungen über die deutsche Einheit, die durch ihn forciert wurde. Falin zog 1992 auf Einladung Egon Bahrs nach Hamburg und arbeitete am Institut für Friedensforschung und Sicherheitspolitik. Seit 2000 lebt er wieder in Moskau.

## Lothar de Maizière

Geboren 1940 in Nordhausen, Vetter des heutigen Bundesinnenministers Thomas de Maizière. Studierte zunächst Musik, musste seine Laufbahn als Bratschist aber aus Gesundheitsgründen abbrechen. 1969 bis 1975 Jura-Fernstudium, danach als Rechtsanwalt tätig. Seit 1956 Mitglied der Ost-CDU, seit November 1989 deren Vorsitzender. Ab März 1990 Mitglied der Volkskammer, am 12. April Wahl zum Ministerpräsidenten der DDR, ab August auch Außenminister. Ab Oktober 1990 bis zu seinem Rücktritt am 6. September 1991 erster stellvertretender Vorsitzender der gesamtdeutschen CDU und Bundesminister für besondere Aufgaben, zudem Landesvorsitzender der CDU Brandenburg. Nach seinem Ausscheiden wieder tätig als Rechtsanwalt. Von 2005 bis 2015 war de Maizière Vorsitzender des deutschen Lenkungsausschusses des Petersburger Dialogs und äußerte sich kritisch gegenüber den westlichen Wirtschaftssanktionen.

## Bertram Wieczorek

Geboren 1951 in Berlin. Nach dem Facharbeiterbrief (Koch) drei Jahre Wehrdienst in der NVA als Sanitäter. 1972 bis 1978 Studium der Medizin, anschließend Ausbildung zum Facharzt. Nach Tätigkeiten in diversen Praxen Leiter des Kreisrehabilitationszentrums in Auerbach. 1973 Eintritt in die CDU, 1989 Austritt und Mitbegründer der Bürgerinitiative »Neues Forum«. Nach der politischen Wende im Januar 1990 erneuter Eintritt in Ost-CDU und stellvertretender Kreisvorsitzender. Als Anführer der Einheitsbewegung im Vogtland verfolgte er mit Weitblick das Ziel deutsche Wiedervereinigung. Bei den Wahlen am 18. März 1990 unerwartet Mitglied der Volkskammer. Bis Oktober 1990 Parlamentarischer Staatssekretär beim Minister für Abrüstung und Verteidigung der DDR. Nach der Wiedervereinigung von Oktober bis Dezember 1990 stellvertretender Vorsitzender der CDU/CSU-Bundestagsfraktion. Ab Anfang 1991 bis zur Niederlegung seines Mandats am 31. Januar 1994 Parlamentarischer Staatssekretär beim Bundesminister für Umwelt, Naturschutz und Reaktorsicherheit im Kabinett Kohl. Danach Vorstandsvorsitzender der Berliner Wasserbetriebe bis zu deren Privatisierung. Heute praktiziert er wieder als Arzt im Vogtland.

## Alfred Dregger

Geboren 1920 in Münster, gestorben 2002 in Fulda. Promovierter Jurist, diverse Tätigkeiten in der Industrie und in Verbänden, zwischen 1956 und 1970 Oberbürgermeister von Fulda. 1967 Wahl in den Hessischen Landtag, ab 1972 Abgeordneter des Deutschen Bundestags. Unter Bundeskanzler Kohl Vorsitzender der CDU/CSU-Bundestagsfraktion (1982–1991). Setzte sich mit seiner Sicherheitspolitik für eine Erhaltung des Friedens mit immer weniger Waffen ein, machte sich für Abrüstung stark in West und Ost. Gab Willy Wimmer in der Vorbereitungsphase der Wiedervereinigung Rückendeckung.

### Walter Breil

Geboren 1952 in Trier. Von 1985 bis 1992 Büroleiter Willy Wimmers, zunächst in dessen Funktion als Vorsitzender der Arbeitsgruppe für Verteidigungspolitik der CDU/CSU-Bundestagsfraktion und ab Dezember 1988 im Bundesverteidigungsministerium. Bis zu seinem Ausscheiden aus dem Dienst Leiter des Referats für Umwelt- und Arbeitsschutz der Bundeswehr im Bundesverteidigungsministerium. Gestaltete maßgeblich die Denkschrift zum NATO-Beitritt des wiedereinigten Deutschlands mit und bereitete das historische Gespräch zwischen Willy Wimmer und Lothar de Maizière im Neusser Pressehaus vor, das zur Zusammenarbeit zwischen Ost- und West-CDU führte.

### Alfons Kranz

Geboren 1933 in Olpe. War von 1969 bis 1997 Verlagsleiter der *Neuss-Grevenbroicher Zeitung*, die er zu einem modernen Medienunternehmen ausbaute. Setzte sich für die Förderung von Nachwuchsjournalisten ein und war Initiator verschiedener Stiftungen, etwa der Bürgerstiftung Korschenbroich. Überdies war er politisch aktiv, zog 1975 erstmals als CDU-Mitglied in den Kreistag Rheinkreis Neuss ein. 1986 erhielt er das Verdienstkreuz am Bande des Verdienstordens der Bundesrepublik Deutschland. Alfons Kranz begleitete Willy Wimmer auf vielen seiner Reisen, so auch in die Sowjetunion, und unterstützte in der Berichterstattung sehr früh die Möglichkeit einer deutschen Wiedervereinigung.

## Viktor Schemetow

Geboren 1950 in der Region Kursk, war sowjetischer Oberst und damaliger Kommandeur einer Division in Perleberg, Brandenburg, unmittelbar an der innerdeutschen Grenze. Als späterer General wurde er Stabschef in den Militärbezirken Fernost und Moskau. Im Vorfeld der Wiedervereinigung und danach Initialfunktion für die guten Beziehungen des Bundesverteidigungsministeriums zur gesamten Führungsspitze der Westgruppe der sowjetischen Truppen auf deutschem Boden.

## Charles Weishar

Geboren 1928 in Milwaukee, Wisconsin. Studierte an der George Washington University und der Marquette University Politikwissenschaften. Von 1952 bis 1984 Offizier der US Navy, seit 1972 im Range eines Captain. Sicherheitspolitischer Gesprächspartner von Franz Josef Strauß. Schlüsselfigur für die Entspannungspolitik gegenüber der Volksrepublik China und bei der Vorbereitung der Ostpolitik durch Bundeskanzler Willy Brandt. Bedeutende Rolle bei der Umsetzung des Berliner Vier-Mächte-Abkommens vom 3. September 1971 und der vollständigen Einbeziehung der Bundesrepublik Deutschland von US-amerikanischer Seite.

# Der Autor

Willy Wimmer, geboren 1943 in Mönchengladbach, verheiratet, ein Sohn. Im Anschluss an sein Studium an den Universitäten Köln und Bonn wurde er Rechtsanwalt in Mönchengladbach. 1959 trat er in die CDU ein und übernahm innerhalb der Jungen Union zunächst einem Posten im Landesvorstand Rheinland, anschließend den Bezirksvorsitz Niederrhein. 1969 bis 1980 gehörte er dem Stadtrat Mönchengladbach an. Von 1986 bis 2000 war er Vorsitzender des CDU-Bezirksverbandes Niederrhein mit damals 35 000 Mitgliedern.

In den Jahren 1976 bis 2009 saß Willy Wimmer als Abgeordneter im Deutschen Bundestag. Von 1985 bis 1988 leitete er drei Jahre lang die Arbeitsgruppe »Verteidigungspolitik« der CDU/CSU-Bundestagsfraktion. Anschließend wirkte er bis 1992 als Parlamentarischer Staatssekretär des Bundesministers der Verteidigung. Als »Bundesverteidigungsminister (üb)« nahm er 1989 am NATO-Großmanöver Wintex/Cimex teil. Als in dessen Rahmen ein nuklearer Angriff auf Dresden und Potsdam geübt werden sollte, empfahl er den Ausstieg der Bundesrepublik Deutschland aus der Übung. Dem entsprach Bundeskanzler Helmut Kohl umgehend, was für große Aufregung sorgte. Später erwies sich seine von nationalem Denken geprägte Tat als visionär: Kurze Zeit später fiel der Eiserne Vorhang.

Ab dem 9. November 1989 und über die deutsche Wiedervereinigung hinaus war Willy Wimmer Ansprechpartner mit besonderen Befugnissen für die Streitkräfte im Osten und bereitete gemeinsam mit seinem Kollegen aus dem ostdeutschen Verteidigungsministerium Bertram Wieczorek die Integration von Soldaten der Nationalen Volksarmee vor. Für die Übernahme in die Bundeswehr hatte er sich bereits im Dezember 1989 eingesetzt, Ende Juli 1990 stellte er zusammen mit Wieczorek ein genaues Konzept vor, das dann auch umgesetzt wurde. Daneben begleitete er in Abstimmung mit Bundesverteidigungsminister Gerhard Stoltenberg die Rückholung der in Deutschland stationierten sowjetischen Truppen. Sehr viele Reisen in die noch bestehende DDR brachten ihn mit verantwortlichen Persönlichkeiten zusammen. Daneben besuchte er sowohl zahlreiche NVA-Standorte als auch Einheiten der sowjetischen Truppen. Internationale Verflechtungen des Prozesses führten ihn zudem in die Vereinigten Staaten und in die Sowjetunion.

Im Juli 1994 wurde Willy Wimmer zum Vizepräsidenten der Parlamentarischen Versammlung der KSZE/OSZE berufen. Dieses Amt hatte er bis Juni 2000 inne. Als ausgewiesener Experte für globale Sicherheitspolitik führte er über Jahrzehnte auf allen Kontinenten Gespräche auf höchster staatlicher Ebene. 1998 vermittelte er erfolgreich einen Gefangenenaustausch zwischen Iran und Israel. Ein Jahr darauf gehörte er zu den wenigen deutschen Politikern, die sich gegen den Kosovo-Krieg aussprachen. Wimmer nannte ihn einem »ordinären Angriffskrieg« und warf insbesondere Außenminister Joschka Fischer und Verteidigungsminister Rudolf Scharping schwerwiegende Manipulation vor. 2003 wies er in einem Offenen Brief an die CDU/CSU-Bundestagsfraktion gemeinsam mit Peter Gauweiler auf den Verstoß gegen das Völkerrecht hin und zog Parallelen zwischen dem Jugoslawien- und dem Irak-Krieg. Nach dem Beschluss des Bundestages vom 9. März 2007, Tornadoflugzeuge in Afghanistan einzusetzen, reichten beide Abgeordneten Klage beim Bundesverfassungsgericht ein. Seit Beginn der Ukrainekrise tritt Willy Wimmer erneut mit warnenden und kritischen Beiträgen an die Öffentlichkeit. 2014 erschien von ihm »Wiederkehr der Hasardeure«, gemeinsam mit Koautor Wolfgang Effenberger.

# Anhang

# Denkschrift vom 20. Dezember 1989 an Bundeskanzler Dr. Helmut Kohl über die NATO-Mitgliedschaft des wiedervereinigten Deutschland

Willy Wimmer, MdB
Vorsitzender des CDU-Bezirksverbandes Niederrhein

An den
Vorsitzenden der CDU Deutschlands
Herrn Bundeskanzler Dr. Helmut Kohl
Bundeskanzleramt
Adenauerallee 141
5300 Bonn 1

20. Dezember 1989

(Sehr geehrter Herr Bundeskanzler!)

Die bewegenden Ereignisse der vergangenen Wochen haben mich dazu bewogen, einige Gedanken zu Papier zu bringen, die meines Erachtens zur Beleuchtung gegenwärtiger und zukünftiger europäischer Politik beitragen können.

Ich denke, daß diese Gedanken Sie interessieren könnten, und füge sie deshalb diesem Schreiben bei.

Es ist nicht meine Absicht, das anliegende Papier weiteren Personen auszuhändigen.

(Mit freundlichen Grüßen,
Ihr Willy Wimmer)

Das Wissen um die Notwendigkeit von Stabilität in Europa und die Einsicht, daß deshalb die Frage der deutschen Einheit in Ost und West mit Zurückhaltung und Bedenken betrachtet wird, konfrontieren die Bundesregierung heute mehr denn je mit dem politischen Postulat, daß die Einheit Deutschlands mit derjenigen Europas Hand in Hand zustandekommen soll. Als eine Möglichkeit steht dem im Grundsatz nichts entgegen, sofern die ablaufenden Prozesse in diesem Sinne steuerbar sind.

Wir konnten allerdings in den letzten Wochen deutlich sehen, daß die Politik an der normativen Kraft des Faktischen nicht vorbeikommt. Warum sollte das in nächster Zukunft anders sein, von der wir weniger denn je wissen, wohin und mit welcher Dynamik sie verläuft?

Falls also die Geschichte die Lösung der deutschen Frage im Sinne der Selbstbestimmung der Völker, wie sie im Prozeß der Sicherheit und Zusammenarbeit in Europa festgeschrieben ist, *schneller* einfordert, als behutsame gesamteuropäische Planungsprozesse dies scheinbar vermögen, muß die Politik hierfür eine Antwort, ein *vorausschauendes Konzept* parat haben.

So ist also die Frage zu prüfen, ob die Selbstbestimmung der Deutschen im Sinne einer staatlichen Einheit auch möglich sein kann, obwohl der Weg zu einem wie auch immer zu beschreibenden vereinten Europa noch nicht zu Ende gegangen ist. Gewissermaßen als *Etappenziel,* als *Zwischenlösung,* die einem angestrebten Europa mit neuem Gesicht förderlich ist.

Eine solche Erörterung ist deshalb unverzichtbar, weil wir wissen, daß Konzepte, die das Selbstbestimmungsrecht der Völker wegen anderer politischer Überlegungen zurückstellen wollen, Zündstoff in sich bergen und auf Dauer keinen Bestand haben.

Um diesen Zündstoff geht es.

Soll er bald entschärft werden oder über Jahre zu einem vereinten Europa – eine heute immer noch sehr unbestimmte Formel – als unkalkulierbarer Faktor »mitgeschleppt« werden, als Ballast mit hoher politischer Brisanz?

Liefe die Trennungslinie durch Europa entlang normaler Grenzen, könnte dem Zusammenwachsen dieses Kontinents mit einer gewissen Gelassenheit entgegengeblickt werden. Die gleichzeitige

Teilung Deutschlands läßt aber Gelassenheit beim Betrachten der tiefgreifenden Veränderungen in Europa kaum zu.

Was dient also den Interessen Europas eher: Ballast mitzuschleppen oder ihn abzuwerfen?

Zunächst sollten wir feststellen, daß zwischen Ost und West ein neuer Geist herrscht, der auf den Abbau der *politischen* und *militärischen* Konfrontation gerichtet ist.

Hält dieser Prozeß an, wird die Entwicklung zu einer neuen Friedensordnung in Europa die militärische Bedeutung der Bündnisse *erheblich vermindern*.

Schlußfolgerungen hieraus sollten jedoch erst nach einer grundsätzlichen Betrachtung der bestehenden Bündnisse gezogen werden.

Denn es darf nicht verkannt werden, daß NATO und Warschauer Pakt so ohne weiteres nicht vergleichbar sind, es niemals waren. Dieser Gedanke ist deshalb wichtig, weil häufig die Forderung erhoben wird, beide Bündnisse gleichzeitig aufzulösen.

Beim Warschauer Pakt handelt es sich um eine *Hegemonialstruktur* der Sowjetunion, die den Zielsetzungen offensiver stalinistischer Machtpolitik zu dienen hatte. Diese überwiegend politisch zu deutende, allerdings in bedrohlicher Weise militärisch unterfütterte Hegemonialstruktur ist nun in der Auflösung begriffen, weil sie der Sowjetunion politisch, militärisch und wirtschaftlich zur gewaltigen Last geworden ist, die nun abgeschüttelt wird, zumindest in ihrer althergebrachten Bedeutung.

In jedem Fall verliert der Warschauer Pakt seine Bedeutung als militärisch sinnvolles Vorfeld der Sowjetunion.

Dort entwickeln sich nun beinahe folgerichtig – mit Zustimmung der Sowjetunion – demokratische Strukturen, die allerdings nicht zur Destabilisierung der machtpolitischen Balance in Europa führen sollen. Dies könnte sich beispielsweise durch das machtpolitische Ausnutzen dieses Prozesses durch die andere Führungsmacht ergeben, aber auch durch europäische Staaten.

Betrachtet man die Anfänge der NATO, so kommt in Erinnerung, daß die Aufgabe dieses Bündnisses zum einen darin besteht, eine *politische Stabilität* nach innen sicherzustellen, die europäischen NATO-Staaten, insbesondere nach Beitritt der Bundesrepublik, untereinander auszutarieren. Das macht die Mitgliedschaft der USA in diesem Bündnis von Anfang an unentbehrlich.

Dafür waren und sind auch weiterhin amerikanische Truppen in Europa notwendig. Die vordringlichste Aufgabe der NATO bestand und besteht aber zweifellos darin, gegenüber der Sowjetunion, der anderen militärischen Großmacht, die *militärische Stabilität* in Europa zu wahren.

Die NATO stellt keine Hegemonialstruktur dar. Sie ist von Anfang an ein *auf Stabilität ausgerichtetes Instrument* gewesen, die Mitgliedschaft ist freiwillig, das Ziel keine politische Gleichschaltung.

Mit der Auflösung der NATO als Bedingung einer Auflösung des Warschauer Paktes würde mit dem Abzug der amerikanischen Truppen aus Europa der Ansprechpartner der Sowjetunion, die USA, für europäische Stabilitätsbemühungen realistischerweise nicht mehr zur Verfügung stehen.

Dies kann bei der derzeitigen Lage im sowjetischen Einflußbereich nicht im Interesse der Sowjetunion sein.

Für sie werden die USA in Zeiten des Umbruchs, der Verunsicherung und der vielen Fragezeichen als ein wesentliches Stabilisierungsmoment benötigt – als einflußreiche, die NATO politisch verklammernde Führungsmacht, die *anstehende Klärungsprozesse* in stabilisierendem Sinne hinlänglich zu *steuern* vermag. Und dabei mag es beinahe von untergeordneter Bedeutung sein, ob diese Klärungsprozesse innerhalb oder außerhalb des westlichen Bündnisses anstehen.

Folgerung: Gerade *wegen* der Auflösungstendenzen im Warschauer Pakt muß die Sowjetunion an dem Fortbestehen der NATO interessiert sein, deren Führungsmacht eine *Garantie* zu geben *bereit und in der Lage ist,* daß der Westen aus den Neuerungen in Europa keine einseitigen Vorteile zieht, sondern sich der Stabilität und dem Ausgleich verpflichtet fühlt.

Es scheint sicher, daß darüber *Einvernehmen* zwischen den USA und der Sowjetunion besteht und daß ohne Zweifel das gesamte westliche Bündnis diese Politik unterstützt.

Zurück zur deutschen Frage. Der Einheit Deutschlands steht dann nichts im Wege, wenn die *militärische Stabilität* in Europa dadurch nicht gefährdet wird und der *politische Nutzen* – Entschärfung der deutschen Frage – für alle zweifelsfrei ist.

In einer Zeit, wo sich die Sowjetunion ohnehin mit einiger Sicherheit bereits die Frage stellt, ob es nicht insgesamt nützlicher wäre, ihre in Osteuropa stationierten Truppen hinter ihre eigenen Grenzen zurückzuholen, *darf die militärpolitische Bedeutung der DDR nicht so hoch eingeschätzt werden, daß dadurch die weitaus wichtigeren politischen Prozesse in Europa behindert werden könnten.* Letzteres dürfte vor allem nicht im Interesse der Sowjetunion liegen.

Warum also keine politische Einheit Deutschlands unter Beibehaltung des *heutigen* NATO-Vertragsgebietes – *als Stationierungsraum* der verbündeten Truppen?

*Warum sollte die heute noch bestehende Übereinstimmung von Truppenstationierungen des Bündnisses und nationaler Grenze nicht auflösbar sein?*

Warum nicht auf absehbare Zeit den Teil Deutschlands, der die heutige DDR ausmacht, als Gebiet zwar frei von NATO-Truppen, aber mit Zutrittsrecht *begrenzter nationaler* militärischer Kontingente garantieren, jenseits der ohnehin zu erwartenden Reduzierung von Rüstungen im VKSE-Prozeß?

Die Politik entfernt sich heute mehr und mehr von der *militärischen* Bedrohungswahrnehmung und den damit verbundenen Vorkehrungen hin zu *politischen* Bemühungen um Sicherheit und Stabilität. Es geht also um die Fortentwicklung des nun offenbar von allen getragenen Gedankens, daß Sicherheit *vornehmlich* der politischen Kriegsverhinderung erwächst, nicht aber Kriegführungsüberlegungen.

Wenn dies so ist, kann bei entsprechenden vertraglichen Abmachungen und Garantien – im Sinne einer Einbettung in den gesamteuropäischen Prozeß – die Einheit Deutschlands aus militärpolitischen Gründen schwerlich verneint werden – trotz Mitgliedschaft in der NATO. Denn gerade diese Mitgliedschaft garantiert der Sowjetunion die Einbettung Deutschlands in einen Staatenverbund, dessen Politik in der Vergangenheit der Stabilität verpflichtet war und es auch weiterhin sein wird.

Losgelöst von militärpolitischen Argumenten kann nicht übersehen werden, daß allenthalben das Ende des »Kalten Krieges« verkündet wird. Dies gewinnt vor allem deshalb besonderes Gewicht, weil gerade Gorbatschow während der gemeinsamen Pressekonferenz mit Präsident Bush auf Malta unterstrichen hat, daß die Welt die Epoche des »Kalten Krieges« verlasse und in eine neue Epoche eintrete.

Ausgehend von der wohl unbestrittenen Tatsache, daß der »Kalte Krieg« die Teilung Deutschlands brachte und verfestigte, sind Feststellungen kaum von der Hand zu weisen, daß mit seiner Beendigung die Aufhebung der Teilung Deutschlands angesagt ist.

Jedenfalls wird nicht leicht zu begründen sein, die Einheit Deutschlands von der Einheit Europas abhängig zu machen, wo doch anscheinend die eigentliche Ursache der Teilung unseres Landes, der »Kalte Krieg«, sowohl der Realität als auch den Gefühlen und Gedanken der Menschen in ganz Deutschland entrückt zu sein scheint, und nicht nur den Menschen dort.

Diese Überlegungen scheinen deshalb so wichtig, weil wohl die meisten Bürger unseres Landes mit der Zeit eine schleichende Antipathie auch gegenüber Bündnispartnern entwickeln könnten, die sie für eine unverständliche »Hinhaltetaktik« in diesem Fragen verantwortlich machen. Dies wäre innen- wie außenpolitisch in höchstem Grade schädlich und könnte künftig vieles in Frage stellen, was noch heute für uns als selbstverständliches und nutzbringendes politisches Koordinatensystem begriffen wird.

Die Deutschen dürfen nicht dem Argwohn verfallen, daß die Teilung ihres Landes am Ende nur mehr wenig mit den bekannten Folgen des 2. Weltkrieges zu tun hat.

Unsere Alliierten sollten wissen, daß sie hier hohe Verantwortung tragen.

*Anmerkung: Hervorhebungen (in kursiv) aus dem Originaldokument übernommen. Handschriftliche Anrede und Grußformel in Klammern gesetzt.*

# Pressekonferenz des russischen Präsidenten Wladimir Putin vom 18. Dezember 2014 (Auszüge)[1]

Die News Conference von Präsident Wladimir Putin wurde live übertragen vom Ersten Russischen Fernsehen (Channel One), Rossiya-1 und den Rossiya-24-TV-Kanälen sowie von den Radiosendern Radio Rossii, Mayak and Vesti. 1259 Journalisten aus dem In- und Ausland hatten sich akkreditiert. In den deutschen Nachrichtenmedien wurde die Pressekonferenz so gut wie totgeschwiegen.

*Vladimir Kondratyev, Ntv Television Company:* Herr Präsident, vor Kurzem beginnen wir den 25. Jahrestag des Falls der Berliner Mauer … In diesem Jubiläumsjahr wurde innerhalb weniger Wochen eine neue Mauer errichtet. Sie ist nicht aus Beton, sondern unsichtbar, aber dennoch nicht weniger präsent – eine Mauer aus Entfremdung, Verdächtigungen, gegenseitigem Misstrauen, gegenseitigen Vorwürfe. Wohin kann diese Abkühlung führen? Manche sprechen bereits von einer Schwelle zu einem neuen Kalten Krieg. Werden wir in der Zukunft in einer geteilten Welt leben, oder gibt es doch Möglichkeiten, den Dialog und die Zusammenarbeit wiederherzustellen?

*Wladimir Putin:* Sie sprachen davon, dass die Berliner Mauer gefallen ist und wir jetzt sehen, dass neue Mauern errichtet werden. Wir sehen das nicht erst jetzt. Hat man uns damals nicht gesagt, dass es keine Erweiterung der NATO nach Osten geben wird? Aber es ging sofort los. Es gab zwei Wellen der NATO-Osterweiterung. Ist das etwa keine Mauer? Ja, es ist keine materielle, echte Mauer, es ist eher eine virtuelle, unsichtbare Wand, aber sie begann zu wach-

---

[1] Originalquelle mit englischer Transkription unter http://en.kremlin.ru/events/president/transcripts/press_conferences/47250

sen. Und das US-Raketenabwehrsystem (PRO) in Europa entlang unserer Grenze – ist das etwa keine Wand? Verstehen Sie, niemand hat dies gestoppt. Darin liegt doch das Hauptproblem der heutigen internationalen Beziehungen. Unsere Partner haben nicht aufgehört, sie haben sich als Sieger gesehen, dass sie jetzt das Imperium sind und alle übrigen die Vasallen, die man niederhalten muss. ... Sie haben nicht aufgehört, Mauern zu errichten, ungeachtet all unserer Versuche und Gesten, gemeinsam, ohne jede Trennlinien in Europa und in der Welt insgesamt, zusammenzuarbeiten. Ich denke, dass unsere durchaus harte Haltung in den bekannten Krisensituationen, einschließlich der Ukraine, unseren Partnern andeuten soll, dass es der richtige Weg ist, wenn sie aufhören, diese Wände zu bauen, und damit anzufangen, einen gemeinsamen humanitären Raum, einen gemeinsamen Sicherheits- und Wirtschaftsraum aufzubauen.

*Roman Tsymbalyuk, Ukrainian News Agency UNIAN:* Ich habe zwei kurze Fragen ... Die erste Frage betrifft die Strafoperation, die Sie im Osten der Ukraine veranstaltet haben, übrigens hauptsächlich gegen die russischsprachige Bevölkerung. Es ist kein Geheimnis, dass dort russische Militärangehörige und russische Freiwillige kämpfen, die das alles veranstalten. Frage: Wie viel russisches Militär haben Sie dorthin geschickt? Wie viel Technik? Wie viele von ihnen sind auf dem Territorium der Ukraine umgekommen? Was würden Sie als Oberster Befehlshaber den Familien der umgekommenen russischen Offiziere und Soldaten sagen? Und eine kurze zweite Frage. ... Die Nummer Eins auf der Wahlliste des Blocks von Julia Timoschenko, Bakivshchyna, sitzt jetzt in einem russischen Gefängnis. Unter welchen Bedingungen entlassen Sie diese, die ukrainische Fliegerin Sawtschenko, den ukrainischen Regisseur Oleg Senzow und mindestens 30 weitere ukrainische Kriegsgefangene, die Sie auf dem Hoheitsgebiet Russlands in verschiedenen Untersuchungsgefängnissen festhalten? ...

*Wladimir Putin:* Die letzte Frage betraf die Bürgerin Sawtschenko, unter welchen Bedingungen sie entlassen werden kann. Ich nehme hierbei eine absolut offene und meiner Meinung nach klare Position ein. Hier im Saal sitzen Kollegen unserer Journalisten – es sind im Übrigen auch Ihre Kollegen –, die umgekommen sind, als sie ihre berufliche Pflicht im Südosten der Ukraine erfüllten. Ich betone, dass diese Leute an keinerlei Kampfhandlungen teilnahmen. Sie waren unbewaffnet. Es ist die Pflicht aller staatlichen Strukturen, einschließlich der militärischen, ihr Leben und ihre Gesundheit zu schützen, ihnen zu ermöglichen, ihre Pflicht zur Verbreitung objektiver, vollwertiger Informationen nachzukommen, jedenfalls so, wie sie es sehen. Das ist eine in der zivilisierten Welt allgemein anerkannte Tatsache. Diese Menschen wurden getötet. Unseren Rechtsschutzorganen zufolge war Frau Sawtschenko an diesem Mord beteiligt. Wenn sich im Verlauf der Voruntersuchung und der Gerichtsverhandlung herausstellt, dass sie unschuldig ist, wird sie sofort freigelassen. Wenn es sich zeigt, dass sie schuldig ist und dass sie an diesem Mord tatsächlich beteiligt war, gehe ich davon aus, dass das russische Gericht eine entsprechende Entscheidung trifft und sie eine Strafe erhält. Zugleich hat niemand das Recht, einen Menschen im Voraus eines Verbrechens für schuldig zu erklären. Ich meine, dass in unserem Land das Prinzip der Unschuldsvermutung gilt. Deshalb werden wir sehen, wie sich die Voruntersuchung entwickelt und zu welchen Schlussfolgerungen das russische Gericht kommen wird. Zu den anderen Militärangehörigen, die Sie erwähnten: Für uns sind sie keine Gefangenen, sie werden in unseren Haftanstalten festgehalten, und gegen sie wird wegen des Verdachts ihrer Mitwirkung an terroristischen Handlungen ermittelt. ... Nun zu Ihrer ersten Frage – wer wofür verantwortlich ist. Bei uns in Russland, wie wohl in fast jeder Präsidialrepublik, trägt der Präsident für alles die Verantwortung. Für die Militärangehörigen, für ihr Schicksal ist der Oberste Befehlshaber verantwortlich. Ich mache Sie darauf aufmerksam, dass dies bei uns ein und dieselbe Person ist. Alle Menschen, die dem Ruf ihres Herzens folgend eine Pflicht erfüllen oder freiwillig an irgendwelchen Kampfhandlungen teilnehmen, einschließlich im Südosten der Ukraine, sind keine Söldner, weil sie dafür kein Geld bekommen. In unserem öffentlichen Bewusstsein ist das, was im

Südosten der Ukraine geschieht, wirklich eine Strafoperation, aber sie wird von den heutigen Kiewer Machthabern durchgeführt und nicht von uns. Denn nicht die Bürgerwehren des Südostens haben Kampfeinheiten in Richtung Kiew geschickt, sondern, im Gegenteil, die Kiewer Machthaber haben Streitkräfte in den Südosten gejagt, sie setzen Mehrfachraketenwerfer, Artillerie und die Luftwaffe ein. Worin besteht das Problem, und wie kommt man heraus? ... Das Problem ist, dass nach dem Staatsstreich – und wie man es auch nennen will und was darüber in diesem Zusammenhang gesagt wurde, es gab in Kiew einen vollkommenen Staatsstreich, wobei ein Teil des Landes mit ... einer solcher Entwicklung ... nicht einverstanden war. Statt mit ihnen einen politischen Dialog zu beginnen, begann man zuerst, die Strafverfolgungsbehörden und die Miliz einzusetzen. Als das nicht klappte, setzte man die Armee ein. Nachdem das auch nicht funktionierte, versucht man heute die Frage gewaltsam mithilfe einer Wirtschaftsblockade zu regeln. Ich meine, dass dieser Weg absolut perspektivlos ist und der Staatlichkeit der Ukraine sowie dem ukrainischen Volk schadet. Ich hoffe, dass es uns im Verlauf des Dialoges gelingen wird – und wir sind bereit, hier als Vermittler tätig zu werden –, zu einem direkten politischen Dialog zu kommen und auf diese Weise mit politischen Instrumenten die Situation bis hin zu einer Wiederherstellung des einheitlichen politischen Raumes zu regeln.

*Anton Vernitsky, Channel One Russia:* Herr Präsident, ist das, was jetzt mit unserer Wirtschaft geschieht, der Preis, den wir für die Krim zu bezahlen haben? Wenn ja, dann ist es höchste Zeit, jetzt ehrlich darüber zu sprechen.

*Wladimir Putin:* Nein, es ist keine Abrechnung für die Krim. Es ist vielmehr die Rechnung für unseren natürlichen Wunsch der Selbsterhaltung als Nation, als Gesellschaft, als Staat. ... Ich habe ... bereits gesagt, dass wir nach dem Fall der Berliner Mauer, nach dem Zerfall der Sowjetunion uns gegenüber unseren Partnern absolut geöffnet haben. Was haben wir erlebt? Eine direkte, volle Unterstützung des

Terrorismus im Nordkaukasus. Eine direkte, verstehen Sie? Handeln Partner denn so? Ich werde jetzt nicht auf Details eingehen, aber es ist eine Tatsache, und alle wissen das. Egal was wir tun, immer stoßen wir auf Probleme, Widerstand und den Kampf gegen uns. Erinnern wir uns etwa an die Olympiade 2014 in Sotschi – mit welchem Enthusiasmus wir uns darauf vorbereitet haben, um ein Fest nicht nur für uns, sondern auch für die Sportfreunde in der ganzen Welt zu veranstalten. Aber dennoch, und das ist eine offensichtliche Tatsache: Es wurden präzedenzlose Versuche unternommen, die offenbar koordiniert waren, um die Vorbereitung auf die Olympiade und den Verlauf der Olympiade zu diskreditieren. Das ist eine offensichtliche Tatsache. Warum? Wer braucht so etwas? Und so geht es endlos. Ich erinnere ... an unser bekanntestes Symbol, den Bären, der die Taiga beschützt. ... Mir kommt manchmal der Gedanke: Vielleicht sollte unser Bär ruhig dasitzen, nicht die kleinen und großen Ferkel durch die Taiga treiben, sondern sich von Beeren und Honig ernähren. Aber wird man ihn dann in Ruhe lassen? Nein, wird man nicht! Weil sie immer danach streben werden, den Bär an die Kette zu legen. Und kaum ist das gelungen, werden sie ihm die Zähne und die Krallen ausreißen. Im heutigen Verständnis sind dies die Waffen der nuklearen Abschreckung. ... Anschließend wird man uns die Taiga nehmen. Denn wir haben vielfach von hochrangigen Vertretern (des Westens, Anm. d. Übers.) gehört, wie ungerecht es ist, dass Sibirien mit seinen unzähligen Reichtümern allein Russland gehört. Wie – ungerecht? Aber Texas von Mexiko zu klauen, ist gerecht. Und dass wir auf unserer eigenen Erde wirtschaften, ist ungerecht, man muss teilen. ... Später dann wird der Bär überhaupt nicht mehr gebraucht. Man wird eine Vogelscheuche aus ihm machen, und Schluss. Deshalb geht es nicht um die Krim. Es geht darum, dass wir unsere Selbstständigkeit, unsere Souveränität und das Existenzrecht schützen. Das müssen wir alle verstehen. Und wenn wir meinen, dass eines der Probleme, die wir heute haben, unter anderem in der Wirtschaft, als Folge der Sanktionen, wie es in der Tat ist, relativ gesehen 25 Prozent vom Gesamtumfang der Probleme ausmacht, dann liegt der Einfluss der Sanktionen wahrscheinlich bei 25 bis 30 Prozent.

Aber ... wir wollen bleiben, kämpfen und diese gegenwärtigen Erscheinungen nutzen, um unsere Wirtschaftsstruktur zum Besseren zu ändern und so unabhängiger zu sein, also müssen wir da durch – oder wir wollen, dass man unser Fell an die Wand hängt. Das ist die Wahl, die wir haben. Die Krim hat hiermit nichts zu tun.

*Yevgeny Rozhkov, Vesti Rossiya-1 Channel:* ... Mit der Krim ist alles mehr oder weniger klar. Die Frage ist hierbei wahrscheinlich nur, wie viel man im Endeffekt in ihre Entwicklung nach der komplizierten ukrainischen Vergangenheit investieren muss. Aber was geschieht im Osten der Ukraine, was in jenen Teilen der Ukraine, wo man sich jetzt Noworossija nennt. Wie sehen Sie das Schicksal ... dieses Teils der Ukraine? Glauben Sie an den Erfolg der Minsker Vereinbarungen, führen sie zum Frieden? Und wie werden wir weiter dem Donbass helfen – ebenso wie jetzt, mit Hilfskonvois, oder mit noch etwas?

*Wladimir Putin:* Wie bereits gesagt, gehen wir davon aus, dass die Krise beendet werden muss – je schneller, desto besser. Das ist Punkt eins. Zweitens: Sie muss mit politischen Mitteln gelöst werden ... und nicht unter Druck, ganz gleich welchem – einer Wirtschaftsblockade oder dem Einsatz der Streitkräfte. Und wir werden natürlich den Menschen helfen, wie wir es jetzt tun. Wie Sie wissen, ist bereits der zehnte Hilfskonvoi unterwegs. Aber wir müssen immer sowohl von den grundlegenden Prinzipien des Völkerrechts als auch vom Menschenrecht ausgehen, selbst über sein Schicksal entscheiden zu dürfen. Ich habe nicht zufällig gesagt, dass man den Frieden wiederherstellen muss, und zwar mit politischen Mitteln. Wir gehen davon aus, dass auch der gesamtpolitische Raum wiederhergestellt werden wird. Wie er aussehen wird, ist derzeit schwer zu sagen. Aber man muss sich darum bemühen. Beide Seiten müssen danach streben. Beide. Das ist das Problem. Man muss die Menschen respektieren, die im Südosten der Ukraine leben. Man muss die Wirtschaftsbeziehungen wiederherstellen. Es ist bekannt, dass der größte Teil der Stromversorgung der Ukraine auf Basis von Donbass-Kohle arbeitet, die aber bislang nicht gekauft wird. Wir wurden gebeten, Druck auf den Südosten der Ukraine, auf den Donbass, auszuüben, damit die Bergarbeiter einverstanden sind zu liefern. Wir haben es gemacht, aber bislang wird nicht gekauft. Warum? Weil alle Banken geschlossen sind, ist es unmöglich, zu zahlen. Mir haben die (ukrainischen, Anm. d. Übers.) Kollegen buchstäblich vorgestern gesagt: »Ja, wir sind bereit zu zahlen, wir haben eine Vorauszahlung geleistet.« Ich habe das überprüft – es gibt keine Vorauszahlung. Angeblich auf den Karten der Bergarbeiter. Aber die Karten funktionieren nicht. Und so ist es in jeder Frage. Dennoch gibt es keinen anderen Weg als den der friedlichen Regelung. Was die Minsker Vereinbarungen angeht, ist das ein sehr wichtiger Teil, und wir sind für ihre Erfüllung, nicht zuletzt weil ich gemeinsam mit Pjotr Aleksejewitsch Poroschenko Initiator des Treffens in Minsk war. Natürlich will der Präsident der Ukraine unbedingt eine Regelung, und ich habe keinen Zweifel daran, dass er sich darum bemüht. Aber er ist dort nicht allein. Wir hören bereits jetzt die Erklärungen anderer Beamter, dass man dort quasi bis zum Ende kämpfen müsse, was zu einer wie auch immer gearteten kontinentweiten Krise führen kann. Es tönen viele strittige Erklärungen. Ich denke, dass Präsident Poroschenko immerhin auf eine Regelung aus ist, aber es sind konkrete Schritte notwendig. Die Minsker Vereinbarungen – muss man sie beachten oder nicht? Ja, es ist notwendig. ... Ich werde jetzt etwas Wichtiges sagen, ... ich will, dass Sie das hören: Unsere Vertreter in Minsk haben im September ein Memorandum unterschrieben, zu dem Protokolle gehörten, die eine Demarkationslinie festlegten, aber die Vertreter Donezks haben diese Protokolle nicht unterschrieben, das ist das Problem. Sie haben von Anfang an gesagt: »Wir können nicht.« Und wenn wir versuchten, darauf zu bestehen – ich sage hier öffentlich und ehrlich Dinge, welche die Öffentlichkeit wissen soll – dann hat man uns geantwortet: »Wir können aus diesen Dörfern nicht weggehen – dort gibt es drei, vier umstrittene Dörfer –, wir haben dort Familien, Kinder, Ehefrauen, Schwestern. Wir wollen nicht, dass sie dort alle vergewaltigt und umgebracht werden.« Das ist das Hauptproblem. Aber auch die ukrainischen Verantwortlichen führen ihre Einheiten nicht von jenen Punkten weg, von wo sie – etwa aus dem Flughafen Donezk – abziehen sollten. Sie sitzen dort. Aber kennen Sie die jüngsten Ereignisse? Die Bürgerwehren haben ihnen erlaubt, ihre Soldaten im Flughafen auszutauschen, man brachte sie in ihre Sauna, schickt ihnen Lebensmittel. Man kann natürlich darüber schmunzeln, aber andererseits gibt es doch darin auch etwas Positives. Kann sein, dass es den Leuten letztendlich gelingt, sich zu einigen. Alle bestehen auf dem Austausch von Kriegsgefangenen. Ich meine, dass man alle gegen alle ohne jede Bedingungen tauschen muss. Aber das Leben ist komplizierter. Wenn die Listen herausgegeben werden, stellt es sich heraus, dass – jedenfalls, wie uns die Vertreter der Donbass-Bürgerwehr sagen – auf diesen Listen von der ukrainischen Seite Personen stehen, die ganz und gar nicht im Zusammenhang mit dem Kampf im Südosten der Ukraine festgenommen wurden, sondern irgendwo in Cherson oder Odessa, also muss man diese Listen nachprüfen. Wir bestehen dennoch darauf. Ich meine, dass die Leute bis zum Neuen Jahr, bis Weihnachten bei ihren Familien sind – unabhängig von irgendwelchen anderen Umständen. Für gestern war vereinbart worden, 30 Personen auszutauschen. Die Vertreter der Bürgerwehr sind zum Ort des Austausches gefahren, dort tauchte ein Vertreter der offiziellen Behörden Kiews auf und sagte: »Nein, wir werden bis zum nächsten Treffen in Minsk nicht austauschen.« Man kann natürlich diesen Weg geben, aber wenn sie 30 Personen herangekarrt hätten, dann hätten sie wenigstens ihre mitnehmen können. Sie verstehen? Gut, das sind Details. Jedenfalls ist es immerhin positiv, auch unter dem Aspekt der Suche nach einer gemeinsamen Lösung zur Erfüllung der Minsker Vereinbarungen, dies ist ein sehr wichtiger und notwendiger Prozess. Jetzt haben wir vereinbart, dass in der allernächsten Zeit, heute oder morgen, der Dialog in Form einer Videokonferenz fortgesetzt werden soll, und der folgende Schritt soll schon auf dem Treffen in Minsk geschehen. Aber hier ist auch etwas anderes wichtig – dass nämlich auch die Kiewer Machthaber alle Vereinbarungen erfüllen. Vereinbart wurde, dass ein Amnestiegesetz angenommen wird. Wo ist es? Uns sagte man die ganze Zeit, dass ein Gesetz über den besonderen Status verabschiedet wurde. Aber es konnte nicht wirksam werden, verstehen Sie? Weil das Gesetz erst real in Kraft treten könne, wenn das Gesetz über die Demarkationslinie angenommen sei, aber es wurde nicht angenommen. Deshalb muss man aufhören, sich mit Flickschusterei zu befassen. Man muss verstehen, dass, wenn die Ukraine Frieden, Ruhe und territoriale Integrität wiederherstellen will, die Menschen respektiert werden müssen, die in den jeweiligen Regionen des Staates leben, und mit ihnen ein direkter, offener, ehrlicher politischer Dialog ... zu führen und der Druck einzustellen ist. Ich hoffe, dass schließlich alle diesen Weg gehen werden.

*Veronika Romanenkova, TASS:* In diesem Jahr wurde klar, dass die »Energiediplomatie« zu einem Schlüsselfaktor der Geopolitik geworden ist. Inwiefern ist die Hinwendung Russlands nach Osten, sind die Gasverträge mit China und der Türkei gerechtfertigt? Sind alle Klippen dieser Projekte gezählt? Denn vielfach wird bis jetzt vermutet, dass der chinesische Vertrag unrentabel ist und der »türkische Strom« Russland von der Türkei abhängig machen wird. Sind Sie anderer Meinung?

*Wladimir Putin:* Nein, ich habe nicht die Absicht, zu widersprechen. Das sind so offensichtliche Dinge, dass es keinen Streit gibt. Ich höre oft von einer Hinwendung Russlands gen Osten. Aber schauen Sie auf die amerikanischen Analysten. Die schreiben auch über eine Hinwendung der USA nach Osten. Ist das so oder nicht? Teilweise ist es so. Und warum? Hängt das mit der Politik zusammen? Nein, mit den Prozessen in der globalen Wirtschaft. Weil sich der östliche Teil der ... asiatisch-pazifischen Region – APR – schneller entwickelt als alle übrigen Teile der Welt, bieten sich neue Möglichkeiten. So wächst in China, Indien, Japan, Südkorea der Bedarf an Energieressourcen mit Siebenmeilenschritten. Sollen wir vielleicht darauf verzichten? Bei uns war alles, was wir jetzt tun, seit Langem geplant, weit vor den Problemen in der globalen und auch in unserer Wirtschaft. Jetzt realisieren wir einfach das früher Beabsichtigte. Was den Vertrag mit China angeht, so ist er nicht verlustbringend.

Beide Seiten, ich betone das, haben Vergünstigungen gewährt, das ist die Wahrheit. Auch die chinesische Seite hat Vergünstigungen gewährt. Ich werde jetzt nicht sagen, welche Vergünstigungen, aber dort gibt es nichts Ungewöhnliches. Die Regierung hat einfach beschlossen, den Teilnehmern dieses Prozesses bestimmte Ermäßigungen zu gewähren, und wir haben unsererseits ebenfalls die Gewährung bestimmter Ermäßigungen beschlossen. Das Projekt wird zweifellos rentabel. Umso mehr, als wir eine Preisformel vereinbart haben, die sich wenig, wenn überhaupt, von jener Formel unterscheidet, die wir in Europa anwenden, aber unter Berücksichtigung der Koeffizienten, die mit dem Markt dieser Region der Welt zusammenhängen. Das ist eine absolut normale Sache. Und außerdem wird es uns, Russland, erlauben, indem wir in der Anfangsetappe dieses Projekts riesige Ressourcen erhalten und konzentrieren, nicht einfach Rohre zu verlegen, sondern mit der Gasversorgung des Fernen Ostens zu beginnen. Es wird uns ermöglichen, einen weiteren, sehr wichtigen Schritt zu machen. Welchen? Das westliche und das östliche Gasrohrleitungssystem zu verbinden. Damit haben wir die Möglichkeit, die Rohstoffe aus dem Osten nach dem Westen und aus dem Westen nach dem Osten zu transportieren, wenn es unter dem Aspekt der weltweiten Konjunktur vorteilhaft sein sollte. Das ist außerordentlich wichtig. Zudem könnten wir ohne dies nicht mit der Gasversorgung der Regionen des Fernen Ostens und Ostsibiriens beginnen. Das ist also eine absolut vorteilhafte Sache. Ich rede erst gar nicht davon, was der riesige Bau an Arbeitsplätzen und Steuereinnahmen auf allen Ebenen bringt, dass er eine Belebung dieser Region und unserer fernöstlichen Regionen ist. Zur Türkei – auch die türkische Wirtschaft wächst. Sie braucht, ebenso wie die APR, zusätzliche Energieressourcen. Wir haben vor vielen Jahren den sogenannten »Blauen Strom« gebaut. Und jetzt steht für die türkischen Partner die Frage, die Lieferungen vor allem auf den türkischen Binnenmarkt zu erweitern. Sollen wir vielleicht ablehnen? Wir haben alle grundlegenden Vereinbarungen mit ihnen getroffen, zur Preisformel, zum Zeitplan der Lieferungen und so weiter. Wir kennen ungefähr ihren Bedarf. Wir werden verkaufen, was wir haben und was sie brauchen. Natürlich werden wir das tun. Ist ein sogenannter europäischer Hub an der Grenze der Türkei und Griechenlands möglich? Das hängt nicht von uns ab. Es hängt in bedeutendem Maße von unseren europäischen Partnern ab. Wollen sie stabile, garantierte, absolut transparente Lieferungen von Energieressourcen aus Russland, die sie dringend brauchen, ohne Transitrisiken? Prima, dann lasst uns ans Werk gehen. Dann könnte man über Griechenland auch nach Makedonien gehen, weiter nach Serbien und wieder in Baumgarten, Österreich, ankommen. Sie wollen nicht? Also, dann eben nicht. Die Sache ist einfach die, dass es keine billigeren und sichereren Lieferungen als aus Russland gibt und in der nahen Zukunft vermutlich auch nicht geben wird.

*Alexander Yunashev, Life News:* Guten Tag, Herr Präsident. Vor einem Jahr haben Sie Chodorkowskij begnadigt. Er versprach Ihnen damals, sich nicht politisch zu engagieren. Jetzt hat er quasi Ambitionen auf das Präsidentenamt erklärt. Bedauern Sie Ihre Entscheidung?

*Wladimir Putin:* Und wo wird er zum Präsidenten gewählt? (Gelächter) ... In der Tat, Herr Chodorkowskij wandte sich mit der Bitte um Begnadigung an mich, jedenfalls ging ein entsprechendes Papier ein. Und er wollte sich offenbar nicht politisch engagieren. Aber als ich die Entscheidung über die Begnadigung traf, ging es für mich nicht darum, ob er sich politisch engagieren könnte oder nicht, wollte oder nicht. Das ist seine Wahl. Er hat das Recht, wie jeder Bürger der Russischen Föderation, wenn er die entsprechenden Kriterien erfüllt, in die höchsten Ämter im Land gewählt zu werden. Gott steh ihm bei, soll er daran arbeiten. Aber ich traf die Entscheidung aus humanitären Gründen. Er schrieb mir damals, dass seine Mutter schwer krank sei. Sie wissen, eine Mutter ist heilig, ich sage das jetzt ohne jede Ironie. Und er hatte den größten Teil der Strafe in den Haftanstalten abgesessen. Welchen Sinn hat es, einen Menschen dort festzuhalten, sodass er keine Möglichkeit hat, sich von seiner Mutter zu verabschieden? Denn darum ging es, das schrieb er mir. Ich bedauere nichts, und ich denke, dass ich absolut richtig gehandelt habe.

...

*John Simpson, BBC:* Die westlichen Länder sprechen jetzt fast mit einer Stimme davon, dass ein neuer Kalter Krieg herrscht, und ehrlich gesagt, haben auch Sie dazu beigetragen. Wir beobachten praktisch jeden Tag, wie russische Flugzeuge gefährliche Manöver in Richtung des westlichen Luftraums fliegen. Ich denke, dass dies auf Ihre Anweisung geschieht, da Sie Oberbefehlshaber der russischen Truppen sind und über die Möglichkeit verfügen, die russischen Truppen auf das Territorium anderer souveräner Länder, wie in Richtung Krim als auch anderer Länder, in Marsch zu setzen. Jetzt sind Sie mit großen Problemen der russischen Währung konfrontiert. Sie werden jetzt Hilfe, Verständnis und Unterstützung vom Ausland benötigen. Wollen Sie die Möglichkeit bei dieser Pressekonferenz nutzen, den westlichen Ländern zu erklären, dass jetzt Sie bereit sind, sich mit einer effektiven und konstruktiven Lösung der Probleme in der Ukraine zu beschäftigen?

*Wladimir Putin:* ... Zu unseren Übungen, Manövern, der Entwicklung der Streitkräfte. Sie haben gesagt, dass Russland in gewissem Grade seinen Beitrag zu den Spannungen geleistet hat, die wir gegenwärtig in der Welt beobachten. Russland hat einen Beitrag geleistet, aber nur in dem Sinne, dass es immer konsequenter auch seine nationalen Interessen schützt. Wir attackieren – im politischen Sinn dieses Wortes – niemanden und überfallen niemanden. Wir schützen nur unsere Interessen. Die Unzufriedenheit unserer westlichen Partner, vor allem der amerikanischen, hängt damit zusammen, dass wir gerade dies tun, und nicht damit, dass wir im Bereich der Sicherheit irgendwelche Handlungen zulassen, die Spannungen provozieren. Ich werde das erklären. Sie sprechen über Flüge unserer Kampfjets, einschließlich Flüge unserer strategischen Flugzeuge. Wissen Sie überhaupt, dass Russland Anfang der 1990er-Jahre die

Flüge der strategischen Flugzeuge in weit entfernten Patrouillengebieten vollständig eingestellt hat? Wir haben sie vollständig eingestellt, aber die amerikanischen strategischen Flugzeuge mit Kernwaffen fliegen weiterhin. Warum? Gegen wen? Um wem zu drohen? Wir flogen Jahre lang nicht. Erst vor ein paar Jahren haben wir diese Flüge wieder aufgenommen. Wer hat also provoziert? Wir vielleicht? Wir haben praktisch nur zwei Basen im Ausland, und das in von Terrorismus gefährdeten Gebieten, in Kirgisien, auf Bitten der kirgisischen Führung, des damaligen Präsidenten Akajew, nachdem die Freischärler aus Afghanistan dorthin gekommen waren, und in Tadschikistan – auch an der Grenze zu Afghanistan. Ich denke, dass auch Sie daran interessiert sind, dass dort alles ruhig ist. Und das ist gerechtfertigt, verständlich und klar. Amerikanische Basen gibt es auf der ganzen Erdkugel. Und Sie wollen sagen, dass wir uns aggressiv benehmen? Was meint der gesunde Menschenverstand? Was machen die amerikanischen Streitkräfte in Europa, dazu noch mit taktischen Kernwaffen? Was tun sie dort? Bei uns wächst im nächsten Jahr das Budget des Verteidigungsministeriums, aber es liegt – im Dollaräquivalent – irgendwo, wenn ich mich nicht irre, bei 50 Milliarden. Aber das Budget des Pentagons ist um rund das Zehnfache größer – 575 Milliarden, die der Kongress meiner Meinung nach vor Kurzem bestätigt hat. Und Sie wollen sagen, dass wir eine aggressive Politik verfolgen? ... Bringen wir unsere Streitkräfte zu den Grenzen der USA oder anderer Staaten? Wer bringt NATO-Basen, Militärinfrastruktur zu uns? Nicht wir. Hört uns jemand zu, wird irgendein Dialog mit uns in diesem Zusammenhang geführt? Nein, überhaupt nicht. Es gibt immer nur dieselbe Antwort: Das geht euch nichts an, jedes Land hat das Recht, die Form der Gewährleistung seiner Sicherheit zu wählen. Ja, gut. Aber dann werden auch wir es tun. Warum ist es uns verboten? Und schließlich spreche ich ... über das System der Raketenabwehr. Wer ist einseitig aus dem Vertrag ausgestiegen, der zweifellos einer der Ecksteine des gesamten Systems der internationalen Sicherheit war? Wir vielleicht? Nein. Das haben die (Vereinigten, Anm. d. Übers.) Staaten getan. ... Sie schaffen Bedrohungen für uns. Sie entfalten Elemente des strategischen PRO nicht nur auf Alaska, sondern auch in Europa, sowohl in Rumänien als auch in Polen – gerade neben uns. Und Sie wollen sagen, dass wir eine aggressive Politik verfolgen? Frage: Wollen wir gleichberechtigte Beziehungen? Ja, wir wollen. Aber bei unbedingter Achtung unserer nationalen Interessen sowohl in der Sphäre der Sicherheit als auch der Wirtschaft. Wir haben 19 oder mehr Jahre über den Beitritt zur WTO verhandelt. Sind auf sehr viele Kompromisse eingegangen. Und wir sind immer davon ausgegangen, dass diese Vereinbarungen felsenfest sind. Ich werde jetzt nicht sagen, wer im Recht ist, wer Schuld hat. Ich meine, dass wir hinsichtlich des Verlaufs der ukrainischen Krise recht haben, ich habe darüber auch schon oft gesprochen. Und ich meine, dass unsere westlichen Partner nicht recht haben. Aber lassen wir das beiseite. Wir haben uns der WTO angeschlossen. Dort gibt es Regeln. Unter Verletzung dieser Regeln und unter Verletzung der Normen des internationalen Rechtes und der Statuten der Organisation der Vereinten Nationen wurden rechtswidrig einseitige Sanktionen gegen die russische Wirtschaft verhängt. Haben wir wieder nicht recht? Wir wollen normale Beziehungen sowohl bei der Sicherheit als auch im Kampf gegen den Terrorismus entwickeln. Wir werden gemeinsam an der Nichtweiterverbreitung von Kernwaffen arbeiten. Wir werden bei solchen Bedrohungen wie dem Verkauf von Drogen, der Kriminalität, der Verbreitung schwerer Infektionserkrankungen, einschließlich Ebola, kooperieren. Wir werden das alles gemeinsam tun, werden auch im Bereich der Wirtschaft zusammenarbeiten, wenn unsere Partner das wollen.

# Verzeichnis der Abkürzungen

| | |
|---|---|
| ADN | Allgemeiner Deutscher Nachrichtendienst |
| BND | Bundesnachrichtendienst |
| CIA | Central Intelligence Agency |
| Cimex | Civil Military Exercise (Zivile militärische Übung) |
| EG | Europäische Gemeinschaft |
| EU | Europäische Union |
| FAZ | Frankfurter Allgemeine Zeitung |
| KPdSU | Kommunistische Partei der Sowjetunion |
| KSZE | Konferenz über Sicherheit und Zusammenarbeit in Europa |
| MAD | Militärischer Abschirmdienst |
| NATO | North Atlantic Treaty Organization (Nordatlantikpakt) |
| NORAD | North American Aerospace Defense Command |
| NS | Nationalsozialismus |
| NSA | National Security Agency |
| NVA | Nationale Volksarmee |
| OSZE | Organisation für Sicherheit und Zusammenarbeit in Europa |
| PRO | Protiwo-Raketnaja Oborona (russische Raketenabwehr) |
| RT | Russia Today |
| UÇK | Ushtria Çlirimtare e Kosovës (alban., Befreiungsarmee des Kosovo) |
| Wintex | Winter Exercise |
| WTO | World Trade Organization (Welthandelsorganisation) |
| ZK | Zentralkomitee |

# Bildquellen

| | |
|---|---|
| Titelbild | Bildarchiv Willy Wimmer |
| Klappe | www.kenfm.de |
| Seite 14 | Bildarchiv Willy Wimmer |
| Seite 22 | Dokumentationsstätte Regierungsbunker, Kajo Meyer |
| Seite 23 | Dokumentationsstätte Regierungsbunker, Sascha Kelschenbach |
| Seite 24 | Thomas Röttcher |
| Seite 28 f. | Flickr/Airman Magazine |
| Seite 32 | www.bunker5001.com |
| Seite 36 | Bildarchiv Willy Wimmer |
| Seite 52 | Wikimedia Commons/Task Force Falcon Public Affairs Office |
| Seite 66 | RT |
| Seite 72 | Bildarchiv Willy Wimmer |
| Seite 84 | Wikimedia Commons |
| Seite 110 | Bildarchiv Willy Wimmer |
| Seite 112 ff. | Bildarchiv Willy Wimmer |
| Seite 116 | Wikimedia Commons |
| Seite 122 | Bildarchiv Willy Wimmer |
| Seite 127 | www.sovsekretno.ru |
| Seite 128 | Bildarchiv Willy Wimmer |
| Seite 140 | Wikimedia Commons |
| Seite 144 | Bildarchiv Willy Wimmer |
| Seite 164 | Arbeitsgemeinschaft Messerschmitt-Bölkow-Blohm (MBB)/VFW-Fokker |
| Seite 170 | Bildarchiv Willy Wimmer |
| Seite 174 | Bildarchiv Willy Wimmer |
| Seite 184 | Bildarchiv Willy Wimmer |
| Seite 189 | Unbekannt |
| Seite 198 | Bildarchiv Willy Wimmer |

| | |
|---|---|
| Seite 206 | Bildarchiv Willy Wimmer |
| Seite 211 | Bildarchiv Willy Wimmer |
| Seite 218 | Bildarchiv Willy Wimmer |
| Seite 219 | Unbekannt |
| Seite 223 | Bildarchiv Willy Wimmer |
| Seite 243 | Wikimedia Commons/Giedymin Jabłonski |
| Seite 261 | Bildarchiv Willy Wimmer |
| Seite 267 | Bildarchiv Willy Wimmer |
| Seite 275 | Bildarchiv Willy Wimmer |
| Seite 278 ff. | Bildarchiv Willy Wimmer |
| Seite 295 | www.kenfm.de |
| Seite 308 f. | www.kremlin.ru |

Veranstaltungshinweis:

# AB MORGEN KAMERADEN!
## Armee der Einheit

**Ausstellung**

6.7.2016 – 12.2.2017
Di – Fr 9 – 19 Uhr
Sa / So / Feiertage 10 – 18 Uhr
Eintritt frei

Von Willy Wimmer erschienen
im Verlag zeitgeist Print & Online:

**Wiederkehr der Hasardeure**
Schattenstrategen, Kriegstreiber,
stille Profiteure 1914 und heute
Von Wolfgang Effenberger
und Willy Wimmer

Gebunden mit Schutzumschlag, 640 Seiten, 150 Abb.
ISBN 978-3-943007-07-7

www.hasardeure.de

Auch erhältlich im Verlag zeitgeist Print & Online:

**Ausstieg aus der Nato**
Katastrophen und Oasen.
Essays, Briefe, Gedichte
Von Rolf Hochhuth

Gebunden mit Schutzumschlag, 312 Seiten, über 30 Abb.
ISBN 978-3-943007-11-4


www.ausstieg-aus-der-nato.de

Kennen Sie schon unsere Zeitschrift »zeitgeist«?

Probelesen und Informationen zu weiteren Neuerscheinungen unter

www.zeitgeist-online.de